LES ARMÉES DE LA RÉPUBLIQUE

PAR

ED. BONNAL

Illustrations

PAR

DE BAR, DUVIVIER, LIX, ETC.

LIBRAIRIE CH. DELAGRAVE.

15, RUE SOUFFLOT, 15

LES ARMÉES
DE LA RÉPUBLIQUE

DU MÊME AUTEUR

Manuel et son Temps. — Étude sur l'Opposition parlementaire sous la Restauration. Rapporteur à l'Institut, M. Henri Martin, membre de l'Académie française.

Capitulations militaires de la Prusse, d'Iéna à Tilsitt, d'après les archives du Dépôt de la Guerre. Rapporteur à l'Institut, M. Hip. Passy, ancien pair de France.

La Diplomatie prussienne depuis la paix de Presbourg jusqu'au traité de Tilsitt, d'après les archives du Dépôt de la Guerre et du Ministère des affaires étrangères. Rapporteur à l'Institut, M. Zeller, professeur à l'École polytechnique.

Histoire de Desaix, ouvrage écrit par ordre de M. le général Gresley, ministre de la guerre, sénateur. Rapporteur à l'Institut, M. Zeller.

Royaume de Prusse, d'après les archives du Saint-Empire et de la Guerre.

Chute d'une république : Venise, d'après les archives secrètes de la République de Venise ; mission des Affaires étrangères. Rapporteur à l'Institut, M. Zeller.

Caduta d'una reppublica : Venezia, traduction italienne, après Rapport à l'Académie d'histoire de Rome.

Guerre de Hollande, affaire du Texel, d'après les archives de la Guerre. Rapporteur à l'Institut, M. Levasseur, professeur au Collège de France.

Carnot. — Étude sur l'Organisateur de la Victoire, d'après les archives nationales, les séances de la Convention et le Dépôt de la Guerre. Rapporteur à l'Institut, M. Fustel de Coulanges, professeur à la Sorbonne.

LES ARMÉES
DE LA RÉPUBLIQUE

OPÉRATIONS ET BATAILLES

1792-1800

D'APRÈS LE DÉPOT DE LA GUERRE & LES ARCHIVES NATIONALES

PAR

M. ED. BONNAL

ANCIEN CONSERVATEUR DES ARCHIVES DU DÉPÔT DE LA GUERRE
CHARGÉ DE MISSIONS
DANS LES ARCHIVES D'ITALIE, DE BELGIQUE, DE HOLLANDE ET D'AUTRICHE
PAR LES MINISTRES DES AFFAIRES ÉTRANGÈRES ET DE LA GUERRE

La Patrie doit des autels à ceux qui l'ont faite.

(CARNOT, à la Convention.)

PARIS
LIBRAIRIE CH. DELAGRAVE
15, RUE SOUFFLOT, 15

1889

TABLE DES CHAPITRES

PRÉFACE

Le 20 avril 1792, l'Assemblée nationale déclara la guerre à l'Autriche et à la coalition, qui depuis une année annonçaient par les entrevues de leurs souverains, comme par leurs notes diplomatiques, le démembrement de la France au nord, à l'est, au sud, et dans l'ouest la coopération de leurs flottes. Elle attesta dans son vote que ce n'était pas *une guerre de nation à nation, mais la juste défense d'un peuple libre*; qu'elle ne négligerait rien pour en adoucir le fléau et *pour faire retomber sur ceux-là seuls qui se ligueront contre sa liberté tous les malheurs inséparables d'une guerre*. De 1792 à la fin de 1799, nos armées combattirent pour l'indépendance du vieux sol gaulois; Brunswick et Suwarow en sont les deux termes comme généralissimes à l'étranger.

Leurs opérations militaires décrites, leurs grandes batailles exposées, voilà ce qu'on lira dans le présent ouvrage.

Il est écrit pour la jeunesse et pour les écoles où s'instruisent les futurs officiers de nos armées, simplement, sans prétentions techniques, d'après les papiers des archives du *Dépôt de la Guerre* et des *Archives nationales*, tous officiels, les uns oubliés ou peu connus, les autres inédits.

Carnot et Jomini, les appréciations et les jugements

de Gouvion-Saint-Cyr et de Masséna, de leurs collègues comme Soult, Kléber ou Mathieu Dumas, ont servi de guides sûrs à l'auteur.

Des bulletins, des dépêches, des rapports et des instructions, des lettres même de représentants de la Convention en mission aux armées, ont été cités dans le texte ou renvoyés aux *pièces justificatives* selon l'importance du sujet ou du rédacteur; mais on observera que la *politique* n'a ici aucune part. Il n'est question que d'Art militaire, sauf pour la campagne de 1797, où Bonaparte ne se conduisit que d'après des vues politiques; il a fallu les constater. Ses rivaux Hoche, Kléber, Moreau, n'avaient voulu avec Carnot que les *frontières naturelles* de notre patrie.

Depuis le traité de Francfort (1871), chaque Français est né soldat.

Ce qu'il aurait dû connaître autrefois pour apprendre ce qu'a coûté à nos pères l'établissement des principes de la Révolution française est aujourd'hui plus qu'une satisfaction d'homme libre, c'est un devoir d'honneur.

C'est dans ce but qu'a été écrit l'historique de chacune des armées de la République en s'inspirant de la méthode des Abrégés célèbres en histoire que nous a légués l'antiquité.

LES ARMÉES
DE LA RÉPUBLIQUE

CHAPITRE PREMIER

ARMÉE DU NORD ET DE BELGIQUE. — CAMPAGNE DUMOURIEZ (1792-1793.)

SOMMAIRE

I. Causes de la déclaration de guerre. — Dumouriez et l'Argonne. — Kellermann à Valmy. — Retraite et propositions des Prussiens. — La Belgique. — Magnifique bataille de Jemmapes. — Lenteurs et fautes de Dumouriez à l'égard de Custine.

II. Conquête des Pays-Bas. — Défaites de la Roër et de Nerwinde. — Trahison de Dumouriez.

I

Accueillie avec faveur par les uns, avec étonnement sympathique par les autres, la Révolution française aurait conquis l'appui moral de tous les cabinets, si elle n'avait attaqué au dedans l'indépendance des consciences et menacé même involontairement au dehors l'*ancien régime* dans sa sécurité, par l'exemple retentissant de l'Assemblée nationale légiférant à son gré. Dès la fin de 1790, elle avait des ennemis, quelques-uns sincères, de très mauvaise foi pour la plupart.

En 1791, les cabinets s'agitèrent, excités par leur propre ambition et par le parti de l'émigration, que guidaient les frères du roi, rebelles à leur patrie et à leur souverain. La diplomatie des Tuileries, faible tantôt, provocatrice et incertaine plus tard, les girondins hostiles, les clubs adversaires de toute modération, le Palais-Royal prêt à saisir une couronne que lui offraient quelques aventuriers, l'armée ballottée entre un passé glorieux et un avenir incertain, *la cour ne sachant ni gouverner ni se soumettre,* des scrupules respectables, un appel à l'appui des couronnes étrangères qui relevait des idées d'ancien régime, l'idée de *patrie* se dégageant du chaos des passions politiques pour fonder un *droit nouveau* supérieur à la royauté elle-même, l'entente des cabinets empressés à tirer parti d'une situation troublée pour protester en Allemagne contre nos *frontières naturelles* et en rompre l'équilibre, du traité secret de Pilnitz à Pavie, de Reichenbach à la convention de Vienne, l'Europe en armes au nord et à l'est, au sud-ouest et au sud, l'ouest promis aux haines anglaises, telles furent les causes multiples de la guerre de 1792.

Depuis un an l'Europe armait contre notre résistance, lorsque Dumouriez et les girondins firent déclarer la guerre, malgré les jacobins et Robespierre, le 20 avril[1].

La Prusse se distingua dans cette conflagration parce qu'elle crut qu'elle gagnerait en France des provinces aussi facilement qu'elle en avait absorbé en Pologne. Elle se jeta avec joie dans la mêlée. Nos volontaires lui parurent un ramassis de miliciens; elle devait y rencontrer Hoche et Marceau, Kléber et Masséna, Soult et Murat, Lefebvre et Serrurier, Championnet et Jourdan, Pajol et Brune, Moreau et Lecourbe, Ney, Richepanse et Gouvion Saint-Cyr.

On se partagea l'avenir à Vienne, avant toute hostilité, avec la cour de Frédéric II, en ces termes :

1° Il est convenu qu'il subsistera entre Sa Majesté l'empereur et Sa Majesté le roi de Prusse un concert solide et durable, tant pour eux-mêmes que pour leurs alliés respectifs, à l'effet de prendre les mesures les plus propres toutes les fois que l'occasion le demandera, à soutenir l'honneur et la dignité des couronnes contre toute atteinte qui leur serait portée par des factieux, soit qu'ils fussent leurs propres sujets, ou ceux de leurs alliés, ou ceux de tout prince

1. Le présent ouvrage est le fruit d'études militaires entreprises dès 1877, soit au Dépôt de la Guerre, soit aux Archives nationales, soit à l'étranger, et qui n'ont concerné que la *Révolution française*. L'auteur a imprimé deux ouvrages sur cette période : l'*Histoire de Desaix*, en 1882, et la *Chute de Venise*, en 1885. Il a pensé qu'un travail sur les *Armées de la République* serait publié avec utilité en 1888, pour le *centenaire de 1789*. Il compte donner, en 1889, ses *Représentants en mission près les armées*, en quatre volumes; le titre du sujet en constate l'importance et l'originalité.

Dans les défilés de l'Argonne.

ou potentat quelconque dont la dignité souveraine peut être exposée aux insultes.

2° Les deux hautes parties contractantes se garantissent mutuellement, ainsi qu'à leurs différents alliés, la possession de tous les droits, prérogatives et pouvoirs dont ils jouissent dans leurs États, ou qui, par d'anciennes lois ou usages, sont trouvés leur appartenir, contre tout changement ou innovation quelconque.

3° Leursdites Majestés promettent, pour elles-mêmes et pour leurs alliés, de ne prendre aucune part à toute révolte ou rébellion qui pourrait s'élever dans quelque État voisin, mais au contraire d'employer toute leur puissance pour l'étouffer; à l'effet de quoi elles ne recevront dans leurs territoires aucun sujet des autres États, sans la connaissance et l'approbation du souverain de ces États; ils seront pris et rendus à la première réquisition, et toute exportation d'armes et de munitions de leurs États sera défendue, ainsi que toute vente des mêmes effets à l'étranger.

4° Les deux hautes parties contractantes sont convenues d'user de toute leur puissance pour faire rendre à la couronne de France les anciens droits et prérogatives qui lui appartiennent; et, à cet effet, elles emploieront, aussitôt que la saison le permettra, les forces suivantes : Sa Majesté Impériale et ses alliés s'engagent de mettre en campagne cent vingt mille hommes d'effectif; Sa Majesté Prussienne et ses alliés s'engagent de fournir soixante mille hommes au-dessus de leur contingent dans les armées de l'Empire. Ces troupes agiront comme il sera convenu entre les parties, et seront payées par leurs souverains respectifs; Sa Majesté Impériale se réservant la liberté de se concerter avec ses alliés concernant la quotité que chacun doit fournir, ainsi que Sa Majesté Prussienne à l'égard des siens. Si, contre toute attente probable, ces forces étaient insuffisantes, Leurs Majestés Impériale et Prussienne prendront toutes les mesures ultérieures d'augmentation qui seront jugées nécessaires.

5° Il sera établi un congrès où Leurs Majestés Impériale et Prussienne, ainsi que leurs alliés, enverront des ministres chargés de s'informer de la nature et de l'étendue de ces prérogatives appartenantes à la couronne de France qu'il convient de rétablir, pour rendre à cette couronne sa dignité. Si le congrès était informé que les hautes parties contractantes, ou quelques-uns de leurs alliés, aient souffert quelque injure ou usurpation relativement à leur juste autorité dans les domaines de leur possession, la décision du congrès sera tenue finale et conclusive par toutes les parties, et elles emploieront les forces ou partie des forces ci-dessus mentionnées, selon que l'occasion le requerra, mais toujours dans la même proportion, pour rétablir la partie lésée (à défaut de mesures plus douces) dans sa légitime autorité, aussi bien que pour défendre dans tous les cas possibles la dignité souveraine de toute violation, insulte et usurpation[1].

Nous prîmes nos lignes de défense avec Rochambeau, Lukner et La Fayette; après la déchéance de la royauté, elles furent modifiées, mais la coalition se précipita aussitôt sur le Rhin et sur le nord sous le commandement du duc de Brunswick, signataire d'un manifeste odieux qui enflamma toute la France. A la conquête dont on la menaçait, elle promit la défaite, la reconstitution complète de ses frontières et l'expansion de ses idées réformatrices par la victoire de ses armes. Provoquée, elle annonçait qu'elle serait aussi terrible que ses adversaires. De 1792 à 1797 elle tint parole.

Pénétrant en Champagne le 20 août, les Prussiens s'emparèrent de plusieurs places fortes: Longwy, Verdun. Dumouriez, devenu général en chef, leur répondit en les prévenant dans l'Argonne et en occupant le passage devenu célèbre des Islettes. Son lieutenant, le général Chazot, put chasser de Croix-aux-Bois l'ennemi pour lui céder à son tour, pendant que le général Dubouquet, battu de son côté au Chêne-Populeux, était coupé de Grand-Pré et se retirait sur Châlons. Nous étions tournés par les corps de Claifrayt. Ce dernier ne profita pas de son début et laissa à son adversaire, peu troublé au milieu de tant de revers, le temps de se reconnaître.

L'Argonne comprend depuis Passavant, à une lieue de Sainte-Menehould, jusqu'à Sedan. Dumouriez conçut le dessein de se réunir dans le camp de Sainte-Menehould à Kellermann, de gagner du temps et de se refaire: il ne comptait que vingt-cinq mille hommes de troupes, y compris la cavalerie, qui est évaluée à six mille combattants. Beurnonville et Kellermann[2], effrayés de la déroute de Vaux, s'étaient rendus l'un à Châlons, l'autre à Vitry. Dumouriez les rappela; ils accoururent à lui.

1. Texte de la convention signée à Vienne le 8 février 1792, entre le comte Colloredo pour l'empereur, et le baron Bischoffowerder pour le roi de Prusse contre la France.

2. Né à Strasbourg, cadet à quinze ans, enseigne, lieutenant aux volontaires d'Alsace en 1756, capitaine dans la guerre de Sept Ans, cité à l'ordre de l'armée pour sa bravoure dans la cavalerie; envoyé en mission en Pologne, où il combattit les Russes; lieutenant-colonel en 1772, brigadier des armées en 1784, maréchal de camp en 1788 et commandeur de Saint-Louis; mars 1792, lieutenant général.

Bataille de Valmy.

Le duc de Brunswick voulut rétablir la communication entre les Autrichiens et lui et s'étendit dans ce but de Bar-le-Duc à Reims. Le roi de Prusse, qui entendait écraser Paris, s'efforça de couper notre armée afin de la battre séparément, et ses troupes se portèrent sur la route de Sainte-Menehould à Châlons. En nous apercevant sur les hauteurs de Gizaucourt, elles se formèrent en bataille contre Valence, qui les occupait comme avant-garde de Kellermann. Le général en chef y aurait voulu son principal lieutenant, il était trop tard pour y parvenir; il se contenta d'y dépêcher Chazot avec neuf bataillons et huit escadrons; le brouillard couvrait le pays et ne se dissipa qu'après dix heures.

Notre cavalerie campait en arrière de Gizaucourt; le moulin de Valmy était garni d'artillerie, avec quelques bataillons pour appui. L'armée se forma sur deux lignes aux environs de Garenne-Mesnieu; notre avant-garde s'ébranla avec dix-huit pièces, afin de prendre Gizaucourt et la Lune; la canonnade s'engagea aussitôt. Une panique provenant d'obus qui avaient causé l'explosion de caissons dans le voisinage de Valmy, se produisit à onze heures dans la première ligne; l'artillerie du général d'Aboville rétablit le feu. Les Prussiens marchèrent alors contre Valmy, leur gauche sur le village, leur centre sur le fameux moulin, et leur droite suivant en appui. Kellermann ordonna la charge à la baïonnette lorsqu'ils graviraient la hauteur : un seul cri lui répondit, unanime et retentissant : « Vive la nation! »

On raconte que le vieux Brunswick en fut stupéfait, et même qu'il adjura le roi de se retirer, promettant de nous réduire au moment où nous abandonnerions nos positions. Ce conseil fut suivi; Dumouriez l'interpréta aussitôt auprès des siens comme une défaite. Cette canonnade donna de l'assurance aux soldats : le début était heureux.

Inquiet pour sa gauche, qu'il redoutait de voir tourner, Kellermann résolut de marcher sur Châlons et accomplit son mouvement le soir même. Face à face avec l'ennemi, notre position était singulière; de Paris, le généralissime reçut l'ordre de se mettre derrière la Marne et s'y refusa, s'avança sur Fresne d'un côté et sur Pont-Faverge de l'autre, afin d'y presser les Prussiens. Ceux-ci tournaient enfin le dos à Paris.

On négocia, c'était le 22. Les injonctions du Conseil Exécutif y mirent fin. Le 26, les coalisés, refusant d'écouter les plans de bataille des émigrés, se décidèrent à la retraite. Une défaite pouvait les perdre; une victoire eût été stérile devant l'enthousiasme du soulèvement qu'amena le succès de Valmy. Beurnonville les inquiéta peu et Dumouriez point, ce qui a fait croire à des *négociations secrètes*. Il parut se raviser lorsqu'ils eurent franchi la Meuse, et il imposa à Kellermann de courir sur Clermont, plan qu'avait proposé d'abord ce dernier. Personnellement, il se rendit à Paris.

Pressés de regagner l'Allemagne, les Prussiens offrirent de restituer Longwy et Verdun si on leur laissait effectuer leur retraite, ce qui leur fut accordé par Kellermann et par les commissaires de la Convention. Leurs morts et leurs mourants encombraient les routes, les hôpitaux et la campagne. Les Impériaux regagnèrent Arlon, les Prussiens se retirèrent derrière Luxembourg, et le blocus de Thionville fut levé. Kellermann s'établit alors sur les deux rives de la Moselle[1].

Dans la capitale, Dumouriez n'eut qu'une idée : *le salut de la France par l'occupation de la Belgique. Il commit la faute d'abandonner Custine* au lieu de marcher, avec de nouvelles levées et son armée, sur Coblentz et Cologne ; à ce prix, il nous eût assuré la *rive gauche* du Rhin, puisque nous étions maîtres de Mayence.

Nous laissons à nos diplomates le soin de rechercher ce qu'il y a de vrai dans la *paix* que le général Grimoard avance avoir été offerte par la Prusse et avoir été repoussée sur les instances de Dumouriez, désireux d'envahir la Belgique. Si le fait est exact[2], ce général est coupable d'une trahison

1. Que pensait la coalition de cette retraite à marche forcée, dont Gœthe a tracé dans ses *Mémoires* un cruel tableau? L'extrait d'un journal officieux anglais nous en instruit, dès le 6 novembre ; il y est dit :

« On trouve assez mauvais ici que le roi de Prusse, allié de la Grande-Bretagne, ait gardé le silence sur les motifs de sa conduite à l'égard de la France. La cour semble persister à croire que la retraite du duc de Brunswick n'était pas aussi impérieusement commandée par la nécessité qu'on le lui a dit; elle prétend que ce général a compromis la sûreté de toutes les puissances de l'Europe, qui ne savent plus s'il faut avancer ou reculer dans cette affaire. »

2. Il appartient à l'éminent publiciste qui écrit l'*Europe et la Révolution française* avec tant d'autorité, d'après les papiers des affaires étrangères, M. Albert Sorel, de nous dire ce qu'il faut croire des accusations du général Grimoard.

contre son pays, par ambition, et sa conduite ultérieure autorise à l'en accuser.

Le choix de Pache comme ministre de la guerre était désastreux : il laissait tous les services dans une désorganisation absolue, et nos soldats trouvaient la misère comme récompense de leur dévouement. Les clubistes les plus désordonnés conduisaient son administration, et peuplaient les armées,

Bataille de Jemmapes.

comme les bureaux officiels, de leurs créatures, portant partout le soupçon et menaçant le général. Carnot protestera en 1793 contre Pache et ses collaborateurs avec de telles preuves qu'il obtiendra son renvoi. Pour le moment, Dumouriez obtint d'aller en Belgique frapper l'Autriche, gagner cette frontière naturelle, nourrir la guerre par la guerre, et atteindre la coalition au cœur. La Hollande devait enfin être arrachée à l'Angleterre. Le généralissime eut quatre-vingt mille hommes sous ses ordres.

Partagées en trois corps, ses troupes eurent pour but : l'aile droite, sous le général Valence, de se porter de Givet sur Namur, dans le but d'empêcher Clairfayt de rejoindre le duc Albert à Mons et d'Harville à Maubeuge; de tourner les Impériaux par Charleroi; — le centre, d'occuper Bruxelles par l'inspirateur de la campagne; — l'aile gauche, sous Labourdonnaye, de menacer Tournay, ce qui obligeait notre adversaire à s'étendre.

De retour le 20 octobre, Dumouriez s'ébranla le 28, sans chercher à tenir parti de la disparition des corps autrichiens. Nous les rencontrâmes au Boussu le 3 novembre, et nous nous étendîmes le 4 dans la plaine de Jemmapes. Le 6 avait lieu la bataille de ce nom, précédée le 5 de l'attaque de Quaregnon, devenu nôtre le lendemain seulement. L'aile gauche devait, dans la pensée du généralissime, porter le poids de l'action. Le général Ferrand n'observa pas ses instructions sur la prise de Quaregnon et ne put tourner la droite de l'ennemi; il se borna à couvrir le village de Jemmapes de boulets, que Clairfayt lui rendit largement. Harville, de son côté, agit mollement contre Beaulieu, qui se maintint dans sa position, ce qui imposa à Dumouriez un changement de plan.

Par son aide de camp Thouvenot, alors adjudant général colonel, qui lança des colonnes d'infanterie sur les retranchements et sur le village de Jemmapes, il eut la clef du terrain. Personnellement, il dirigea sur le bois de Flennu le centre, dont l'énergie de Clairfayt contint les élans; son valet de chambre Baptiste arrêta la fuite de la brigade Drouet, entraînée dans un désordre de faux mouvement de bataillon, et permit au duc de Chartres d'accourir; après une chaude harangue, il les forma en colonnes serrées, et les redoutes furent enlevées. Thouvenot, toujours inspiré, s'avança sur la gauche et contraignit Clairfayt à battre en retraite, sinon il eût été enveloppé.

A la tête de notre droite, Beurnonville s'était formé aussi en colonnes par bataillons pour traverser la plaine et tomber sur la gauche du général autrichien. Parvenu à mi-chemin, le général Dampierre se déploya en accentuant le mouvement, pendant que deux régiments de cavalerie, conduits par Beurnonville, allaient tourner l'ennemi. Mais une trouée s'était produite par la direction de la marche à un moment où notre centre paraissait hésitant sous la mitraille; Clairfayt y lança ses dragons afin de nous couper, et nous fûmes chargés sur nos deux extrémités, centre et droite. La fière contenance d'un bataillon du Vivarais les arrêta : ils furent fusillés à bout portant. La cavalerie de Beurnonville se jeta à son tour sur l'extrême gauche de Clairfayt et dégagea notre centre, qui reprit son impulsion en avant. Pressés de toutes parts, les Impériaux se retirèrent sur toute la ligne, heureux de trouver un protecteur inespéré dans Beaulieu, qui n'avait pas eu à combattre, par suite d'une méprise réciproque entre Ferrand et lui.

Le duc de Montpensier annonça à Dumouriez la prise de Jemmapes et le résultat total; celui-ci ignorait ce qui était advenu au centre et à gauche. Immédiatement, il prescrivit à Harville de se jeter sur Beaulieu par le mont Palisel. Le calme de Beaulieu lui en imposa, et les Impériaux purent se réfugier sous le canon de Mons.

Cette victoire fut aussitôt comparée à celle de Condé devant les lignes de Fribourg, ce qui est une erreur. Dumouriez pénétra dans Mons, mais il y séjourna cinq jours et s'interdit la destruction de son adversaire, puis il dut le suivre de front et trouva une armée qui ne se laissa plus entamer. Le 14 novembre nous entrâmes à Bruxelles, négligeant toujours d'écraser Clairfayt, qui s'éparpillait vers les garnisons. Le 18 nous marchâmes sur Louvain, Anvers et Namur, ce qui ouvrit les yeux du général en chef autrichien; il se dirigea donc sur l'Allemagne par Liège; nous le suivîmes à nouveau, cela dura vingt-deux jours : on n'a jamais su pourquoi.

Le siège de Namur par le général Valence ne dura pas; le 2 décembre, son gouverneur découragé nous livra la place. Celui d'Anvers sous Labourdonnaye fut aussi court; Dumouriez résolut alors d'ouvrir l'Escaut, ce qui nous jetait la Hollande sur les bras et ne pouvait qu'augmenter l'irritation de l'Angleterre. Il oublia, le Conseil Exécutif avec lui, que sa décision serait inexécutable.

Le 10 décembre, Miranda se jeta sur Ruremonde; le 8 nous entrions à Aix-la-Chapelle, la cité de Charlemagne, oubliant de forcer les Impériaux à repasser le Rhin et préférant assiéger Maëstricht; on ne le lui permit pas. Pache écrivit à Dumouriez au nom du gouvernement qu'il importait de secourir Custine, lui rappela sa propre lettre du 14, où il reconnaissait nécessaire que Trèves, Coblentz, Cologne fussent pris dans quinze jours, et lui ordonna de ne pas « laisser les Autrichiens et les Prussiens s'établir entre la Meuse, la Moselle et le Rhin », seul moyen d'assurer l'indépendance nationale.

Homme de génie, Dumouriez comprit son ascendant et escompta ses services; il fit de la politique dans les camps et se persuada qu'il pourrait gouverner la France. Toujours heureux depuis la guerre de Sept Ans en fait, malgré ses emprisonnements diplomatiques passagers, général sans avoir beaucoup combattu, il avait pris dans son passé des habitudes de commandement et la connaissance des affaires de gouvernement. Il connaissait l'Europe. Dévoué à la royauté, il résolut de sauver la famille royale en accablant les clubs et la démagogie. De là ses démêlés avec le parti jacobin et leur chef; leur triomphe le révoltait, les agioteurs osèrent l'accuser de péculat : il répondit avec hauteur et mépris, dut s'expliquer, se rétracter presque; dès lors, il se promit une vengeance éclatante, oubliant que tous les gouvernements sont ombrageux et les républiques timorées. Aux ordres reçus il répondit que ces ordres étaient *les plus fous*, et cependant il n'était question que de marcher sur Coblentz et Luxembourg, ce qu'imposera Carnot en 1794.

On ne repoussa donc pas les Impériaux au delà du Rhin : ce fut la source de tous nos désastres de 1793.

Le 12 décembre, nos troupes prirent leurs cantonnements, d'Harville dans le Luxembourg, Valence de Verviers à Spa, Stengel le long de la Roër, Miaczinsky sur les rives de la Forou, et Dampierre à Aix-la-Chapelle. Tout cela formait la droite. Dumouriez mit le centre à Liège, et Miranda avec la gauche campa entre Tongres et Ruremonde; son lieutenant Lamarlière s'installa à Clèves et en Gueldre. A deux pas, Clairfayt, établi dans le pays entre la Roër et l'Erst. Les conséquences de la désobéissance de Dumouriez, les voilà; le siège de Mayence par les Prussiens dira les autres!

A cela il faut joindre les exactions commises en Belgique et des excès tels, œuvres du parti jacobin, que les États de Flandre et de Brabant appelaient le cabinet de Vienne à leur secours, lui promettant trente mille soldats et trente millions.

II

Pendant que Dumouriez discutait politique et oubliait ses vues militaires, Beurnonville tentait, le 14 novembre, une entreprise sur Trèves, qui laissait Custine exposé au retour offensif sûr des coalisés. Après un mois de luttes inutiles et trois attaques successives, il fallut renoncer à l'expédition dans laquelle on perdit des troupes mal vêtues et encore plus mal nourries. L'armée de la Moselle aurait dû combattre en Wétéravie, mais les démagogues cherchaient ce qui éblouit, au risque de tout compromettre ; Carnot nous l'apprendra bientôt, avec preuves à l'appui.

Les réfugiés bataves de Paris pressèrent à la même époque le Conseil Exécutif d'envahir la Zélande, malgré son penchant à circonscrire la guerre, sous l'influence de Danton. Mais Dumouriez n'abandonnait pas facilement ses idées, et il avait résolu la conquête de la Hollande, et l'opposition de Miranda à ce projet l'y poussa de plus en plus. Notre gouvernement l'accepta, ce qu'il faut absolument condamner, car on marchait ainsi à une *tempête universelle,* seul contre tous. Dumouriez y gagna d'avoir une division de dix mille hommes de plus : c'était peu pour se mettre sur les bras la maison d'Orange, alliée à la Prusse, et l'Autriche, souveraine des Pays-Bas. Vainement entendait-il constituer une armée de quatre-vingt mille hommes pour revenir après le succès à Paris et y gouverner : tout cela n'était qu'illusions folles, et de tels plans devaient nécessairement avorter. Ils avortèrent avec scandale !

Ceux des alliés n'étaient pas mieux conçus : ils marchaient sans entente ; l'Autriche n'amenait pas plus de cent vingt mille combattants sur les champs de bataille, quoique étant la plus intéressée. Ses généraux avaient la passion des cordons et ne savaient pas profiter de la victoire, pas plus qu'ils n'occupaient les pays de plaine pour y entretenir leur cavalerie.

Dumouriez, hésitant dans le point de départ de son attaque principale, se décida enfin, vers le 10 février, à débuter contre Rotterdam. Clairfayt, cantonné près de la Roër, était donc sur son flanc droit. Nous nous avançâmes sur Venloo afin de nous établir dans cette place : les Prussiens nous y avaient devancés. Nous nous précipitâmes, comme pris de dépit, sur Maëstricht, afin de l'y assiéger, y consacrant vingt-cinq mille hommes ; Miranda en eut le commandement avec mission de se rendre ensuite maître de Nimègue. Le 17 février, le général en chef pénétra sur le territoire hollandais avec des troupes organisées en quatre petites divisions et les rejoignit le 22, de sa personne, avec des renforts. Quoique envahisseur, il entendit faire la guerre de siège contre Bréda à droite, Berg-op-Zoom et Steenberg à gauche. Bréda et Gertruydenberg capitulèrent au début de mars, Wilhemstadt résista. Le général Valence était en déroute à Aix-la-Chapelle le 3 mars ; n'en tenant aucun compte, Dumouriez décidait de passer le Biesbos, parce qu'il avait trouvé une marine considérable à Gertruydenberg. Le 8, il reçut de Paris ordre d'abandonner tout projet sur la Hollande et de reprendre le commandement de son armée principale : il résista. Sa correspondance à cette période fut surprenante et resterait un acte douteux, si d'autres que lui l'avaient signée et en partie publiée.

Le prince de Cobourg, placé à la tête des Impériaux, se mit sur l'offensive, et, voyant que nous ne profitions pas des positions qui environnent Aix-la-Chapelle, franchit la Roër, battit Valence, nous obligea à lever le siège de Maëstricht, où le jeune archiduc Charles paraissait le 3 mars et nous rejetait derrière la Meuse.

Le prince de Brunswick-Oels nous attaquait de son côté le même jour avec douze mille hommes, et, plus heureux que Clairfayt à Aldenhoven, nous accablait à Ruremonde; le prince-archiduc obtenait encore du succès à Tongres, et Valence se voyait obligé d'évacuer Liège. La Hollande était perdue pour nous, et nos divisions se hâtaient sur Louvain : nous étions ramenés. Devant nos premiers désastres, Danton et Lacroix, qui remplissaient les fonctions de commissaires, étaient partis pour la capitale. Aux frontières, Merlin (de Douai), Gossuin, Camus et Treilhard attendaient la suite de cet inconnu, le désespoir dans l'âme. Dumouriez promit de tout relever en obtenant vingt-cinq mille combattants belges, et les agents jacobins ayant tout compromis par leurs dilapidations, il les chassa ou les arrêta pour les livrer à la justice.

Arrivé à Anvers le 11 mars, il rejoignit l'armée à Louvain le 13 et lui donna de nouvelles positions. Jomini les a déclarées décousues, les mesures prises étant insuffisantes.

Le 15, l'archiduc Charles s'emparait de Tirlemont; nous le lui reprenions le 17, et devant la confiance qui animait les troupes à nouveau il résolut de livrer bataille. Le 18, il la livra à Nerwinden, qui nous avait vus déjà vainqueurs, et y livra trois attaques successives. L'artillerie ennemie nous écrasa partout de ses feux; Clairfayt débuta, puis l'archiduc Charles, qu'imita le prince de Cobourg. C'était à notre droite et à notre centre que Dumouriez avait prodigué sa surveillance et ses ordres, la gauche était un pivot dont ses deux ailes avaient à frapper les coups décisifs. Le silence des forts de la gauche lui avait paru de bonne augure : c'était

Dumouriez.

la défaite. Inquiet sur la fin de la journée, il se porta avec Thouvenot, son seul confident, sur sa gauche ; un village abandonné par le valeureux Dampierre ne l'éclaira pas sur sa situation ; le pont d'Orsmael, occupé par les Autrichiens et non par Miranda, le porta à se retirer sur Tirlemont. Il ne comprit les motifs de la solitude où il chevauchait qu'en rencontrant près de cette ville trois bataillons débandés.

Là il vit Miranda et lui donna ses instructions pour dégager le centre et la droite des nôtres, qui se trouvaient *au milieu de l'armée ennemie*. Le lecteur jugera par ce fait de l'étendue du désastre.

Sous peine d'être détruite, l'armée de Belgique dut s'enfuir. En Hollande, le général Flers se jeta dans Bréda et Gertruydenberg, le reste de ses troupes marcha sur Anvers. Le 20 mars Dumouriez quitta Cumptich, le 22 les Impériaux nous attaquaient à Pellenberg ; le général vaincu entama des pourparlers avec le colonel Mack sur une suspension d'armes. Le 23 on était d'accord, et nous évacuions la Belgique ; on se revoyait plus tard pour promettre l'expulsion de la Convention et recevoir : Mack, les places de Lille et Valenciennes, Condé et Saint-Amand ; Dumouriez, le prix de sa trahison !

Éclairée par des avis sûrs, la Convention déjouait ses projets par des mesures promptes, énergiques, et, lui envoyant cinq commissaires[1] pour se saisir de sa personne, lui imposait de comparaître à la barre de l'assemblée. Le rebelle faisait prisonniers les mandataires du pays, et le ministre de la guerre lui-même les livrait aux Impériaux et appelait son armée à l'insurrection contre la patrie par des proclamations aussi insolentes que mensongères. Quelques troupes égarées d'abord avaient paru lui obéir. Désabusées par ses explications mêmes, elles l'avaient délaissé en quatre jours, et quelques bataillons, le voyant fuir avec des hussards allemands, l'avaient accablé de coups de fusil. Davout, le futur duc d'Auerstædt, était à leur tête pour l'infanterie, où il remplissait les fonctions de chef de bataillon ; et quant à l'artillerie, elle fut soulevée par le capitaine Songis, qui devint, sous l'Empire, un de ses généraux les plus distingués. Cet acte d'initiative mit ces deux offi-

1. Carnot leur avait été adjoint ; appelé fortuitement à Douai, il dut à ce fait inattendu de ne pas être livré à l'Autriche. Nous avons donné dans notre ouvrage sur *Carnot* la série de dépêches qu'il envoya à la Convention pour l'informer qu'il réorganisait l'armée.

ciers en évidence. L'hésitation de l'armée avait été fort rapide, l'honneur avait vite pris le dessus, et celui qu'elle appelait la veille *notre père* ne fut plus dès le 4 avril qu'un traître dont la tête était mise à prix et que le ministère anglais chassait bientôt d'Angleterre, où il s'était rendu[1].

1. Le lecteur trouvera aux *pièces justificatives* la lettre de Dumouriez à lord Grenville et la réponse du chef du Foreign Office. Le Comité de Salut public, en ayant eu le texte exact, le publia au *Moniteur* comme satisfaction donnée à l'opinion. — Parmi les émigrés, beaucoup l'appelèrent un scélérat subalterne, ayant trahi sa cause pour sauver sa tête, et nul à l'avenir pour tous les partis. Opinion spéciale du comte Vauban.

CHAPITRE II

ARMÉE DES ALPES ET D'ITALIE

(1792-1794)

SOMMAIRE

Conquête de la Savoie par le général Montesquiou et du comté de Nice par le général Anselme. — Expéditions maritimes à Naples et en Sardaigne. — Opérations de l'armée des Alpes en 1793 et en 1794. — Opérations de l'armée d'Italie pendant la même période (première et deuxième campagne d'Italie). — Bonaparte.

Dès 1792, déclaration de guerre fut faite à la maison de Savoie, l'alliée alternative de la France et de l'Autriche. Les vues politiques de Louis XV dans les négociations de 1733 avaient été malheureusement abandonnées par le cardinal Fleury en 1735; nous n'avions plus tenu à donner le Milanais et la Lombardie à Charles-Emmanuel, ce qui avait été une faute et un double tort. Pour prix de notre concours, en effet, ce prince nous eût cédé en retour la Savoie, ce qui l'eût mis pour toujours dans notre alliance. Marie-Thérèse, profitant de nos fautes, l'avait entraîné dans la sienne en 1741, et la transaction française de 1775, conclue sous Louis XVI, n'avait pu remédier à tout.

Le rappel réciproque des ambassadeurs en 1792 et l'arrestation de Sémonville à Alexandrie comme fauteur de troubles en Italie alors qu'il était chargé d'une mission de notre ministre des affaires étrangères, furent le signal des hostilités. Le général Montesquiou, investi du commandement de l'armée du Midi, reçut l'ordre d'envahir la Savoie. Il fallait à la fois couvrir Lyon, l'empêcher de devenir une place et un camp retranché pour les Sardes comme pour les émigrés, rejeter l'ennemi au delà des Alpes; puis, s'inspirant des Mémoires du maréchal de Berwick, occuper cette chaîne de montagnes jusqu'aux sommités, et, s'établissant dans les cols, y organiser un système de barrières infranchissables, soit aux Échelles et au mont Cenis, soit aux Alpes maritimes, de Nice au Var.

Montesquiou s'avança sur Montmélian et Chambéry ; après une marche de quatre jours il occupa la Maurienne, et sa destitution suivie de son exil volontaire n'empêchèrent pas la Savoie de nous appartenir à la fin de cette année. L'occupation du comté de Nice eut lieu avec autant de facilité par le général Anselme. Nos troupes commirent, d'accord avec la populace de Nice, les plus honteux excès, et leur chef fut assez coupable pour fermer les yeux. La nomination de Dumerbion ramena la discipline dans l'armée, le calme dans la population : il promit à la conquête un avenir sûr.

Les cantons helvétiques manifestèrent au même moment leur désespoir du massacre des Suisses au 10 août. Maître la Savoie, Montesquiou avait entamé de sages négociations avec la Suisse ; elles produisirent leur plein effet et nous rendirent sur ce point de nos frontières notre liberté par une sécurité désirable.

Mais il fallut renoncer à conquérir Genève, ville alliée des cantons, entrepôt commercial de la France et de la Suisse méridionale. En recourant à la neutralité de ce pays qui couvrait le centre de nos propres frontières, par la possession de Genève, le général de Montesquiou avait enlevé une place d'armes à la coalition, qui eût inquiété notre armée du Rhin, et qui eût pu prendre cette partie de nos opérations à revers, c'est-à-dire entre deux feux.

Les succès de l'armée des Alpes sur le Rhône n'étaient pas égalés sur le Var par l'aile de ses troupes qui y combattait.

Le général Anselme s'était cantonné à Nice, négligeant de s'emparer de Saorgio ; aussi les Sardes s'étaient-ils enhardis à tenter l'enlèvement de la brigade Brunet, à Sospello notamment. Le général en chef vint heureusement au secours de son lieutenant. Dagobert, de son côté, culbuta l'ennemi le 3 décembre. Anselme partit lui-même pour Paris, où il était mandé pour rendre compte de sa conduite. L'hiver mit fin aux hostilités sur les Alpes maritimes, très montagneuses en cette partie.

La Convention, instruite par nos émissaires d'Italie, et par les partisans que la Révolution française comptait dans les royaumes de Sardaigne et de Naples, des troubles qui agitaient ces deux pays, résolut d'y porter la terreur par notre marine et un corps de débarquement. Notre apparition devait produire un soulèvement immédiat.

Cette double expédition fut une faute.

Vue de Naples.

Une division de notre escadre, aux ordres du contre-amiral Latouche, marcha sur Naples, capitale qui concentrait alors en elle tout le pays. L'amiral devait obtenir la reconnaissance de la République et le désaveu des menées du ministre napolitain à Constantinople contre Sémonville. Il eut raison sur les deux points ; mais l'influence de la reine, sœur de l'infortunée Marie-Antoinette, autrement durable que la présence éphémère d'une escadre, ne pouvait tarder à rendre nos actes illusoires.

Pendant le même temps, le contre-amiral Truguet avait paru avec sa flotte devant Gênes et y avait obtenu, ce qui préoccupait fort le Conseil Exécutif, la reconnaissance de l'ordre politique établi en France. Puis, rejoignant Latouche devant Cagliari, Truguet commençait ses opérations contre la capitale de la Sardaigne, après avoir éprouvé les effets d'une tempête désastreuse. Les troupes chargées d'appuyer les Sardes qui se révolteraient avaient été mal composées, et on y distinguait une collection de Marseillais, écume de la population de notre littoral.

Le 23 janvier 1793, l'officier parlementaire envoyé dans un canot, porteur de communications au capitaine du port de Cagliari, fut tué d'un coup de fusil ; un coup de canon à mitraille frappa quatorze hommes à ses côtés. Truguet différa sa revanche jusqu'au 27 ; notre feu s'ouvrit alors, mais les forts ennemis nous répondirent très bien durant trois jours. La tentative de descente qui eut lieu le quatrième échoua par l'indiscipline et par l'ignorance militaire des gardes nationaux du poste français, devenus soldats par la simple formalité d'un décret. Le 2 février cependant on tenta à nouveau l'entreprise sous la direction du général Casabianca : ce fut un échec. Le 17, une tempête menaça d'engloutir notre flotte, après des pertes signalées en vaisseaux et frégates, on rembarqua ; le 22 on se dirigea sur Toulon, heureux de trouver la mer libre devant soi. On avait dépensé et perdu des millions pour avoir écouté des réfugiés sans mandat ni capacité.

L'expédition de Sardaigne fut donc une équipée ; Jemmapes seule pouvait nous en consoler par la gloire qu'elle venait de donner à nos armes et par la conquête de la Belgique.

Le théâtre de la guerre fut tout spécial dans les Alpes. Le Piémont est entouré en effet des plus hautes montagnes de l'Europe, celles qui le séparent de la France et de la Suisse, du mont Cenis au Saint-Gothard, masse de granit couverte de neiges nommées justement éternelles et dont les cimes paraissent se perdre dans les nues. Les Mémoires du maréchal de Berwick et ceux de Bourcet ont décrit ces régions, soit géographiquement, soit militairement, dans les quatre sections qu'elles forment, en ce qui concerne les combinaisons qu'elles secondent, qu'elles interdisent ou qu'elles provoquent. Il suffit de savoir ici que les Piémontais n'en possédaient pas les cols, au contraire; mais ils avaient pour leurs approvisionnements, leurs magasins, leurs ravitaillements, la formation de leurs camps, toutes les facilités désirables; à nous tous les obstacles imposés par la nature et qui s'aggravaient d'une invasion en pays ennemi; enfin, les dates historiques d'anciennes victoires de Suze au Gothard, du plein moyen âge à Louis XV, aggravaient notre situation.

La défensive de la France est la plus difficile en stratégie sur ces points du Rhône au Var, a écrit Jomini, car Turin est un point central d'offensive qui menace les deux extrémités à la fois.

Kellermann commandait l'armée dite des Alpes, qui comprenait deux corps distincts, dont l'un était l'armée d'Italie.

En février, Biron, qui y était arrivé de Strasbourg avec cinq mille hommes, opéra contre les barbets, partisans italiens avides de pillage. Le général Brunet porta le poids principal des affaires de Moulinet, de Sospello, puis reprit la direction unique de ce corps à la fin de mai. L'affaire de Lauthion, que le général Colli défendit magnifiquement contre Serrurier, fut une défaite pour nos troupes, de Rauss aux Fourches. Nous ne pûmes donc repousser les Piémontais au delà des Alpes, malgré les ordres réitérés des représentants en mission.

Kellermann accourut à l'armée d'Italie en apprenant ces échecs; dans un conseil de guerre, il fut décidé que l'armée conserverait ses positions pour l'offensive prochaine, et les positions de retraite furent fixées au cas de nouveaux insuccès.

Mais en rentrant à Chambéry, son quartier général, Kellermann y trouva l'ordre d'employer une partie de ses troupes à Lyon. Le parti catholique et royaliste venait d'y acclamer la royauté par ordre des princes français réfugiés à l'étranger, basant sur la Terreur naissante un principe de revendications à main armée. Marseille allait aussi loin dans son fédéralisme et chassait les autorités légales, menaçant de livrer à l'étranger le premier port commercial de la France. Toulon, de son côté, avait livré aux Espagnols et aux Anglais la richesse du premier port militaire sur la Méditerranée. La Corse défiait le Comité de Salut public, soulevée par Paoli, son patriote de génie, que le cabinet de Saint-James avait pensionné pendant vingt ans. Nos troupes étaient donc abandonnées comme à elles-mêmes ; leur désespoir, le génie naissant de Bonaparte et la direction suprême des opérations de la

Le mont Cenis.

guerre confiée à Carnot depuis le 23 août 1793, ramenèrent la victoire sous nos drapeaux.

Lyon succomba, Marseille fut ramenée à l'obéissance, et Toulon délivré des Anglo-Espagnols. De cruelles représailles marquèrent le retour à l'obéissance légale, les partis oubliant que la vengeance n'est pas la justice !

L'insurrection de Lyon avait tenté la cour de Turin, et elle avait réussi à porter ses troupes en Savoie. Kellermann avait aussitôt rejoint les siennes, et après deux combats il avait repoussé d'Aiguebelle sur le mont Cenis les vingt mille Piémontais, aussi mous à la bataille qu'ils s'étaient montrés hardi dans leur marche d'invasion[1].

Le Comité de Salut public, vainqueur partout, du nord a sud, sauf un instant aux Pyrénées-Orientales, imprima à l guerre une impulsion nouvelle. Il n'osa pas cependant agir e combinant la réunion des deux armées, Alpes et Italie, pa le *centre;* ce fut une faute. On opéra isolément, et il faut alle jusqu'en 1796 pour trouver un plan merveilleux enfantan une campagne devenue légendaire en Europe et dans l'his toire.

Le 24 mars 1794, l'armée des Alpes se remit en mouvement mais elle fut repoussée du grand et du petit mont Cenis ; l 23 avril, le général Dumas s'empara du petit Saint-Bernard le 14 mai, il fut aussi heureux au mont Cenis, et le généra Valette, chef des opérations de Briançon, occupa les célèbre retranchements de l'Assiette.

Marchant seule, l'armée d'Italie eut pour but, au début d 1794, de dépister le général Colli de sa position de Saorgio qu'il avait rendue formidable. Malheureusement pour so mérite, Colli avait affaire à Bonaparte, qui commandait en che l'artillerie de cette armée et qui conseillait les opérations d vieux Dumerbian, son général en chef. Bonaparte imposa se idées, s'empara de Saorgio, qui était un vrai camp retranché en le tournant par sa gauche, point faible de l'œuvre italienne et coupa la retraite de l'ennemi en occupant, par suite de l victoire, la route du col de Tende. Or, la grande communica tion avec l'Italie était, de ce côté, la route de Nice à Tende su Coni et Turin, cette dernière ville restant le point central d toutes les opérations sardes contre la France.

Si ce plan aboutissait, on envahirait l'Italie, au passé s glorieux.

Pour agir, il fallait violer la *neutralité* de la république d Gênes : Bonaparte l'obtint facilement du Comité de Salut public. Celui-ci rappela la conduite des Anglais dans le port d

1. A la mi-décembre 1793, un commissaire ne craignait pas d'expose au club des jacobins le dénuement de l'armée du Sud et d'attester le courage des troupes. Si le langage de Simon était exact, il ne tardait pa cependant à dénoncer les généraux accusés de pactiser avec les aristocrates et les rois afin de rester à la hauteur des principes dits révolutionnaires. Ses imputations étaient fausses; mais Simon était un maratiste, et son témoignage reste sans valeur.

Gênes, la conduite du roi de Sardaigne faisant passer un contingent à Toulon, enfin le refuge toujours offert par Oneglia aux corsaires ennemis de la République française. La marche en avant décidée, Masséna, presque inconnu alors, s'avança à la tête de vingt et un mille hommes, le 1er avril; sa division, formant un corps d'armée, fut partagée en trois colonnes appuyées par vingt pièces d'artillerie. Masséna était un ancien adjudant d'artillerie de l'armée royale retraité et devenu en 1791 chef de bataillon de volontaires, comme Davout sur le Rhin, Jourdan sur la Moselle.

Fier de ses fortifications, Colli s'était endormi dans ses succès précédents. Masséna l'en fit repentir en prenant d'assaut les redoutes de Col Ardente le 20 avril. Le camp des Fourches était évacué le 27 ; à gauche, le général Garnier poursuivait les Piémontais au delà du col de Fenestre, et Serrurier, vainqueur à Isola, établissait la communication voulue avec l'armée des Alpes. Nous devînmes ainsi les maîtres sur toute la ligne ; Colli dut se replier sur Tende, la chaîne principale des Alpes était dans nos mains. Rien ne s'opposait à l'envahissement du Piémont et à la réunion des deux armées en une seule masse.

D'accord cette fois, généraux et représentants la désiraient. La preuve, la voici telle qu'elle ressort d'un plan parti du quartier général pour Paris, et que le Comité refusa d'approuver ; on est d'accord pour en attribuer la conception entière à Bonaparte :

> S'il est prouvé, y est-il dit, qu'on ne peut se présenter dans la plaine du Piémont qu'avec des forces supérieures à l'ennemi, il faut réunir l'armée des Alpes à celle d'Italie. Or, cette jonction ne s'opérera jamais d'une manière plus commode que dans la vallée de la Stura, qui forme la ligne de démarcation actuelle de ces deux armées à la naissance de la plaine et permet de profiter des débouchés déjà conquis par celle d'Italie.

Accompagné de toutes les pièces propres à l'éclairer, ce projet fut repoussé à Paris. On trouva que six divisions formaient une masse trop grande, et les échecs de l'armée du Rhin, quoique temporaires, portèrent à lui fournir un corps de dix mille hommes tiré des troupes de Kellermann

L'armée d'Italie comprenait à ce moment quatre-vingt mille

hommes; mais les garnisons en absorbaient vingt-deux mille, les dépôts huit mille, et quinze mille remplissaient les hôpitaux. L'effectif réel était donc de trente-cinq mille combattants. Masséna formait la droite à Loano, Macquart le centre à Tende, et Garnier uni à Serrurier la gauche jusqu'au col de Fenestre.

A Turin, on parlait de conspiration contre le trône de Victor-Amédée au lieu de chercher dans les plans militaires la cause des défaites piémontaises, et on noya la capitale dans le sang. Aux frontières, Colli se prépara à combattre, abrité par Coni, Mondovi et Céva, et l'archiduc Ferdinand, chef des Austro-Sardes, entendit nous fermer l'entrée en Lombardie en nous enfermant dans le bassin de Coni; il devait y échouer.

Le général Bonaparte présenta à Dumerbion et aux représentants du peuple un second plan d'opérations. Il arguait de la coopération des deux armées des Alpes et d'Italie pour obtenir le succès.

Il pensait que la première longerait la gauche de la Stura, franchirait les revers de la montagne et interromprait ainsi toute communication entre Coni et la place de Demont; cette dernière était l'objet de l'expédition. De son côté, l'armée d'Italie devait venir en aide par sa gauche et occuper la plaine de Coni. L'auteur de ce projet comptait, au cas d'un hiver rigoureux, que les troupes reprendraient leurs quartiers dans le pays niçois si elles ne pouvaient rester en Piémont; leur nombre était de trente mille hommes, formant trois divisions. Le but de cette coopération était une diversion propre à tenir partout l'ennemi en échec et à favoriser la prise de Demont après un siège heureux, prix de cette diversion.

Robespierre jeune transmit au Comité de Paris les vues de Bonaparte : elles y furent approuvées par Carnot et les triumvirs tout-puissants. Dumerbion chargea Masséna de les appliquer, en entrant le premier en ligne. On était à la veille du 9 thermidor.

Les deux armées s'ébranlèrent en même temps. Celle des Alpes pénétra, par son aile droite, dans la vallée de la Stura, après avoir culbuté le général Latour sur le mont Viso. Celle d'Italie rejeta l'avant-garde de Colli sur Borgo-San-Dalmazzo avec son centre et couronna toutes les montagnes. Des hauteurs elle aperçut une petite plaine aux moissons fertiles et se promit de se refaire dans ce riche pays. Le 9 thermidor eut pour conséquence de le lui interdire en arrêtant les opérations ; cet acte équivalait à une défaite : les stratégistes sont unanimes sur ce point. La retraite s'opéra en outre en désordre.

Pourquoi cette retraite, dira-t-on? Parce qu'une défaveur voisine de la culpabilité frappa à cette époque tous ceux qui avaient entretenu des relations intimes avec les triumvirs, Robespierre aîné, Couthon et Saint-Just, auteurs et inspirateurs du régime terroriste.

Carnot annonça leur chute aux armées par un *ordre du*

Bonaparte lieutenant d'artillerie.

jour où on lisait : « D'infâmes tyrans qui avaient usurpé le nom de patriotes, voulaient désorganiser la victoire... Les *traîtres* ont reçu le prix de leurs *forfaits*. » Le 21 août, un ordre du Comité de Salut public imposa la cessation des opérations offensives en Piémont; on se borna à garder les passages principaux des Alpes.

Au même moment, les Austro-Sardes tentaient de s'emparer de Savone : Masséna leur fut opposé; les combats de Carcare et de Cairo nous laissaient maîtres du champ de bataille. La république de Gênes répudiait aussitôt toute entente avec la coalition et imposait sur la côte ligure la neutralité à l'égard des belligérants; l'amiral Hood retourna aussitôt en Angleterre avec sa flotte, le désespoir dans l'âme!

La campagne de 94 dans ces parages était terminée; nos armées prirent leurs cantonnements.

Bonaparte, quoique victorieux par ses projets, fut arrêté comme ami intime de Robespierre jeune, représentant près des troupes d'Italie. Salicetti l'abandonna aux représailles de la Convention; Carnot le sauva en l'envoyant, après sa mise en liberté, commander à Cette l'artillerie du fort de guerre qui en défend le port commercial. 1796 sera l'exécution complète du plan de 1794, confié cette fois à l'homme de génie qui l'avait conçu, après avoir éprouvé les malheurs de 95.

L'armée des Alpes fut affaiblie au point de ne plus compter qu'une seule division; Dumerbion demanda sa mise à la retraite, et Kellermann passa pour quelques mois aux Pyrénées-Orientales.

Que se passait-il durant la même période aux bords de la Moselle?

CHAPITRE III

ARMÉE DE MAYENCE. — KLÉBER ET MERLIN DE THIONVILLE (1793)

SOMMAIRE

I. Abandonné par Dumouriez, Custine recule de Francfort derrière la Lauter. — Mayence avec vingt-deux mille hommes est en présence de cinquante mille Prussiens. — Fortifications de cette place. — Affaires d'avril à juillet. Question des subsistances. — Le Comité de Salut public ordonne tardivement à Beauharnais de secourir Mayence. — Opérations de ce général et du duc de Brunswick. — Reddition par capitulation de la place.

II. Biographie de Merlin. — La nécessité de conserver Mayence (dépêche). — Responsabilités de Pache et de Bouchotte, qui l'abandonnèrent. — Trompée par des amis de Robespierre, la Convention décrète l'arrestation des généraux mayençais. — Discours de Merlin et de Thuriot de Metz. — Décret d'honneur sur cette armée.

III. Kléber, son origine, son génie. — Ses premiers services militaires.

I

La campagne de Custine ne fut pas une *témérité*[1], comme l'avancent ceux qui ignorent ou qui oublient la concordance des faits militaires de l'armée de Belgique. Depuis 1822, Jomini a lavé sa mémoire de cette *imputation*, en soutenant qu'une fois maître de la Belgique *Dumouriez aurait dû venir au secours de son collègue* dès la victoire de Jemmapes, au lieu de se précipiter aveuglément sur la Hollande. Les faits justifient cette appréciation par Nerwinden et par le siège de Mayence, qui devait être inévitable et qui le devint. Dumouriez a pu lire le jugement qui lui était infligé de son vivant, et il n'a pas réclamé; l'aveu de sa culpabilité est donc complet.

Lorsque les Prussiens eurent repassé le Rhin à Coblentz en octobre 1792, ils se portèrent sur la Lahn, battirent l'avant-

1. Occupation de Spire le 30 septembre, de Worms le 5 octobre, de Mayence le 21, de Francfort le 22. — Réunion des Prussiens le 4 novembre à Coblentz, reprise de Francfort le 2 décembre, de Konigstein le 9 janvier 1793; ils passent le Rhin le 25 mars près de Bacharach.

garde de Custine, se précipitèrent dans la vallée du Mein, isolèrent notre garnison de Francfort et l'enlevèrent. Du coup, nous fûmes rejetés dans Mayence et bloqués sur la rive droite. L'hiver se passa à établir réciproquement des fortifications de ce côté de la place.

L'année 1793 devait nous être fatale sur cette partie du Rhin moyen. A la fin de mars, début d'une campagne de printemps, les Prussiens, qui entendaient venger leurs échecs de la Champagne, traversèrent le Rhin à Bacharach, au-dessous de la capitale électorale, marchèrent par les défilés du Hundsruck, que nos troupes traversèrent ultérieurement tant de fois, surprirent les avant-gardes de Custine sur la Nahe et prirent Bingen. Cette fois, Mayence était menacée sur la rive gauche par la pointe de Cassel, et Strasbourg terrorisé, les brigades isolées de nos ennemis s'étendant du revers des Vosges jusqu'à Lauterbourg. Custine perdit son sang-froid. Il rétrograda jusqu'à la Pfrimm, mais il fut suivi par le prince de Hohenlohe, qui s'établit audacieusement, le 30 mars, sur la route de Mayence à Strasbourg qui longe le fleuve. Nous reculâmes alors derrière la Queich, puis derrière la Lauter; à la hardiesse avait succédé la peur ou la pusillanimité.

Le 30 mars enfin une division de sept mille hommes, conduite par le général Schaal, qui avait reçu l'ordre de rejoindre Custine, sortit de Mayence; arrêtée par les Prussiens, elle ne put passer et rentra dans la ville avec peine. Désormais le blocus était complet, le siège allait commencer.

Son enceinte représentait un demi-cercle dont le Rhin formait le diamètre; le mur en était de briques, flanqué de tours bastionnées. La ville avait un faubourg sur la rive droite, Cassel, avec lequel on communiquait par un pont de bateaux, puis sur le fleuve, l'île du Vieux-Mein, avec des ouvrages avancés jusqu'à la pointe de Rostheim; des retranchements avaient été élevés dans les îles de Mars et de Bley à la pointe du Mein, et des défenses dans celles de Saint-Pierre et d'Ingelheim, d'où on aurait pris à revers celles de Cassel, le pont et les moulins destinés au service public.

La place avait quatorze bastions, répartis sur trois fronts. Le premier, dit front du nord, en comptait cinq, avec lunettes, contre-gardes, fossé, retranchement extérieur avec fossé; le second front, dit de l'ouest, en comptait quatre, dont un (bastion d'Alexandre) dominait la plaine; le troisième front, dit du sud, en comprenait cinq, dont une citadelle. Le deuxième et le troisième front avaient une seconde enceinte qui s'appuyait sur six ouvrages et une double tenaille; l'un d'eux, le Haupstein, communiquait par un souterrain avec la porte de Munster. Nos ingénieurs avaient établi dans les autres forts des casemates et des contre-mines.

L'armement était incomplet, cela ressort du journal du siège publié par le génie; le *tiers* manquait, et l'accusation portée contre Custine dans son procès, d'y avoir transporté toute la grosse artillerie de Strasbourg et de Landau, n'est qu'une calomnie à la Saint-Just. La poudre manquait aussi; en revanche, les grains abondaient, et les chevaux pouvaient être nourris pendant deux mois largement.

La garnison s'élevait à vingt-deux mille hommes, au lieu de quinze mille réglementaires, à raison du retour des troupes de Schaal. Les Prussiens en présentèrent cinquante mille. Pour chefs elles avaient Aubert du Bayet, Doyré, Meunier, Kléber. Les représentants du peuple qui se renfermèrent dans la place s'appelaient Merlin de Thionville et Rewbell de Strasbourg; leurs pouvoirs étaient absolus, et les conseils de guerre de la défense présidés par eux de droit. Par leur ordre, on frappa une monnaie obsidionale de convention, et tout fut organisé pour une défense mémorable : elle le fut.

Notre première sortie eut lieu le 10 avril à minuit; elle fut dirigée contre le général Schoenfeld, qui commandait un corps de dix mille Hessois, par le général Meunier à la tête de quatorze mille hommes partagés en trois colonnes. Du Bayet et Schaal étaient sous ses ordres. Victorieuses à Kostheim, les troupes de Meunier furent accablées par l'artillerie de Hocheim et contraintes de se retirer. Les deux autres colonnes parvinrent à la redoute de Mosbach, et l'avaient dépassée lorsqu'une panique se produisit sur un simple coup de fusil. Du Bayet et Kléber, alors adjudant général colonel, furent impuissants à empêcher le désordre; au jour, la redoute nous fut reprise; l'absence de discipline fit échouer une entreprise bien conçue.

Le 14 avril Kalkreuth vint investir officiellement la place. Sa droite campa des hauteurs du Rhin à Wintersheim et un peu en avant; son centre, près de Marienborn, où le roi prit son quartier général; sa gauche formait une seule ligne entre Dreis et le Rhin, les Hessois devant Cassel et la brigade

Ruchel dans l'île du Mein. L'armée prussienne comprenait cinquante-sept bataillons et quarante-sept escadrons ; elle se couvrait de retranchements, ce qui ne nous empêcha pas d'effectuer des sorties constantes, dont les engagements furent trouvés très vifs par les historiographes ennemis.

Custine dépêcha un officier à du Bayet pour lui ordonner, ne pouvant le secourir, de rendre Mayence s'il obtenait les honneurs de la guerre ; ce que ses collègues et lui repoussèrent à l'unanimité.

Frédéric-Guillaume obtint de la Hollande l'artillerie et les munitions qui lui manquaient et tenta un coup de main le 3 mai sur Kostheim ; repoussé, il renouvela l'assaut le 8, et, ayant pris ce village, dut l'évacuer avec perte. Notre garnison était établie entre les forts et les citadelles. Le 21, nous attaquâmes à notre tour les îles de la pointe du Mein et ne pûmes les conserver ; le 25, même résultat contre Monbach. Une sortie générale fut résolue pour la nuit du 30 contre le quartier général avec six mille hommes ; accomplie avec audace, elle faillit réussir ; mais le bruit des coups de fusil appela les Prussiens aux armes, et nous rentrâmes dans nos cantonnements. Le 1er juin, les batteries des assiégeants tonnèrent avec ensemble et incendièrent beaucoup d'habitations ; le général Meunier attaqua quand même l'île de Bley et eut le genou fracassé d'un biscaïen en traversant le Mein pour regagner Cassel. Il mourut peu après et refusa les soins que le roi de Prusse s'empressa de lui offrir. Touché de son héroïsme, ce souverain ordonna de suspendre le feu pendant ses obsèques, le 14 juin ; il honora son adversaire en disant que la France perdait un homme de génie, envoya ses soldats en avant des lignes en armes, et lorsque notre artillerie salua son cercueil, toute l'armée prusienne lui répondit. Meunier fut enseveli à la pointe du bastion de Cassel qu'il avait construit.

Un siège régulier succéda au blocus, le 16 juin, par l'ouverture d'une parallèle à huit cents pas de la première enceinte, sur le front sud-est ; l'entreprise fut culbutée au centre par les nôtres. Le colonel de Lahr, qui dirigeait le génie des coalisés, ouvrit une arrière-parallèle le 18 avec cinq mille six cents travailleurs que protégeaient quatorze bataillons. Les Hollandais concoururent au siège avec une flottille dont l'armement était de vingt-deux pièces marines destinées à battre les îles Pétersau et Ingelheim. Le 19, les bombes et les obus criblè-

Frédéric le Grand.

rent la flèche de la Chartreuse, que nous abandonnâmes, et celle de Zahlbach, où nous fûmes contraints à la retraite. Le 22, on poussa deux boyaux, où furent construites deux batteries de cinq pièces du calibre douze; dans la nuit du 24, deux communications reliaient à la vraie parallèle. Si nous enclouâmes une batterie, les Autrichiens eurent leur revanche le 28, en s'emparant du village de Weissenau, où ils restèrent. A nos sorties on répondait par la fortification des ouvrages propres à nous resserrer et à nous étouffer sous une pluie de projectiles; le 1er juillet, on créa quinze batteries de siège et on augmenta l'intensité des feux dans celles qui existaient. On pouvait se demander devant cet ouragan de feu s'il resterait un édifice debout dans la ville.

La nuit du 5, nous fûmes chassés de la redoute de Zahlbach; au jour nous y rentrâmes, pour la perdre définitivement dans la nuit du 6, et elle fut démolie pour mieux attester notre défaite. Nous nous vengeâmes en criblant de nos feux la première et la deuxième parallèle, mais l'artillerie ennemie éleva deux batteries de dix et de quatorze pièces; elle lia la gauche des deux parallèles et prolongea la gauche de la redoute à la première. Par des travaux successifs de sape volante sur des points en zigzag, on arriva à faire feu sur Mayence, ayant trois parallèles, avec vingt batteries qui comptaient deux cent sept pièces tirant nuit et jour. Le génie prussien entendait les augmenter de huit autres!

Quelle était la situation de Mayence à cette date?

La ville n'avait plus de vivres; la faute en revenait à Beurnonville, l'ami trop vanté de Dumouriez, qui n'avait pas suivi les conseils de Custine. Les offres des commerçants juifs pour les approvisionnements ayant été ultérieurement repoussées, on dut connaître les horreurs de la famine, avec son cortège de mortalité excessive. Les médicaments manquaient même pour les blessés, et cela depuis le mois de mai. Plus de viande fraîche, plus de salaisons, plus d'aliments gras pour la soupe du soldat, base de son alimentation. Les habitants souffraient peut-être davantage, parce qu'ils s'étaient refusés à croire à l'avenir d'un siège. Deux mille d'entre eux obtinrent de sortir au début de juillet pour chercher la vie au delà des lignes d'investissement; les Prussiens les repoussèrent sur les glacis de la place, où ils errèrent pendant deux jours. La pitié des représentants les autorisa à partager le sort commun ; ils rejoignirent leurs concitoyens, après des scènes lamentables.

Dépourvus de réserves, les habitants et la garnison n'eurent plus de pain vers le 8 juillet ; le blé restant ne put plus être réduit en farine, les assiégeants ayant brûlé les moulins établis sur le fleuve, qui étaient les seuls de la place, et communs à la population comme aux combattants. On avait bien construit des moulins à bras ; mais, avertis par quelques traîtres restés inconnus ou par des Allemands favorables aux assiégeants, ceux-ci n'avaient cessé de les couvrir de bombes ; aussi fallait-il y conduire les ouvriers à coups de plat de sabre. Le feu était tel que sur l'ensemble de la cité la destruction dépassait *un tiers* de la ville. Le 16, le magasin des artificiers sauta et vint ajouter un nouveau malheur à un état général qui annonçait la fin d'une résistance devenue inutile et impossible.

Le conseil de guerre s'assembla dans ces circonstances.

Pendant que la garnison de Mayence luttait héroïquement, qu'avaient tenté le Conseil Exécutif et plus tard le Comité de Salut public ?

Les souverains coalisés avaient résolu, au début de l'année 1793, de nous enlever la possession de Mayence et s'étaient concertés pour réunir quatre-vingt mille hommes dans ce but, soit sur le Rhin, soit en Belgique ; ils atteignirent bientôt le nombre de cent mille à l'ouverture de la campagne, grâce à la Bavière. Custine en commandait quarante-cinq mille ; Ligniville, pour l'armée de la Moselle, vingt-cinq mille, et les garnisons en contenaient trente-huit mille dans le Haut-Rhin ; il eût été possible d'en rendre sur ces derniers vingt mille disponibles : on n'y songea pas ou on ne l'osa pas.

La trahison de Dumouriez ayant fait créer, le 4 avril, une série de commissaires près les armées, Custine en avait reçu trois pour la sienne : Merlin, Rewbell et Haussmann. Irrité de leur toute-puissance, il était venu s'en plaindre à Paris et y avait exposé la situation militaire. On lui répondit d'abord en proposant d'évacuer Mayence, parce qu'on ne comprenait pas l'importance militaire de cette place comme sécurité contre l'invasion allemande, et parce qu'on était effrayé des préparatifs retentissants de la Diète de Ratisbonne. On y renonça après discussion ; toutefois, Pache laissa nos forces disséminées. De retour à son poste, Custine avait organisé la défense de Mayence, mais nos divisions s'échelonnaient de

Bâle à Thionville ; nous devions être battus avec une telle étendue et des idées aussi incertaines.

Stimulé par les succès du prince de Cobourg en Belgique, le roi de Prusse avait couru sur le Rhin afin de rejeter Custine en Alsace et d'assiéger Mayence. Il était entré à Bacharach au moment où les partisans de notre Révolution dans la capitale de l'archevêque-électeur étaient venus solliciter à Paris leur réunion à la France. Houchard, Ligniville, Custine, avaient eu plusieurs rencontres avec les généraux de la coalition dès le 17 mars ; mais la défaite de Bingen, les 27 et 28 de ce mois, nous avait écrasés moralement et tout avait pris la proportion d'une déroute. La peur avait contribué à ce résultat, le siège s'en était suivi !

Le général Beauharnais ayant refusé le ministère de la guerre, dont sa capacité le rendait digne, remplaça Custine à l'armée du Rhin à la fin du mois de mai ; le 22 juin il reçut l'ordre formel de tenter le salut de Mayence. Nous y avions alors soixante mille hommes disponibles et trente mille sur la Sarre aux ordres de Houchard, général lent et timide ; des deux parts on exerça les recrues et on perdit un temps précieux. Le 7 juin, Houchard se mit en mouvement, fut battu à Arlon et rentra au camp de Forbach. On resta quinze jours à se communiquer l'esprit des opérations futures dans les deux quartiers généraux. Partie le 3 juillet de Wissembourg, l'autre armée marcha avec une prudence excessive et ne campa sur la Queich que le 18, ne sut pas s'emparer des gorges de Turkheim, si célèbres depuis Turenne, parut ignorer que l'immobilité était imposée aux généraux de la coalition Wurmser et Brunswick par leur rôle d'observateurs, et se répandit en étendue au lieu de marcher avec fureur et d'entrer, droit devant elle, comme un coin de fer, dans les cinquante-six mille assiégeants.

On s'avança avec circonspection en ligne parallèle ; le 22, on livra bataille à Burweiler et à Weyer : nos progrès étaient devenus inutiles, Mayence capitulait le même jour. Beauharnais et Houchard l'apprirent le 25 et reprirent leur route première. Les troupes, victorieuses dans les divers engagements, ne cachèrent pas leur désapprobation, preuve nouvelle qu'une marche un peu hardie aurait sauvé la place assiégée[1].

Nous n'admettons pas le reproche que le grave Jomini a

1. Dépêche des opérations par Beauharnais, aux *pièces justificatives*.

fait aux généraux de Mayence de s'être sitôt rendus. Abandonnés depuis longtemps à eux-mêmes (quatre mois), ils avaient le droit de se croire oubliés, perdus ; le vainqueur ne trouva dans la place que treize mille sacs de blé et quinze cent soixante sacs de farine pour toute la population et la garnison.

Le roi de Prusse, partagé entre l'incertitude, la crainte et la joie, nous accorda ce que nous demandâmes, les honneurs de la guerre ; le respect fut promis en faveur de ceux qui avaient épousé notre cause[1]. Mais ultérieurement il ne fut tenu aucun compte de cette promesse.

Le moment est venu de dire quels furent les défenseurs de Mayence et de raconter leur sortie, drapeaux déployés[2], aux accents de la *Marseillaise,* que Gœthe appelait le *Te Deum révolutionnaire !*

II

Le plus célèbre des représentants du peuple en mission près les armées, Merlin de Thionville, issu d'une famille bourgeoise, était inscrit au barreau du parlement de Metz lorsque se produisit la Révolution. Ses trois frères étaient entrés dans l'artillerie. Nommé membre de la Législative en 1791, il fit établir un comité de surveillance, le 25 novembre, destiné à connaître les attaques contre la Constitution et les agissements de l'émigration. Au 10 août 1792, il avait sauvé la vie du roi, menacée par un démagogue, et le duc de Choiseul. Réélu à la Convention, républicain par tempérament, soldat par le courage, il avait couru aux armées et avait vu dans Mayence la vraie frontière de notre patrie.

Commissaire, il avait écrit, le 4 février, à son collègue Thirion, affirmant que cette contrée était faite *pour redevenir la frontière de la France, dont le Rhin sera le premier boulevard.* Il entendait en outre conserver cette place parce qu'avec Cassel il y voyait *une position d'où l'armée française peut se porter partout et prendre les ennemis à revers de quelque côté qu'ils viennent nous attaquer.* Par sa possession, nos succès de Belgique étaient assurés : Merlin le constatait avec justesse.

1. Cette armée ne put, en vertu de la capitulation, servir d'une année contre l'étranger ; elle fut expédiée en Vendée avec Merlin.

2. Textes des deux capitulations aux *pièces justificatives.*

Il s'élevait contre la sottise de Pache et de ceux qui parlaient de l'abandonner, en les priant d'étudier sur la *carte* l'aide qu'elle apportait à l'armée du Nord, à celle de la Moselle; il avançait que leurs généraux pourraient prendre l'ennemi à *revers*, soit dans le duché de Luxembourg, soit dans l'électorat de Trèves, soit dans l'Alsace. « Si enfin, s'écriait-il, ce poste n'est pas aussi essentiel à conserver, pourquoi la coalition le convoite-t-elle avec tant de chaleur? Pourquoi combine-t-elle toutes ses forces pour nous y inquiéter? Oui, il faut conserver une position militaire chez l'ennemi, concluait-il, si elle est meilleure que celle que nous voulons prendre chez nous. »

Le Conseil Exécutif, sentant la valeur de cette argumentation, s'était rendu à ce conseil. Merlin n'avait pas négligé de lui rappeler les *millions* dépensés par nous; donc, nos intérêts stratégiques et pécuniaires avaient été d'accord avec notre honneur. Ces avantages, il les avait résumés en quatre points : *on les adopta.*

Le Conseil Exécutif et le Comité de Salut public commirent en avril le tort d'oublier les obligations qui en découlaient : tout faire pour conserver cette base d'opérations, qui nous permettrait de rester sur la défensive ou de passer à l'offensive selon les ruses ou les victoires. Mayence était à la fois la clef de la France et la clef de l'Allemagne. Un plan pusillanime et nul importé de Paris devait coûter un jour la vie à Custine et à Beauharnais, victimes de Pache[1]. Originaire de Metz, ce dernier obtint un jour de Louis XVIII le titre de *baron!* Et on a le droit de se demander devant un tel fait si la Restauration ne paya pas de ce titre quelques-unes des infamies secrètes de l'ancien ministre de la guerre, titulaire de quatre mois.

La lecture des séances de la Convention apprend ce qu'on doit penser du colonel Bouchotte[2], son successeur dès avril. Les responsables de la capitulation de Mayence, les voilà. Les indignations de Carnot contre Bouchotte suffisent pour le flétrir; l'abandon de Mayence compléta son œuvre. Sa tête fut promise à la justice après thermidor, ses services démagogiques le sauvèrent.

En apprenant la capitulation, les représentants Montaut et

1. Fils de portier chez les de Castries, élevé par eux, il devint munitionnaire, puis contrôleur général des dépenses de la maison du roi; ami de Brissot et de Marat, il se fit jacobin.

2. Né à Metz, sous-lieutenant de cavalerie en 1775, colonel en 1792.

Soubrany, qui vivaient dans l'intimité de Robespierre, crièrent à la trahison. Depuis le crime de Dumouriez, ce cri devenait un système, et il le fut; c'est à l'acte du 1er avril 1793 qu'on doit en effet cette *déviation* de la Révolution et la prédominance du parti terroriste, qui abritait ses doctrines détestables sous le masque du patriotisme. On accusa aussitôt Custine, les généraux et les représentants. Trompée par sa propre émotion, la Convention décréta l'envoi du premier devant le tribunal révolutionnaire, l'arrestation d'Aubert du Bayet[1], de Doyré, de Beaupuy[2], de Kléber et de tout l'état-major[3], avec ordre de les conduire à Paris. Les représentants furent sommés de venir s'expliquer. Prévenues contre eux, tous les populations accueillirent mal ces troupes admirables. A Metz, on leur refusa l'entrée de la ville; sans Beaupuy elles auraient saccagé l'hôtel de ville; parvenues à Nancy, des gendarmes sommèrent leur chef de les suivre. Des cris de fureur partirent des rangs, et les soldats, ne se contenant plus, se précipitèrent sur leurs généraux pour les arracher aux gendarmes. Merlin s'interposa et promit d'aller défendre auprès de ses collègues ceux dont il savait les vertus et dont il avait partagé les périls. Il se rendit aussitôt à Paris.

Le jour où il se présenta à la Convention avec son costume d'artilleur, noir de poudre, déchiré, usé, il n'était plus lui-même reconnaissable. La sentinelle lui barra le passage, et il n'entra que sur les affirmations d'un ami auquel le poste ajouta foi. A peine était-il entré dans la salle des séances qu'un cri retentit sur les bancs : *Merlin, Merlin, voilà Merlin!* Il monta aussitôt à la tribune sur la motion du président Danton — c'était le 4 août — et dit :

« Je ne suis pas préparé, et je ne vous ferai que le sommaire du rapport sur la reddition de Mayence. Cette ville s'est rendue parce que trois jours plus tard nous ne pouvions sauver les patriotes et seize mille braves soldats qui combattaient depuis quatre mois contre quatre-vingt mille hommes

1. Ce général avait pris part comme sous-lieutenant à la guerre d'Amérique, où il était né. Député, il était devenu de colonel général.

2. Issu par sa mère de la famille de Montaigne, sous-lieutenant d'infanterie de 1773 à 89, chef de bataillon des volontaires de la Dordogne en 92, général le 8 mars 93, avait combattu à Worms, à Spire et à Mayence.

3. Il est essentiel de lire, aux *pièces justificatives*, les accusations de Montaut à la tribune.

MAXIMILIEN MARIE ISIDORE,
ROBESPIERRE
Député de la Province d'Artois,
Du superbe oppresseur ennemi redoutable,
Incorruptible ami du peuple qu'on accable;
Il fait briller au sein des viles factions,
Les vertus d'Aristide et l'âme des Catons.

des meilleures troupes de l'Europe; qui leur ont résisté et les ont empêchés de mettre le pied sur le territoire de la République.

« Cinq mille hommes de cette valeureuse garnison sont morts dans les sorties fréquentes que nous avons faites. Nous avons rendu Mayence, parce que, dans les derniers jours du siège, il fallut, grâce aux soins qu'avait pris M. de Custine pour approvisionner cette place[1], manger les animaux les plus vils. Un chat mort coûtait six livres. La livre de cheval crevé se vendait quarante sous. Dix-neuf cents blessés étaient dans les hôpitaux, manquant de tout. Nous avions des pièces de seize, et point de boulets de calibre. Nous avions des mortiers et point de bombes. L'ennemi venait, de plus, de mettre le feu à notre magasin d'artifice. Si nous avions tenu encore trois jours, nous aurions été obligés de jeter nos chevaux dans le Rhin. La capitulation proposée est, dit-on, infâme. Eh! oui, elle l'est; mais nous en avons proposé dix, et aucune n'a été acceptée. On n'a bien voulu accepter celle qui a été signée que par vénération pour le courage de la brave garnison, qui, deux jours plus tard, aurait perdu ses armes et aurait été faite prisonnière de guerre.

« Je croyais, moi, ne pas pouvoir souscrire à une capitulation; mais j'ai signé celle-ci pour enlever à la vengeance des despotes de si braves soldats. J'ai moi-même attaqué une redoute qui portait mon nom avec vingt-cinq braves, et dont l'ennemi s'était emparé; j'emportai cette redoute et poursuivis cinq cents ennemis l'épée dans les reins. Je laisse aux âmes sensibles à demander le rapport du décret rendu contre la garnison de Mayence. »

Thuriot ajouta :

« On nous a abusés dans le rapport qu'on nous a fait sur la reddition de Mayence. Il existe bien d'autres faits dont Merlin ne nous a pas donné connaissance. Chaque jour, la garnison de Mayence donnait de nouvelles preuves de son courage. Cette garnison a tué aux Prussiens et aux Autrichiens plus de trente mille hommes. On a mangé à Mayence les rats, les souris et les cuirs. Les soldats sont comme des spectres.

« Il faut rapporter un décret qui lui enlève son honneur.

1. Nous avons indiqué les vrais auteurs de la capitulation; il faut regretter la parole presque accusatrice de Merlin. Durant le procès, les généraux mayençais déposèrent en faveur de Custine.

L'état-major de cette garnison a fait des prodiges de valeur; et, pour prix de tant de services, il se voit traîner à Paris par des gendarmes. Du Bayet, qui a été notre collègue au corps législatif, quoique ses sentiments ne fussent pas des plus vigoureux, a toujours fait voir une âme sensible et noble. Je demande qu'il soit décrété que la garnison de Mayence a bien mérité de la patrie; que ce décret soit envoyé à tous les départements par un courrier extraordinaire, ainsi qu'à cette brave armée; que son état-major soit libre; qu'Aubert du Bayet soit délivré de ses gendarmes, et viennent à la barre donner des renseignements qui, sans doute, mériteront des couronnes civiques. »

Le décret d'honneur fut voté par acclamation; du Bayet eut à présenter son rapport à la Convention après sa mise en liberté, qui fut instantanée ; Merlin dut repartir le lendemain pour Nancy, afin de notifier à ses anciens compagnons d'armes l'acte officiel qui proclamait leur bravoure.

Gœthe en ses *Mémoires* en a tracé un témoignage précieux.

On aurait tort de croire que cette affaire fut terminée par cet acte d'admiration.

Le 17 août, Rewbell eut à exposer son rôle personnel. Un de ses collègues l'ayant attaqué sur son absence des actions militaires (on lui reprochait d'avoir toujours vécu sous un blindage), l'interpellé répondit :

« Voici quelle fut ma conduite à Mayence. Merlin s'était chargé de la partie militaire, et moi de la partie administrative, et c'est dans celle-là surtout qu'on s'occupe le plus du soulagement des soldats. Je n'ai jamais su ce que c'était qu'un blindage; j'en atteste Merlin : qu'il dise si je n'étais pas tous les jours au quartier général; le général Duplon y fut tué à mes côtés, et je ne l'ai quitté que lorsqu'il fut totalement brûlé. On m'a vu tous les jours dans Mayence, et la preuve en est que, notre résistance à toute capitulation ayant aigri quelques esprits, on tira sur moi dans les rues un coup de fusil que je n'évitai que parce que je me baissai pour rendre un salut à quelques militaires. J'appris un autre jour qu'on voulait dériver quelques bateaux sur lesquels les ennemis faisaient jouer des batteries; je sentis qu'ils pouvaient nous être très utiles; je me rendis sur le point du Rhin d'où l'on avait fait retirer les troupes à cause du feu continuel des ennemis; je fis retirer les bateaux, je passai sous une nuée de boulets, et l'un d'eux me couvrit de terre. J'appelle en témoignage de ma conduite tous les soldats de la garnison, je n'en récuse aucun ; ils m'ont vu à l'hôpital militaire, où j'allais tous les jours, quoique les boulets y tuassent beaucoup de monde. On ne nous a jamais fait aucun reproche dans Mayence, que celui de sacrifier à notre vanité la vie des Français pour conserver une place étrangère, car personne ne connaissait le décret de la réunion. Un mot était toute notre réponse : nous faisions notre devoir ; nous tenions en échec quatre-vingt mille hommes qui eussent inondé notre pays. Au reste, je rends grâce à mon collègue de m'avoir mis dans le cas de dire la vérité. »

En août 1794, Montaut osa tenter une accusation contre Merlin, comme antiterroriste. Thuriot lui lança alors cette apostrophe accablante : *N'insultez pas ceux que vous n'avez pas secourus lorsque vous le deviez.* Cette fois, ce fut bien fini[1].

III

Kléber était né à Strasbourg en 1753 ; son père était tailleur de pierre et le laissa orphelin à cinq mois. Sa mère se remaria, ce qui exposa la vivacité de l'enfant à une fâcheuse sévérité ; ses grands-parents le reprirent avec eux et le confièrent à un bon curé, qui l'éleva libéralement et le jugea fait d'un autre moule que les autres, sans s'en effrayer. Élevé dans la religion catholique, il resta fidèle jusqu'à sa mort à son culte. Le curé l'ayant initié aux sciences exactes, l'élève en profita rapidement et montra un goût particulier pour le dessin. En 1768, il vint à Paris et y suivit les cours d'architecture de Chalgrin pendant deux ans. Il hésitait sur sa profession lorsque, ayant pris parti dans un café pour des Bavarois auxquels ses amis cherchaient querelle, il provoqua en duel l'un d'eux. Les Bavarois, reconnaissants, le déterminèrent à les accompagner à Munich, où il entra à l'école militaire.

Distingué par le général de Kaunitz, fils du ministre, il attira dans une revue l'attention de l'empereur Joseph. Son protecteur lui offrit une place de cadet dans le régiment dont il était propriétaire (c'était en 1776) et qui tenait garnison à Mons, comme

1 Il y a eu trois sièges de Mayence. Le premier est celui de Custine, capitulation du 20 octobre 1792 ; le second est celui du roi de Prusse, capitulation du 23 juillet 1793 ; le troisième est celui de Kléber, décembre 1794 à février 1795. Textes aux *pièces justificatives*.

appartenant à l'infanterie nationale belge. Il devait y battre trois fois le prince d'Orange en 1794 et le général de Kaunitz!

Enseigne en huit semaines, sous-lieutenant six mois après, il tint successivement garnison à Luxembourg et à Malines. Il démissionna en 1783, lorsqu'il se fut assuré que la naissance seule donnait l'avancement. Magnifique militaire, il avait six pieds, était constitué dans le goût de l'antique; des yeux d'une expression que ses contemporains disent extraordinaire, figure ouverte et où se retraçaient toutes les impressions de son âme, voix puissante et dont les éclats rappelaient le tonnerre; d'une mise toujours soignée, parce que la distinction de la personne doit toujours concorder avec celle de l'intelligence; plein de causticité, esprit observateur mais prompt dans la décision, selon les circonstances, tel fut Kléber. Ennemi du luxe, désintéressé, prodigue et bon, familier avec ses officiers, ennemi du pillage, méprisant l'argent, d'accès facile, hostile à l'ancien régime, tel on le verra dans une carrière qui durera à peine huit années, et où il suscitera des admirations qui ne s'éteindront jamais.

La gloire d'Héliopolis avec ses conséquences suffirait à le classer parmi les premiers capitaines.

La Révolution le trouva simple architecte à Belfort, où il avait pu étudier, comme à Luxembourg, le génie de Vauban. Le 10 octobre 1790, des officiers et des soldats de la place forte poussèrent des cris séditieux, parmi lesquels on distingua ceux-ci : *Vive le roi! au diable la nation!* et les partisans des idées nouvelles furent insultés. En armes, on s'élança contre les officiers municipaux : Kléber les couvrit de son corps, provoqua les colonels en duel, et dut cependant quitter bientôt Belfort comme *modérantiste!* Les démagogues ne sont-ils pas toujours et partout les mêmes ?

Il s'engagea, au début de 1792, dans le 4ᵉ bataillon de volontaires du Haut-Rhin comme soldat. Des amis communs étant intervenus à son insu auprès du général Wimpfen, commandant de Brisach, il fut nommé le 8 janvier adjudant-major, rejoignit à Ribeauvillers, où il connut Rewbell, le futur conventionnel, et trouva son corps en désordre, dirigé par un vieillard. Le concours qu'il prêta à son chef lui valut de passer lieutenant-colonel en second dans ce même bataillon, le 20 mai ; son mérite lui en donna le commandement effectif.

Au bout de six mois, le 4ᵉ bataillon partait pour l'Ain, d'où les nécessités le ramenaient vers l'armée de Custine pour tenir garnison à Mayence ; ce siège allait montrer en lui des talents militaires de premier ordre et apprendre à la France ce que valait cet Alsacien superbe.

L'hiver de 1793 se passa dans les cantonnements ; les Prussiens se tinrent aux environs de Hoecht, Francfort, Darmstadt ; le prince de Hohenlohe les couvrait par un corps d'observation ; de notre côté on se préparait à la lutte.

Nommé à la fin de décembre chef de poste de Budenheim, Kléber se proposa de résister à l'ennemi, de l'inquiéter par tous les moyens ; c'est sur son artillerie qu'il compta pour y parvenir. Le 23, il exigea le renvoi des pièces allemandes, dont il trouvait

Klèber.

le mécanisme absurde, qu'il déclarait impossible de pointer ; il l'écrivit directement à Custine. Surveillant les environs, *il entendit se familiariser avec la guerre, qu'il n'avait jamais faite jusqu'alors,* et proposa dès le 28 un coup de main ; il insista le 30 auprès de l'aide de camp du général en chef, et après son récit ajouta : « Je vous répète donc encore une fois la leçon. » Le 7 janvier 1793, Kléber commandait à Monbach, apportant partout son esprit d'initiative, s'imposant à ses collègues comme malgré lui, à raison de son tempérament. On en a la preuve dans une dépêche du colonel du 2e régiment de chasseurs à cheval, qui s'en plaignait à Custine en ces termes : « Je vous prie de me marquer si c'est votre intention et si je dois lui rendre des comptes. » On continua la petite guerre jusqu'au jour de l'investissement; mais après la prise de Bingen, le 28 mars, par nos adversaires, Custine se concentrait à Alsey et abandonnait Mayence à elle-même en se retirant derrière la Lauter (4 avril).

Le 28, le général Doyré eut ordre d'y faire rentrer Kléber, ce qui eut lieu; le 1er avril, il lui confia neuf bataillons et un escadron pour occuper le camp retranché. Ce dernier se reporta sur Monbach dans la nuit du 5 au 6 avril, afin d'enlever des bestiaux, s'avança jusqu'à Budenheim, réussit pleinement, et fut promu chef de brigade. Désireux d'amoindrir l'artillerie des assiégeants, Doyré exécuta une sortie de nuit le 10 avril, que nous avons racontée. Si Kléber ne put arrêter la panique, il arrêta la poursuite des troupes de Hesse-Cassel avec le 1er grenadiers et une partie du 3e, puis profita de la colonne Schaal en retraite pour reprendre l'offensive avec le 57e et le 82e de ligne; cette attitude fit reculer les Hessois et permit aux nôtres de rentrer à Cassel. Ces essais avaient prouvé que Kléber était vraiment soldat et que les circonstances développeraient sur le théâtre de la guerre l'homme latent qui était en lui.

On doit à sa narration personnelle le récit de l'entrevue proposée entre un officier de Custine, le général Doyré et deux officiers prussiens, le 12 avril, en vertu d'un ordre du général en chef apporté par un trompette ennemi. Celui qui avait remplacé son artillerie électorale par des pièces qu'il avait appelées des *pièces de quatre républicaines,* ne manqua pas une aussi belle occasion de récit militaire, et il le traça.

« Le commandant Boos, dit-il, exposa les revers qu'avait essuyés l'armée de Dumouriez, et la conduite de ce général faisait désirer au général Custine de voir renforcer son armée de la garnison de Mayence; on nous invitait à tâcher de prendre nos mesures pour cet effet, le mieux que nous pourrions. Cette proposition fut trouvée étrange, d'autant qu'elle avait lieu en présence des majors prussiens de Zastroff et de Kleist. Le représentant Rewbell en appela aux lois qui régissaient l'état de siège et en requit au besoin l'application; pour une négociation générale il proposa d'entrer en conférence avec le roi de Prusse, à la loyauté duquel il s'en rapportait.

« Le général Doyré ajouta : « Pour moi, je suis soldat, je ne « puis qu'obéir à la loi et me défendre; j'ai une brave garnison, « et j'espère que nous nous comporterons de manière à mériter « l'estime même de nos ennemis. » Le conseil de guerre tenu le même soir délibéra de passer à l'ordre du jour. Le 26 avril, Custine envoya l'ordre de rendre la place et d'aller le rejoindre avec toute la garnison : le conseil de guerre refusa d'obéir à cet ordre. »

Les escarmouches continuèrent jusqu'à fin mai. Le 30, Kléber profita de la nuit pour s'élancer à la recherche du roi de Prusse dans son camp ; à la tête des plus braves volontaires de la garnison, il traversa les lignes ennemies, s'empara des retranchements, pénétra de vive force jusqu'au quartier général, et faillit s'emparer de la personne du souverain. A l'aube, nous regagnâmes la place, après avoir perdu un millier de soldats.

Le blocus durait depuis deux mois et demi lorsque les Prussiens commencèrent le siège en règle, le 16 juin ; nous bouleversions leurs travaux le 18, et dans la nuit du 24 au 25 Kléber exécutait une sortie sur Weissenau, culbutait nos adversaires et enclouait la batterie. Un feu de bombardement sauvage redoubla, consumant jusqu'à des hôpitaux.

Dans la nuit du 11 au 12, l'ennemi déboucha sur trois points. Le jeune chef de brigade se multiplia en vain, et, se montrant partout aux siens sur tous les points de la défense, les exhorta à une résistance de jour en jour impossible. Les fatigues, les privations, la faim, étaient plus fortes que son propre exemple ; la certitude de ne pas être secourus avait passé dans l'âme des soldats ; la captivité, la honte et la mort leur apparaissaient seules comme prix de leur courage. Ainsi avertis, les chefs durent penser à la reddition ; le 18 juillet on entama les pourparlers, le 23 la capitulation était signée.

La garnison défila devant le roi de Prusse.

Le général Pajol, l'historien brillant de Kléber, a écrit que la convention qui nous rendait l'armée de Mayence *équivalait* presque à une victoire, parce que ses troupes constituaient l'*élite de l'armée*. Ce jugement s'appuie sur les vieux soldats qu'elle comptait et sur ses officiers expérimentés, en grade depuis longtemps ; il est irréfutable et l'emporte sur celui de Jomini, parce qu'il dit la vérité clairement.

Kléber y fut tellement apprécié, qu'il devenait général le 4 août suivant, et peu après général en chef en Vendée.

Il s'est révélé tout entier dans l'appréciation suivante :

J'y vécus, a-t-il écrit, *quatre mois sous une voûte de feu ; j'assistai à toutes les sorties, je résistai à toutes les attaques, ignorant pendant ces quatre mois si la France existait encore.*

Le nom de Kléber devait se graver dans le cœur de nous tous, de Mayence à Héliopolis.

CHAPITRE IV

ARMÉE DE LA MOSELLE

(1793-1794.)

SOMMAIRE

Plan de la première partie de la campagne de 1793. — Custine et Houchard. — Glorieuse bataille de Wattignies avec Carnot. — Hoche sur le Rhin. — Jourdan. — Prise d'Arlon et de Charleroi. — Fin de cette armée.

L'échec de Dumouriez ne fut pas aussi fatal à la France qu'on aurait pu le craindre, parce que le plan de la coalition n'était pas mieux organisé que le sien. Il était fait de demi-mesure dont un élève de Suwarow, le prince de Cobourg, aggrava les défauts. Aidé et conseillé par Mack, homme de réputation exagérée et qu'on a jugé comme un stratégiste aux idées vagues et erronées, Cobourg résolut — et le Conseil aulique de Vienne avec lui — de repousser les Français sur la Meuse, de reprendre la place de Maëstricht, de délivrer Mayence, de battre Custine après avoir passé le Rhin, d'occuper à nouveau Manheim, ce qui eût assuré toute la ligue du Rhin, des frontières de la Suisse jusqu'à la mer du Nord, de reconquérir la Belgique, enfin d'immobiliser Metz et Thionville en reprenant Landau, le tout avec quatre armées[1].

Ce plan considérable devait être exécuté par des moyens chétifs, comme l'a dit Jomini. En outre, il était important de renoncer aux affaires intérieures de la France et de le dire. Terminer la Révolution signifiait : déclarer qu'on respecterait sa Constitution, et, en marchant sur Paris avec cent cinquante ou deux cent mille hommes, annoncer qu'on traiterait la paix en conservant à la France ses frontières, dans l'intérêt de l'équilibre européen. Au lieu de cela, on promettait son

1. Il ne faut pas négliger de se rappeler qu'après avoir poursuivi mollement les Prussiens, Kellermann n'avait pas secondé Custine, qu'il ne s'était pas porté sur Coblentz et s'était cantonné autour de Metz, en s'appuyant sur la fatigue de ses troupes. Il y a donc là une responsabilité partagée.

démembrement. La France, s'appropriant la théorie de Montesquieu, répondit qu'au lieu d'être conquise et dépecée, c'était elle qui conquerrait les autres.

L'armée de la Moselle comprenait à cette époque vingt-cinq mille hommes placés sous le commandement de Beurnonville, puis de Ligniville ; celui-ci resta distinct de Custine, ce qui fut un malheur. Le facile vainqueur de Francfort rêvait le titre de *libérateur de l'Allemagne* avec une armée peu nombreuse et des arsenaux incomplets. D'une offensive désordonnée il passa à la défensive ; on en sait les suites ; lui aussi n'avait que trente-six mille hommes disponibles à raison des garnisons. Mayence fut reprise, et du coup toute notre ligne se trouva menacée ; on se vengea en s'emparant de la principauté de Deux-Ponts. Autre faute : on craignit de laisser une trouée à l'ennemi, si l'armée de la Moselle passait à l'offensive, et le jour où on la confia à Custine, il était trop tard : Wurmser avait passé le Rhin ; le siège de Mayence eut lieu ; il fallut rendre la place en juillet, car quatre-vingt-dix mille Français réunis en juin, du Rhin à la Sarre, n'avaient pas osé attaquer les assiégeants. Pourquoi ? Parce qu'il n'y avait pas de direction dans les opérations venues de la capitale, et que l'initiative des représentants effrayait les généraux. Houchard, de son côté, avait opéré en Belgique. La première partie de la campagne était perdue avec sa coopération[1].

Une dépêche des représentants du 30 septembre, datée de Sarrebourg, constata la vigueur des attaques formées par les Prussiens et la crainte relative à la trouée sur la question de l'offensive :

Le 29, à quatre heures du matin, comme nous nous mettions en marche pour l'expédition, une lettre de Moreau à Schauenbourg nous apprit que les troupes, qui avaient bivouaqué depuis plusieurs jours, étaient exténuées, et que, la cavalerie de sa division n'ayant pas eu d'avoine depuis trois ou quatre jours, il ne pouvait exécuter sa marche sur Hornbach, de sorte que l'expédition sur Bliescastel n'eut pas lieu, pouvant compromettre la droite du corps d'armée, non soutenu dans sa marche par la division des Vosges.

Peu d'heures après, des fusillades et quelques coups de canon

1. Houchard avait pris en mai le commandement des forces de la Moselle; mais au lieu de se lier à la gauche de l'armée du Rhin par sa droite, il avait marché contre un poste insignifiant.

se font entendre aux postes avancés de l'avant-garde à Saint-Imbert : c'était l'armée prussienne qui l'attaquait en force. L'avant-garde se retira en bon ordre devant Saarbruck, où elle est. L'ennemi canonna toute la journée, tout le lendemain, et tire encore au moment où nous vous écrivons, d'une rive de la Sarre à l'autre, sans nous faire aucun mal. Cette rivière seule sépare les deux armées qui sont en présence. Les ennemis ont voulu approcher du canon pour tenter un passage de la rivière, à une lieue de Saarbruck, du côté de Sarreguemines ; ils ont été aussitôt démontés d'une pièce par notre artillerie. Ils paraissent vouloir nous déloger de Saarbruck à quelque prix que ce soit, et nous sommes également déterminés à le défendre jusqu'à la dernière extrémité, par les dispositions que les généraux ont prises hier dans un conseil militaire tenu en notre présence, dans lequel on délibéra sur ce qui pouvait résulter de la position de l'armée de la Moselle, qui, considérablement diminuée de forces par celles qu'elle a fournies à l'armée du Nord, doit défendre un front de vingt-six lieues. Dans cet état de choses, on a pensé, et les généraux ont arrêté à l'unanimité que l'armée, disséminée en ce moment en plusieurs corps et divisions, devait fixer le point de réunion à Saarbruck, et garder la rive gauche de la Sarre depuis Sarreguemines jusqu'à Sierck, au-dessus de Sarrelouis.

Par ce nouveau dispositif, la disposition de l'armée de la Moselle n'est changée que sur sa droite ; elle couvrira, comme dans ses positions avancées, la frontière de la ci-devant Lorraine ; un corps détaché à Rohrbach, entre Bitche et Sarreguemines, couvrira la trouée de Phalsbourg. Bitche n'étant qu'à trois lieues de Rohrbach, les ennemis ne pourraient se hasarder entre ces deux points, auxquels ils prêteraient leur flanc, et s'exposeraient à être coupés par derrière.

Ces erreurs de tactique constatées, voyons comment nous fûmes sauvés, à l'est et au nord, après des traits d'héroïsme dignes des guerriers les plus célèbres et des peuples les plus fameux [1].

Les malheurs de la patrie portèrent les jacobins à ne voir de salut que dans l'anarchie ; heureusement, des hommes familiarisés avec les combinaisons militaires entrèrent au Comité de Salut public le 23 août, notamment Carnot, qui allait

1. Nous tenons à citer la réponse faite le 15 décembre par le général Laubadère, qui commandait la place de Landau, à son adversaire qui le sommait de capituler : « Cessez donc de me parler de capitulation et de traité ; il n'en existe aucun entre le devoir et le déshonneur. »

devenir le Turenne et le Villars de la Convention. Les membres de la section de la guerre qui lui furent adjoints se familiarisèrent avec les mémoires déposés aux Archives militaires et en pénétrèrent les secrets pour influencer leurs collègues ou agir individuellement aux armées. On y compara la situation d'alors avec celle de Malplaquet en 1709 et on la jugea supérieure en force morale comme en moyens de défense. Les événements donnèrent raison à ces chefs improvisés, dont le patriotisme aiguillonna l'intelligence.

Les généraux de la coalition s'étant portés sur Maubeuge, Jourdan, successeur de Houchard, marcha au secours de cette place. Carnot le rejoignit, et, dirigeant les opérations sur le champ de bataille, gagna avec lui la bataille de Wattignies; le Nord et la Moselle étaient sauvés. Le lecteur en connaîtra la description par la dépêche de Jourdan :

Les troupes de la République viennent de remporter une *victoire signalée* sur les satellites des tyrans coalisés. La supériorité du nombre, la position presque inexpugnable dont ils s'étaient emparés, tous ces avantages réunis n'ont pu arrêter la valeur de nos soldats. L'ennemi, attaqué au centre et sur les ailes, s'est vu forcer, malgré une défense opiniâtre qui n'a fait qu'augmenter ses pertes; sa position était extrêmement avantageuse. Maître des hauteurs couronnées par des bois, il avait établi différentes batteries qu'il fallait affronter avant de le joindre. Il eût été aussi difficile que dangereux de l'attaquer de face, et la latitude de son front ne me permettait de le tourner qu'en dégarnissant beaucoup le centre. Je pris cependant ce parti. J'ordonnai au général Duquesnoy de se porter sur le flanc de l'ennemi et de gagner une position qui me mît à portée de l'attaquer davantage.

Ce général exécuta mon ordre avec autant de bravoure que d'intelligence, et *cette manœuvre a décidé du sort de cette bataille,* qui a duré deux jours.

L'ennemi, se voyant tourné, a opposé la résistance la plus opiniâtre pour garder le village de Wattignies, qui couvrait son camp. Ce village a été pris et repris trois fois. Les représentants du peuple Carnot et Duquesnoy *ont été à la tête des troupes;* ils ont inspiré par leur exemple à nos soldats ce courage digne des républicains français. Rien n'a pu leur résister. Ce poste a été enlevé à la baïonnette, malgré le feu de la mitraille et des obusiers. Malheureusement la nuit est survenue, et il me fut impossible de pousser plus loin l'ennemi; je m'attendais ce matin à le forcer jusque dans ses derniers retranchements; mais, profitant de l'obscurité de la nuit et d'un brouillard épais qui s'est levé et a duré jusqu'à midi, pour sa retraite, il a repassé la Sambre au-dessus et au-dessous de Maubeuge; sa perte est d'environ six mille hommes; nous n'avons eu de notre côté que deux cents hommes tués et douze cents blessés. L'ennemi avait déjà repassé la Sambre quand j'ai été averti de sa retraite; il ne l'aurait pas faite si facilement sans le brouillard qui me cachait absolument ses mouvements; enfin, Maubeuge est libre. Notre avantage eût été beaucoup plus considérable sans la lâcheté du général Gratien, qui fit battre en retraite une brigade destinée à renforcer l'attaque du village de Wattignies. *Ce général a été destitué par les représentants du peuple à la tête de sa colonne et mis en état d'arrestation.*

Je ne puis trop louer le courage et l'énergie que les soldats républicains ont montrés dans cette action. C'étaient autant de héros. Le citoyen Carnot, chef de brigade du génie, a rendu les plus grands services.

Le lecteur connaît sur le Rhin le dégagement des lignes de Wissembourg, la nomination de Hoche au commandement de l'armée de la Moselle, la lutte avec Saint-Just et avec Pichegru, les triomphes du généralissime de vingt-six ans, le salut final.

Si les factions qui désolaient la France par la hache des bourreaux pénétraient par les représentants jusqu'aux armées, celles-ci néanmoins ne s'occupaient que de la guerre [1]. Refoulant leur indignation ou leurs deuils privés jusqu'au plus profond de leur cœur, généraux, officiers et soldats n'avaient qu'un but : la patrie ; qu'un moyen pour la sauver : l'honneur ; à quel prix, celui de leur sang.

Au début de l'année 1794, l'armée de la Moselle, dont le quartier général était à Metz, passa sous la direction de Jourdan avec mission de reprendre la Belgique et de concourir à punir l'Angleterre de sa haine héréditaire, en s'emparant, avec son collègue trop vanté, Pichegru, de la Hollande.

Le plan de Carnot pour cette campagne, on l'a lu avec les commentaires qu'il comporte ; il peut se résumer d'un trait :

1. Malgré les efforts de Carnot, de Monge, de Prieur-Duvernois et de Robert Lindet, on a le droit de dire que de 1792 à 1797, même victorieuses, nos troupes souffrirent de la disette, de la pénurie des approvisionnements, de la difficulté des transports, de l'absence de magasins et de l'armement. Les besoins étaient trop grands et les auteurs de malversations trop nombreux, trop puissants par leurs protecteurs, pour qu'il en fût autrement. L'usage des assignats achevait, par leur discrédit, de tout compromettre.

l'offensive partout, et c'est ce caractère qui l'a immortalisé. La coalition n'ayant à sa tête ni un prince Eugène ni un Marlborough à nous opposer, il y avait lieu d'attendre un succès possible et peut-être complet, si les illustres triumvirs voulaient bien respecter à Paris les effets de la loi Dubois-Crancé sur l'amalgame, comme les instructions de Carnot aux généraux. Les représentants s'y employèrent cette fois partout, et la chute des tyrans fut un bien même pour leur propre indépendance.

Les troupes de Jourdan opérèrent d'abord contre Arlon le 15 avril ; cette ville tomba en leur pouvoir aussitôt, comme l'indique la dépêche suivante :

Arlon est à la République ; deux jours de marche et de combat en ont chassé l'ennemi, fort de treize mille hommes d'infanterie et de trois mille de cavalerie, dont les positions formidables et une artillerie nombreuse paraissaient défier nos baïonnettes. Tous les obstacles ont été vaincus. L'ennemi, voyant nos dispositions et notre audace à le poursuivre, a pris le parti de faire promptement sa retraite. Nous n'avons pas perdu de temps à le poursuivre ; les troupes légères, tant à pied qu'à cheval, et la brave artillerie légère l'ont harcelé et fait replier plus vite qu'il ne le voulait, puisqu'il a été obligé de nous abandonner trois caissons et des chevaux.

Je ne saurais donner trop d'éloges à l'avant-garde, et particulièrement aux intrépides canonniers à cheval, commandés par l'adjudant général Debelle. Six de leurs bouches à feu se sont battues, le premier jour de l'attaque, pendant quatre heures contre vingt-deux pièces de gros calibre, que le général Beaulieu, qui commandait dans cette partie, avait fait apporter sur notre avant-garde, trouvant sans doute qu'elle allait coucher trop près de lui.

Nous avons à regretter très peu de monde ; la perte de l'ennemi n'est pas non plus très considérable, parce qu'il a bien voulu nous céder promptement le champ de bataille. Nous lui avons fait quelques prisonniers. Nos troupes ont marché au son d'une musique guerrière et dans un ordre vraiment admirable.

Les généraux de division Hatry, Lefebvre, Morlot, Championnet, et tous les généraux de brigade, se sont montrés en chefs habiles et en vaillants soldats. Ils ont exécuté avec précision et intelligence les ordres qui leur étaient confiés ; en un mot chacun a fait son devoir ; le représentant du peuple Gillet, qui a marché à la tête des troupes, peut en rendre témoignage. Le citoyen Chasseloup, chef de bataillon dans l'arme du génie, qui était l'année dernière à la bataille qui a eu lieu sur le même terrain, qui avait acquis une connaissance exacte du pays, a rendu des services importants.

Voilà donc vos vues remplies, citoyens représentants.

Gillet confirma ce succès. Jourdan se disposa à marcher alors sur la Sambre pour y opérer sa jonction avec Desjardins, ce qu'il accomplit du 21 mai au 3 juin. Ce fut le quatrième passage de cette rivière.

Battues le 16, nos troupes effectuèrent un cinquième passage et s'emparèrent enfin de Charleroi. Saint-Just vint imposer ici comme toujours son autorité et ses passions brouillonnes; la *bataille de Fleurus* servit à dégager la droite de l'armée du Nord, qui se comportait magnifiquement en Belgique.

On connaîtra par l'œuvre de l'armée de Sambre-et-Meuse l'importance de ce triomphe, qui allait avec un concours réciproque de Porrentruy à Rosendael nous livrer les Pays-Bas et la Hollande.

L'armée de la Moselle ayant été fondue dans trois autres corps, son initiative et sa personnalité s'absorbent désormais dans l'action qui leur fut assignée et qu'elles accomplirent sous le titre d'*armée de Sambre-et-Meuse.*

CHAPITRE V

ARMÉE DU RHIN COMBINÉE

(1793-1794.)

SOMMAIRE

Hoche sauve la France sur le Rhin malgré Pichegru. — Hostilité de Saint-Just déjà établie par Soult en ses *Mémoires*. — Saint-Just. — Campagne de 1794 voulue par Carnot, d'après deux instructions particulières au général en chef Michaud. — Portraits de Desaix, Saint-Cyr, Moreau. — Opérations de l'armée du Rhin avec le concours de l'armée de la Moselle. — Succès général.

Nommé généralissime avant la prise des lignes de Wissembourg, malgré la prétention de Pichegru, Hoche entendit tirer de sa victoire tout ce qu'elle pouvait donner : *Imposer aux coalisés la fin de la campagne*[1]. Le combat de Geisberg la décida le 26.

Les troupes françaises trouvèrent les Prussiens et les Autrichiens prêts à la bataille. On se cherchait réciproquement, les avant-postes se heurtèrent. La droite de l'armée du Rhin, placée sous les ordres exclusifs de Desaix, emporta Lauterbourg avec l'intrépidité propre à ce général. Le centre et la gauche marchèrent sur le Geisberg, en chassèrent les Autrichiens, les rejetant sur Wissembourg en désordre. L'intervention du duc de Brunswick et de la réserve du général Wartensleben en amoindrit les effets sans modifier le résultat. Les divisions de l'armée de la Moselle avaient eu pour mission de tourner la droite des Prussiens par les gorges des Vosges.

La retraite de ces derniers fut concomitante, le 27, à celle

1. Il faut rendre justice à l'historien prussien de Sybel, qu'il s'est montré juste pour Hoche, qu'il n'a pas hésité à condamner Saint-Just et Pichegru, qui ne lui inspirent aucune sympathie. Pas plus que nous, il ne peut s'expliquer le peu de bienveillance de Gouvion-Saint-Cyr pour Hoche, et lui préfère le jugement de Soult sur cette partie de la campagne. Une telle judiciosité méritait d'être signalée.

des Autrichiens. Wissembourg fut repris, Landau libre, et l'Alsace purgée de ses envahisseurs. Le Palatinat allait enfin nous rendre nos *frontières naturelles.*

Le 28, Hoche écrivait au Comité :

Liberté! Landau est enfin délivré. J'attendrai les ordres du Comité en poursuivant les ennemis.

Les braves défenseurs de la patrie sont toujours de la plus grande constance, malgré la rigueur de la saison; mais que ne fait-on pas pour son pays!

On veut tirer le canon en réjouissance. Il est inutile : les républicains ne s'amusent point comme les esclaves. Notre poudre ne doit servir que pour vaincre les ennemis.

Je me battrai jusqu'à ce qu'on me le défende. Cependant, je prie le Comité de voir mes pauvres camarades. Delmas m'a paru un brave homme. Il paraît que chacun n'a point fait ici son devoir; je dirai tout au Comité et je nommerai les g... f...

Celui qui avait manqué à son devoir était Pichegru; aussi son collègue protestait-il le 31, dans un rapport spécial; il flétrissait l'absence de celui qui n'avait pas paru sur le champ de bataille et le désignait par ces mots significatifs : *tel homme qui était à Hayuenau.*

Où était Saint-Just en ce moment? Avec Pichegru, sur les derrières de Hoche et de Desaix, dans le cas d'être livré aux généraux de la coalition si son protégé eût décidé de la défaite et avancé deux ans plus tôt ses trahisons!

Le 30, Hoche consolait les blessés par une proclamation où il était dit :

Vos efforts n'ont pas été vains, mes chers camarades : Landau est libre, et les esclaves des tyrans fuient à toutes jambes! Si, moins heureux que vos frères d'armes, vous avez été blessés, voyez devant vous la liberté et l'égalité; voyez vos pères, vos mères, vos parents, verser le baume de la consolation sur vos honorables blessures et vous rendre grâce du bienfait que vous leur aurez conservé! J'ose le dire avec vous : il est consolant d'avoir versé son sang pour la patrie; c'est pour nous, c'est pour nos amis qu'il a coulé. Guérissez-vous vite, camarades.

Le même jour, il écrivait à Carnot :

Les ennemis partent en assez bon ordre, et je les suis. Nous nous sommes encore battus hier. Même sort. Il paraît que les Prussiens, assez mécontents, s'en vont dans le Palatinat, par Neustadt, et que les Autrichiens, après avoir passé le Rhin, veulent se porter sur le fort Vauban. Peut-être veulent-ils m'empêcher de me porter plus en avant, ou espèrent-ils me surprendre au dépourvu. Je suis

Lazare Hoche.

en mesure. Rappelle-toi que je t'ai dit qu'ils étaient perdus s'ils s'endormaient... Ils ont souffert que je les berçasse...

Desaix s'empara de Fort-Vauban, aussi dévoué à Hoche qu'il aimait, qu'hostile à Pichegru. Lefebvre, de l'armée de la Moselle, se joignit à lui, d'après un témoignage oculaire, le rapport de Duvigneau, adjudant général alors à Landau.

Jomini a reproché au vainqueur de Wœrth de n'avoir pas vigoureusement poursuivi Wurmser et Brunswick : Jomini s'est trompé, parce qu'il a ignoré les détails des dissensions qui éclatèrent dès le succès entre Hoche et Pichegru. Ce dernier lui retira le concours de ses troupes, et le Comité, circonvenu par Saint-Just, imposa l'immobilité. Le résultat de cette mesure fut une irrémédiable aversion entre les deux généraux... Les querelles des quartiers généraux de la coalition gagnaient les nôtres par l'influence des triumvirs.

Le moment allait venir où l'on expulserait les sauveurs de la France. Jourdan en disgrâce après Wattignies, quel délire! L'arrestation de Hoche allait bientôt se produire. Il la pressentit dès sa victoire. *J'ai terrassé beaucoup d'ennemis,* dit-il, *je m'en suis fait de plus terribles dans la République même.*

Le 3 janvier 1794, Lacoste et Baudot détaillèrent au Comité les ressources innombrables en métaux, en approvisionnements de guerre, en vivres et en munitions. La douane était encombrée de dépôts de tout genre, évalués à un million. Landau en reçut une partie par leur ordre, et notamment les denrées de Spire.

Le nombre des fusils ramassés de toute part, ajoutaient-ils, se monte à près de dix mille.

Nous ne comptons pas dans l'énumération des prises les petits magasins des particuliers, que nous ajoutons néanmoins à la grande masse. Notre attention particulière est fixée en ce moment à remplir les magasins de la République aux dépens de ceux de l'ennemi.

Les éléments sont d'accord avec nous pour faire la guerre aux traîtres; le Rhin vient d'engloutir cinq cents émigrés qui fuyaient de Wissembourg pour aller rejoindre l'armée délabrée de Condé.

Les officiers municipaux et le commandant de Lauterbourg ont osé nous demander une amnistie pour les habitants de cette ville qui ont suivi les infâmes Autrichiens dans leur fuite. Notre réponse a été de les faire arrêter eux-mêmes, et leur conduite sera examinée de manière à faire connaître aux lâches et aux traîtres qu'ils n'ont que la mort à attendre de la République.

Le même jour, les représentants écrivaient une dépêche confidentielle au Comité sur Pichegru ; on la retourna contre son rival... Robespierre était de plus en plus pénétrant !

Tout à ses opérations, Hoche les dénombra au ministre de la guerre, son persécuteur, le 5 janvier :

J'affirme que jamais nous ne viendrons à bout d'opérer une Révolution dans cet imbécile de pays; tous les principaux habitants se sont retirés à Manheim, ils ont emporté avec eux leurs meilleurs effets; les sans-culottes seuls restent, encore ne sont-ils pas nos amis : dernièrement ils ont fait une adresse aux Prussiens dans laquelle ils les traitent de *sauveurs* et nous de *rapaces Gaulois;* je t'enverrai ce beau morceau.

Il spécifiait à ses troupes les doctrines de la Convention sur les rapports avec l'ennemi, dans son ordre du jour du 14 :

Citoyens, une loi défend sous peine de mort de s'entretenir avec l'ennemi. Quelques vedettes se sont permis des infractions; nous, les soutiens de la patrie, les vengeurs des lois, nous permettrions qu'elles soient enfreintes! Français, à quoi bon de pareilles conférences? Elles ne peuvent qu'être favorables aux traîtres; nous surveillons ces derniers. Rappelons-nous que les Prussiens, nos ennemis à Lamberg, à Wissembourg, à Kaiserlautern, sont encore nos ennemis, et que nous ne devons conférer avec eux qu'avec nos baïonnettes.

Le 8 février, il dénonçait Pichegru traître à son pays; car s'il ne prononçait pas le mot, il faisait mieux, il prouvait la chose par le dénombrement de ses culpabilités.

Le 14, il s'élevait contre l'ineptie de Bouchotte et lui mandait son appréciation politique à lui-même. « On parle aussi d'une levée en masse à l'instar de la nôtre; je ne puis me mettre dans la tête qu'un peuple se lève pour soutenir les tyrans[1] ! »

Le 26, il protestait contre les pouvoirs illimités des représentants et les déclarait préjudiciables.

Cette fois, c'était trop. Bouchotte demanda des explications; le général les fournit par Chasseloup, son aide de camp, celui même qui devait prendre Dantzick en 1807. Généreux et prévoyant, Chasseloup demandait : *Si on m'interroge sur ton compte, que dirai-je?* Hoche répliqua avec la même grandeur : *Tout ce que tu sais.*

Le 10 mars, Jourdan était rappelé à l'activité pour succéder à Hoche, et celui-ci partait pour l'armée d'Italie, où il était

1. Cette dépêche surprenante est aux dossiers de l'armée du Rhin, et non à ceux de la Moselle, ce qui nous a surpris.

arrêté par l'ordre du Comité. Saint-Just le vouait à la mort, Carnot allait le sauver en paraissant le poursuivre.

Saint-Just était né à Decize, dans le Nivernais, d'un père qui avait servi comme capitaine de cavalerie et avait reçu la croix de Saint-Louis. Dès 1791 il avait formé le projet d'entrer à la Législative, quoiqu'il n'eût pas l'âge voulu; il échoua. Nommé adjudant-major dans une légion de la garde nationale, il se lia avec Robespierre et entra à la Convention. Malgré des poésies lubriques, il parla de tout et sur tout avec une logique froide et fausse. Ce législateur qui ne connaissait pas les lois avait la prétention de refondre la jurisprudence et les codes. Orateur creux et sonore, il ne fut heureux que le jour où un rapport de sa main envoya Danton à la mort. Conventionnel en mission, il ne traîna sur ses pas que la guillotine. Dénonciateur, il attaqua Jourdan, Carnot et Hoche vainqueurs. Son œuvre juridique monstrueuse, Merlin de Douai la fit casser par la Convention à la tribune. Voilà l'idéologue qu'on voudrait imposer à l'admiration de l'histoire! Les noms que nous saluons ont une autre valeur, et nous renvoyons ses panégyristes à Levasseur de la Sarthe, un jacobin pur, qui n'a cessé de l'accuser de lâcheté sur les champs de bataille où il parut à ses côtés.

Il faut que dans quelques mois, s'écriait Carnot le 18 mars, *nous ayons remporté de grands et incontestables avantages; une victoire médiocre serait la ruine de la République.*

Depuis le Geisberg, Wurmser était en fuite et ses troupes le signalaient comme traître à leur cause. Le désordre était tel qu'impressionnée par les imprécations des vaincus, une partie de la population s'empressait de les suivre, le reste était en proie à la terreur. Les agents du conseil exécutif près des nôtres le constataient dans leurs dépêches et promettaient de s'interposer. Irrités par les dévastations des Impériaux, nos généraux arrêtèrent que leurs soldats seraient nourris par l'« ennemi » et que des « notables » serviraient d'otages pour assurer l'exécution de cette mesure. On citait Neustadt comme condamnée à payer six millions en numéraire, qui furent payés à Landau; d'autres villes eurent à verser des effets ou à livrer des vivres, nécessités cruelles de la guerre.

Un vieux militaire succéda à Pichegru sur le Rhin, comme Jourdan avait succédé à Hoche sur la Moselle. L'hiver se passa en combats d'avant-postes et en faits spéciaux à la petite guerre.

Le 30 mars, Carnot lui expédiait la dépêche suivante (iné-

Saint-Just.

dite comme tant d'autres) sur ses plans et sur le devoir d'un général en chef.

« Tu demandes, citoyen général, qu'il te soit tracé un *plan d'opérations* pour la campagne qui va s'ouvrir. Nous ne pouvons en ce moment te donner que des *bases*, le détail des opérations étant nécessairement subordonné aux forces et aux projets des ennemis et devant d'ailleurs être remis au zèle et à la sagacité des généraux. Nous ne nous proposons point de conquêtes sur les frontières du Rhin, mais de harceler les ennemis, de vivre à leurs dépens et d'éloigner par des attaques perpétuelles la guerre de nos propres foyers. Les moyens de remplir ces vues sont une vigilance continuelle et une activité infatigable. Il faut camper de bonne heure et loin des villes, ne laisser dans les garnisons que ce qui est strictement et rigoureusement nécessaire pour le service courant, faire relever très fréquemment les garnisons, de même souvent les états-majors, entretenir la *discipline* exacte dans les camps, former les troupes par des *exercices journaliers,* ne point excéder les soldats de fatigues inutiles, mais les tenir toujours en haleine, les accoutumer à être soigneux de leurs armes et effets, *obliger les officiers généraux à les voir tous les jours,* à leur donner l'exemple de l'activité, de la moralité et de l'ardeur à vaincre les ennemis.

Il faut *morceler les forces le moins possible,* relever les postes très souvent, avoir deux ou trois bons corps de troupes de quinze à dix-huit mille hommes en différents points de la frontière, toujours prêts à marcher pour se porter dans le moment sur le point qui pourrait être attaqué. Cette méthode est bien préférable à celle de garder chacun de ses postes par des détachements, car les détachements, quelque considérables qu'ils soient, sont toujours forcés, parce que l'ennemi proportionne toujours ses moyens d'attaque à ceux de la défense de manière à l'emporter ; d'ailleurs, il est d'expérience qu'au bout de quelques jours ces détachements s'endorment, négligent de se garder et finissent par se laisser surprendre ; il vaut donc mieux n'y avoir que des postes légers avec un corps de troupes considérable par derrière qui soit toujours prêt à tomber en force sur l'ennemi qui aurait pénétré par l'un d'eux.

Il faut sans cesse *déranger les combinaisons de l'ennemi* par des changements de positions ; c'est aussi le moyen de rendre inutile son espionnage, surtout si les mouvements se font à l'improviste et connus de toi seul jusqu'au moment de l'exécution.

Il faut que tu t'attaches à *grossir tes forces dans l'opinion,* au lieu de te plaindre sans cesse comme font la plupart des généraux. Les ennemis, bien plus dénués que nous, ont toujours l'adresse de nous persuader qu'ils sont en nombre prodigieux. Cette réputation de force encourage les troupes, contient les malveillants et intimide l'ennemi.

Il faut fatiguer cet ennemi par des *simulacres* d'attaques, tantôt vers un point, tantôt vers un autre, jeter des ponts pour l'attirer, puis en jeter un autre loin de là pour leur faire faire des contremarches qui ennuient leurs soldats et ôtent à leurs chefs la confiance par la versatilité de leurs opérations.

Les frontières des Suisses sont dans ton arrondissement; nous te recommandons très spécialement à leur égard tout ce qui pourrait leur donner de justes sujets d'inquiétude. Tu ne dois pas ignorer qu'il existe un système suivi de nous mettre en guerre avec eux. Il faut te concerter avec les représentants du peuple pour réprimer par les mesures les plus sévères les malveillants qui cherchent à nous faire un nouvel ennemi de *ce peuple loyal.*

Attaque sans cesse et toujours avec des forces supérieures, en tombant à l'improviste tantôt sur un poste, tantôt sur un autre. Nous n'aimons point qu'on nous dise que tel poste faible a résisté à une attaque d'une force beaucoup plus considérable, car les événements prouvent l'ignorance ou le défaut de vigilance.

L'art du général est de faire en sorte que partout où l'ennemi se présente il trouve toujours une force trois fois plus considérable que la sienne.

Harcèle donc l'ennemi sans lui laisser de repos, préviens-le en toute occasion, prends le système d'une *défensive active,* vis aux dépens de l'ennemi, jette la terreur dans son pays pour l'écarter du nôtre.

C'est en se tenant toujours prêt à marcher, en épiant les fautes de l'ennemi, en saisissant habilement les occasions, que tu rempliras le vœu du Comité et ce qu'il a droit d'attendre d'un citoyen revêtu de sa confiance.

Les vrais chefs de l'armée du Rhin étaient alors Desaix et Gouvion-Saint-Cyr. Lorsque Moreau vint les commander, il se conduisit avec eux en camarade et les traita en égaux. Il disait du premier que par lui il était toujours sûr de gagner une bataille, et par le second de ne la jamais perdre.

Desaix, né en Auvergne, appartenait à la noblesse. Dix-sept membres de sa famille avaient émigré; l'un d'eux même lui avait envoyé une quenouille pour lui témoigner son mépris particulier. Après en avoir informé sa mère, Desaix lui écrivit: *Je n'émigrerai à aucun prix, je ne veux pas servir contre mon pays. Je veux demeurer et avancer dans l'armée.* Sa mère néanmoins et sa sœur furent emprisonnées, leurs biens confisqués, pendant qu'il combattait aux frontières. Saint-Just le détestait et profita de sa bienveillance pour des paysans qui n'avaient pas oublié que Wurmser était Alsacien comme eux, afin de l'accuser de trahison. Il tenta vainement de l'envoyer devant un conseil de guerre, les troupes ne le lui permirent pas, et pour la première fois se soulevèrent, le mettant dans leurs rangs. Saint-Just dut céder devant un soulèvement général.

Desaix vivait avec ses soldats, se privait comme eux, partageait leurs repas, accessible à tous, bienveillant pour ses officiers, familier pour le troupier. Il résumait lui-même sa conduite par ces mots admirables : *Tant que je serai aimé de mes soldats, je battrai les ennemis.* Simple et doux, sans apparat extérieur, égal d'humeur vêtu d'un habit bleu sans ornement, il était devenu un modèle pour ses collègues qui ne portaient ni épaulettes ni broderies; vrai Spartiate jusqu'au jour où son respect des populations envahies faisait dire par un habitant du Palatinat : *Nous n'avons rien à craindre, ce sont les troupes de M. Desaix.* Vigilant, le premier aux avant-postes la nuit, le dernier dans les retraites, personne n'était plus brave que lui : refusant par quatre fois le commandement en chef, le frère plutôt que le camarade du noble Saint-Cyr, prêt à se dévouer pour lui et pour tous, il a mérité d'être surnommé le *Bayard des armées de la République.*

A ses côtés, Saint-Cyr, né à Toul, artiste peintre, volontaire à vingt-huit ans dans le premier bataillon de Paris, qui le nomma capitaine par acclamation; distingué par Custine, présent à Wissembourg, à Landau, à Mayence; organisateur de l'armée malgré Pichegru; tacticien savant autant qu'artiste, uni à Desaix par la plus touchante amitié; écrivain admirable qui redit à notre patrie les souffrances endurées de 1792 à 1797 par les troupes de l'armée du Rhin; soldat administrateur; homme complet; qui eut l'honneur enfin d'être jalousé par Napoléon comme militaire et comme homme politique [1].

Tels étaient les adjudants du modeste Michaud, les conseillers qui venaient sauver l'Alsace, nous rendre nos *frontières naturelles,* de Mayence au pied des Alpes suisses.

Carnot jugea le moment venu d'envoyer son ami Moreau auprès de ceux qui étaient depuis trois ans l'honneur de l'armée républicaine par excellence.

Moreau était Breton, fils d'un avocat de Morlaix et bientôt uni à son père par l'exercice de cette profession. Souvenir instructif, relatif à ses études juridiques : pendant qu'il étudiait à l'université de Rennes, ses collègues, enthousiastes de La Chalotais, l'avaient mis à leur tête pour soutenir le parle-

1. Général en chef de l'armée de Rome, il apaisa l'armée qui avait chassé son prédécesseur, indignée qu'elle était de ses pillages (1798), et fut disgracié pour avoir poursuivi les voleurs. Rappelé, il devait se montrer, à Naples, très hostile au 18 brumaire.

ment de Bretagne dans sa lutte contre la royauté. En 1792, la France avait couru à d'autres périls et à d'autres luttes. Volontaire, Moreau avait été rappelé au commandement du 1er bataillon d'Ille-et-Vilaine par ses camarades. On était parti pour le Nord; il avait successivement servi sous Dumouriez et sous Custine, sous Houchard et sous Pichegru; quels noms, quels rapprochements! De grade en grade il était devenu général de division, malgré l'arrestation de son père et de son frère. La condamnation à mort du chef de sa famille faillit l'enlever à l'armée : Carnot sut l'y retenir.

Moreau n'était vraiment grand que sur le champ de bataille, singularité qu'il a partagée avec Masséna, *le favori de la victoire*. Là, ses facultés se transformaient : il voyait, il combinait; énergique et ferme, il se décidait rapidement.

Dans les troupes il ne comptait que des admirateurs, et parmi ses collègues des amis. D'abord facile, simple en ses manières, il avait adopté l'uniforme bleu de Desaix et figure ainsi dans le salon des généraux en chef au musée national de Versailles. Peu fait pour la politique, l'homme des combinaisons stratégiques, apte aux vues diplomatiques, allait devenir sous peu l'épée de la France contre l'Allemagne, par le choix de Carnot, et réussir toujours. Wurmser trouvera en lui son maître.

Au printemps, Michaud reçut, en date du 21 mai, l'instruction sollicitée de Carnot qui servait de commentaire à son rapport sur l'ensemble des opérations :

Nous avons reçu, disait son auteur, tes observations sur l'affaiblissement qu'a souffert l'armée du Rhin par l'extraction en divers temps d'une partie considérable de ses forces. Cette extraction a été nécessitée par l'importance des opérations que les autres armées de la République ont eu à exécuter. L'armée du Rhin, devant se borner à une *défense active,* a dû être réduite à ce qui lui était *strictement nécessaire*. Cependant, le dernier état de situation fait monter cette armée à plus de cent trente mille hommes, sur quoi vingt mille ont pu être extraits, trente mille sont supposés hors de service, soit par maladie, soit par défaut d'armes. Il doit par conséquent en rester quatre-vingt mille, tant pour les garnisons que pour l'armée active. Quand tu aurais trente mille hommes de moins encore, couvert comme tu l'es par le Rhin, par des montagnes et par les meilleures forteresses de la République, *il nous paraît que tu pourrais plutôt songer à un plan offensif* qu'à la crainte d'un ennemi qui ne peut sûrement pas rassembler la moitié de tes forces sur cette partie de la frontière.

Si tu as soin, comme nous te l'avons recommandé, de *ne point disséminer tes forces,* mais d'en former seulement deux ou trois bons corps toujours prêts à s'entr'aider et à tomber en masse sur le point attaqué; que pour grossir ces corps tu réduises les garnisons à ce qui est rigoureusement nécessaire; que tu maintiennes partout une stricte discipline, nous croyons pouvoir regarder les départements du Rhin comme parfaitement à l'abri de toute insulte.

Cependant, pour augmenter encore la sécurité à cet égard, des ordres ont été donnés pour que huit bataillons partent du département de la Charente pour se rendre à Colmar. Ces bataillons sont parfaitement organisés, armés et équipés au complet. Tu pourras par conséquent tirer du Haut-Rhin des forces qui seront remplacées par ces bataillons.

Le Comité pense aussi (*sic*) qu'il n'y a plus lieu à tirer des troupes à cheval de l'armée du Rhin. En conséquence, il t'autorise à conserver toutes celles qui sont actuellement à tes ordres.

Le jour même où Carnot expédiait cette instruction, Michaud lui apprenait que les Prussiens lui étaient supérieurs. L'ennemi pouvait « nous attaquer tandis qu'il tenterait un passage ». Il priait le Comité de ne pas confondre la force *active* avec la force *effective* et entendait être secouru dans un intérêt majeur. On en venait aux mains pendant l'échange de ces communications. Le maréchal Mollendorff, désireux d'un succès fortuit et transitoire, abandonna la Sambre, malgré les recommandations du comte Haugwitz, pour s'emparer de Kaiserlautern et menacer Sarrelouis d'un siège. Il ne vit pas la lacune des Vosges, et le prince de Hohenlohe-Hirchberg, l'ayant imité, fut battu par Desaix. Son collègue Ambert échappa au maréchal, et ce demi-succès ne rendit pas à Michaud son sang-froid; il voulut courir jusqu'à Landau, tirer des renforts du Haut-Rhin, en reçut des Alpes et songea à changer de rôle à son tour en prenant l'offensive[1]. L'intervention de Desaix avait été décisive au conseil de guerre de Landau, où il s'éleva contre son ami Saint-Cyr et l'emporta.

Quelques jours plus tard, après un succès de Desaix, le Comité subordonna Moreau, qui commandait sur la Moselle, à Michaud. Les opérations furent retardées pour donner aux

1. Dépêche des représentants datée d'Edickoffen, aux *pièces justificatives*.

nouveaux venus le temps d'entrer en ligne, étant en arrière de l'armée du Rhin; mais nous reprenions la Belgique.

Vaincus à droite, au centre et à gauche, nos généraux reçurent de Carnot l'ordre de renouveler leurs attaques[1].

Il se tint dans des généralités prudentes à cause de l'éloignement et du défaut de connaissance des lieux; sa correspondance servit à enflammer le zèle des généraux, à célébrer leurs frères d'armes vainqueurs aux Pyrénées, en Belgique, en Italie et en Hollande; enfin, elle attesta qu'une défaite s'oublie en marchant hardiment sur le vainqueur. On lui obéit; Kalkreuth fut battu, Mollendorff effrayé recula.

Vaincus en Pologne, les Prussiens accentuèrent leur mouvement de retraite; l'armée de la Moselle se porta sur Trèves, et, s'avançant vers Coblentz, se lia à la droite de Jourdan. Les alliés se précipitèrent derrière le Rhin; nous prîmes Rheinfels et la tête du pont de Manheim; Kléber obtint le commandement d'un corps de siège, et Mayence fut cerné; Luxembourg subit aussitôt l'investissement.

Gouvion-Saint-Cyr a vu dans cette campagne la source des fortunes militaires ultérieures, et dans nos armées des qualités qui les mettaient *au niveau des meilleures de l'Europe*. Il eût pu ajouter que Carnot avait formé tous les futurs maréchaux de Napoléon.

1. On trouvera aux *pièces justificatives* une série de dépêches de Pichegru et du Comité sur nos défaites.

CHAPITRE VI

ARMÉES DES PYRÉNÉES-ORIENTALES ET OCCIDENTALES.

SOMMAIRE

I. L'Espagne et l'exécution de Louis XVI. — Déclaration de guerre. — Général Servan. — Géographie militaire. — Échecs et victoires de 1793.

II. Biographies des généraux et des représentants du peuple en mission. — Fabre de l'Hérault, son œuvre et sa mort à l'ennemi.

III. Opérations de l'armée des Pyrénées occidentales contre les généraux espagnols Curo et Colomera par les troupes de Muller et de Moncey. — La paix de 1795.

I

L'origine de la guerre avec l'Espagne est dans le procès de Louis XVI, à raison des représentations de Charles IV et de la conduite qu'il tint après la mort de son parent, chef de sa famille. Barrère et Danton furent très explicites contre ses réclamations.

Le 4 janvier 1793, Barrère protesta, disant que la voix du sang n'était jamais entendue sur les trônes, que les rois n'avaient pas de parents dans le sens exact du mot, et que la parenté des têtes couronnées n'avait pas épargné une seule guerre aux nations. Le 16, Danton s'étonnait de l'audace de l'Espagne prétendant exercer son influence sur les délibérations de la Convention. « Si tout le monde était de mon avis, s'écria-t-il, on voterait à l'instant pour cela seul la guerre à l'Espagne. Quoi ! on ne reconnaît pas notre république et on veut lui dicter des lois! » Les vainqueurs de Jemmapes peuvent écouter l'ambassadeur de cette puissance, mais ils ne démentiront pas la gloire acquise; point de transactions avec la tyrannie !

Le 7 mars, sur le rapport de Barrère, la Convention déclara que depuis le 14 juillet 1789 le roi d'Espagne avait constamment outragé la souveraineté du peuple français dans ses communications officielles avec le gouvernement; qu'au 10 août 1792 il avait ordonné à son ambassadeur de se retirer, ne voulant pas reconnaître le Conseil Exécutif; qu'il n'avait pas accepté l'ambassadeur français à Madrid, quoique muni de lettres de créance en son nom; qu'il avait menacé la patrie par ses envois de troupes aux frontières; qu'il avait rompu toute relation après l'exécution de Louis, et que tous les actes de la cour de Madrid étaient soit des hostilités, soit une coalition avec les puissances belligérantes. En conséquence, la guerre lui fut déclarée. Le 23 mars, le roi d'Espagne rendit une cédule qui l'acceptait, de son palais d'Aranjuez. Il exposait les relations des deux pays comme ses propres griefs, et par une cédule ultérieure prohibait toute relation commerciale avec son ennemi. Ses armements maritimes furent immédiats, et son général en chef Ricardos commença les hostilités le 15 avril : elles devaient durer deux ans, jusqu'à la paix de Bâle. On annonça à Vienne le sort réservé à la France, en déclarant que l'intégrité territoriale du royaume ne serait pas conservée après la victoire de la coalition; ces prévisions allaient surexciter les triumvirs et masquer leurs infamies sous couleur de patriotisme. En appuyant l'Espagne, l'Autriche augmenta la violence de l'incendie.

Les ministres de Charles IV n'étaient pas préparés à la guerre : le trésor était vide, la marine ne s'était pas relevée de ses derniers échecs, l'armée de terre était au-dessous de l'état de paix, et le matériel pour entrer en campagne lui faisait défaut. Pour subvenir aux dépenses, on dut recourir à un emprunt et en appeler aux cortès. La guerre n'aurait pas obtenu l'assentiment national sans les excès de la Révolution et sans les atteintes portées à la dignité, à la fortune du clergé français, pour lequel celui de l'Espagne avait pris fait et cause. Or, ce dernier jouissait d'une influence absolue sur le peuple, par l'effet de la religion et de ses aumônes. Excités par les colères des émigrés et des prêtres réfugiés, qu'ils jugeaient indistinctement victimes de leur attachement à la religion et au trône, les Espagnols acceptèrent facilement la guerre. On ne supposait pas qu'elle deviendrait acharnée et meurtrière, la nation française étant attaquée sur toutes ses frontières et sur ses côtes.

Une armée de cent mille hommes eût été nécessaire chez nos ennemis pour conquérir sûrement le Roussillon, prendre l'offensive par le sud de la France, franchir les Pyrénées et pousser jusqu'à la Loire. L'armée espagnole, loin de pouvoir réaliser ce plan, avait quarante mille hommes, lesquels étaient disséminés sur ses frontières et suffisaient à peine à les couvrir. C'est dire que ce gouvernement n'avait jamais eu à notre égard le projet d'une injuste agression.

Le Conseil Exécutif français n'avait pas pris de son côté de meilleures garanties contre son adversaire probable. Le décret d'octobre 1792, qui avait créé une armée des Pyrénées depuis le lac de l'Abeille jusqu'à Aigues-Mortes, et depuis la pointe de Capestang jusqu'à l'embouchure de la Gironde, était resté lettre morte. Nos places frontières présentaient un délabrement absolu, de l'aveu de nos adversaires; les régiments de ligne destinés à la composition de ce corps étaient épuisés et éloignés. Aussi, dès le 24 janvier, Dubois-Crancé avait-il proposé d'affecter quarante mille combattants à la défense de cette frontière, en attendant mieux. Ce chiffre était insuffisant, et on devait attendre la levée de février pour organiser cette partie de la défense. Les débris de l'armée royale dans tout le Midi ne dépassaient pas vingt-cinq mille hommes.

L'ancien ministre de la guerre Servan commandait ces faibles ressources. Homme d'ordre, esprit méthodique, il avait inspiré confiance aux jacobins eux-mêmes. Son artillerie, sa cavalerie et ses transports manquaient de chevaux ; l'infanterie, de chaussures, de capotes et de campement; les ambulances, de remèdes; les magasins, d'approvisionnements. Après la paix de 1763, on n'avait rien prévu, rien réorganisé ; les désordres de la cour avaient achevé la ruine du trésor, que les guerres de Louis XIV avaient si bien préparée par Louvois. Tout était à former en 1792, parce que Louis XVI n'avait pourvu à rien, militairement, en dehors de l'expédition d'Amérique et de l'affaire de Gibraltar. Raconter ces choses et appeler un prompt remède venu de Paris, Servan le fit; mais les jacobins n'admirent pas ce qu'ils appelaient des plaintes inconsidérées. Le conseil exécutif envoya des agents sans force pour le bien, ignorants à la fois et violents, qui lui suscitèrent mille embarras. Cependant il réunit vers la fin d'avril environ huit mille hommes entre la Nive et la Nivelle et autant devant Perpignan. Le Conseil osait le presser d'ouvrir ainsi la campagne ; il escomptait la levée des gardes nationales frontières et celle des trois cent mille hommes de février, comme devant tripler les forces pyrénéennes; enfin, on disait à Paris que les bataillons de l'Ariège, des Hautes-Pyrénées et des Basses-Pyrénées comptaient parmi les meilleures troupes de la République. De Coutras à Narbonne on organisait d'autres corps; l'Hérault y participait. Malheureusement, les événements de l'intérieur contraignirent à changer la destination d'une partie de ces forces; la clef des événements est là.

Sans rapporter les entreprises formées de part et d'autre, sur lesquelles on consultera l'*Histoire* de Jomini et spécialement les *Campagnes de la Révolution française dans les Pyrénées orientales* par le colonel Fervel, nous donnerons une notion rapide sur cette frontière, où succomba Fabre, où fut blessé son collègue Féraud, de Tarbes, et où le marquis de Soubrany, de Riom, joua avec Gaston (de Foix) un rôle prépondérant.

La chaîne des Pyrénées, depuis la Méditerranée jusqu'à l'Océan, est plus basse d'un tiers que celle des Alpes sur une ligne de cent lieues et plus; le centre en constitue la partie la plus élevée; les têtes des vallées de la Garonne et de l'Ariège, de l'Adour, de la Sègre et de la Noguera remontent jusqu'à lui. Des deux côtés, l'élévation de la chaîne tombe en pente successive vers l'Océan et la Méditerranée. Si les cimes de la chaîne ibérique sont moins élevées que celles des Alpes, en revanche les cols sont plus difficiles. Cinq communications principales, qui devinrent successivement le théâtre de la guerre, ouvrent des débouchés naturels en Espagne par les Pyrénées orientales; ce sont : Collioure, Bellegarde, Pratz-de-Mollo, Montlouis et la route de la Sègre sur Urgel. Deux routes existent : celle de la Têt, allant de Puycerda à Perpignan, et celle du Tech, allant de Campredon à Elne.

De Montlouis à Oloron, le centre de la chaîne n'offre que des sentiers impraticables aux armées. Du côté de la France, Collioure, Port-Vendres, le fort Saint-Elme, présentaient un même système. Bellegarde, le fort des Bains, Pratz et Montlouis constituaient la première ligne; Perpignan, Salces et Villefranche constituaient la seconde.

L'Espagne est mieux partagée en défenses de l'art. En postes avancés, elle a la Seo d'Urgel, Campredon et Castelfollit; en première ligne, les forteresses de Figueras et de Rosas; en seconde, Girona et Ostalrich; comme place de dépôt en troisième ligne, Barcelone; en quatrième, Tarragona et Tortosa; enfin, Balaguer, Lérida et Mesquinenza sur la Sègre. Grâce à une population brave et belliqueuse et à une ligne de places triple, l'Espagne était à peu près invincible pour nous, si désorganisés sur cette frontière; une invasion de sa part, soit en débouchant du défilé d'Irun, soit en débouchant du défilé de Perpignan, l'obligeait à diviser ses forces contre Pau d'abord, puis contre Perpignan. S'éloigner de la seule gorge par où elle communique avec ses provinces l'aurait exposée en cas d'échec à de sanglants désastres; elle le tenta, et y éprouva la ruine de ses prétentions, ruine qui la contraignit à la paix finale.

L'Espagne avait, selon le duc d'Alcudia, à faire valoir des droits sur la province de Roussillon. Guidé par cette folle considération, le cabinet d'Aranjuez résolut d'entrer en France par Perpignan, tandis qu'il resterait sur la défensive en Navarre et en Guipuzcoa. Le lieutenant général Ricardos eut de vingt-deux à vingt-cinq mille hommes sous ses ordres, formant l'armée du Roussillon.

La France était tout aussi peu prête. Certes, le Conseil Exécutif, prompt aux démonstrations qu'exigeraient les démagogues, pressait Servan d'entamer les hostilités; mais il n'avait dressé aucun plan de campagne. La presse des deux pays s'injuriait réciproquement, témoignage d'impuissance réciproque. Auteur, comme ministre de 1792, d'un plan d'attaque général contre l'Espagne portant sur tout le front de la chaîne, de Perpignan à Bayonne, Servan le reprit en 1793. Grimoard l'atteste, et Jomini le blâme à son tour; les temps avaient changé.

De son côté, Ricardos apprit que le noyau de l'armée française se tenait dispersé dans les vallées et qu'aucune des places fortes du Tech (Bellegarde, fort des Bains, Pratz) n'était suffisamment approvisionnée. Il crut le moment venu d'exécuter le plan de Madrid : opérer une trouée entre Bellegarde et le fort des Bains, de couper les détachements dispersés sur la frontière française et marcher sur Perpignan derrière les places. Il agit le 15 avril en ce sens, son second battit le 20, entre Céret et le Tech, nos volontaires, et si lui-même eût attaqué Perpignan avec dix mille hommes, le Roussillon était perdu aux trois quarts.

Instruit par ses représentants près les armées que l'Espagne voulait envahir tous les départements méridionaux, le Comité de Salut public créa deux armées dans les Pyrénées. Il laissa à Servan le commandement des Occidentales et nomma le général Flers à celui des Orientales. Celui-ci couvrit aussitôt Perpignan pour sauver la capitale de la province convoitée, avec Dagobert pour lieutenant. Mais ses troupes, jeunes, inexpérimentées, encombrées de soldats à peine recrutés depuis trois mois, furent battues à Mas-d'Eu. Les Espagnols s'emparèrent de Bellegarde; de mai à juillet, partout vainqueurs. Campé à Mas-de-Roz, Flers se contenta d'une guerre d'avant-poste terrible, qui aguerrit les volontaires français; les représentants protestèrent.

Ils argumentèrent surtout, parlant d'invasion, et sommèrent le général en chef de déclarer s'il promettait d'arrêter l'ennemi, s'il avait couvert la route de Perpignan à Narbonne et s'il avait prévu les suites d'une déroute. L'interpellé répondit avec humeur qu'il ferait son devoir, mais qu'il ne pouvait prévoir les événements. Les représentants convoquèrent un conseil de guerre où l'on se demanda s'il n'était pas prudent de prendre position sur les hauteurs de Salces et d'abandonner Perpignan à ses forces. Tous les généraux opinèrent en ce sens; Flers tint tête à tous, et les représentants acceptèrent ses raisons, partagés entre des propositions fantasques, turbulentes, et l'intérêt réel du pays. On persista dans le camp; Ricardos allait bientôt prouver la sagesse de son rival en se faisant battre par lui honteusement, le 17 juillet. Ce fut la réplique à Valmy que donnèrent Dagobert et Barbantanne.

Le moment est venu de dire quels étaient les généraux et les commissaires de cette armée modeste qui conserva le Roussillon et préserva le Midi des suites d'une invasion.

II

Qu'était le général *Flers?* Il appartenait à la noblesse, était officier de cavalerie en 1789 et s'attacha au parti des réformes. Maréchal de camp en 1791, il se distingua sous Dumouriez au camp de Maulde, fut grièvement blessé; divisionnaire, passa en Hollande, et en 1793 défendit glorieusement Bréda contre les forces supérieures des coalisés. Battu le 3 mars, il capitula avec les honneurs de la guerre, s'enferma dans Tournay et succéda pour sa brillante valeur à Servan. Vainqueur à Kiel battu à Bellegarde et à Villefranche, accusé de trahison, arrêté par les représentants, envoyé à Paris, enfermé au Luxembourg, traduit devant le tribunal révolutionnaire, condamné le 22 juillet, exécuté le même jour, telle fut la carrière de ce soldat que d'incapables avocats ont tenté de déshonorer. Son sang pèsera sur la mémoire de Fabre, et les honneurs du Panthéon, que décernèrent les triumvirs à Fabre, ne sauraient troubler le jugement de l'histoire.

Dagobert de Fontenille, né près de Saint-Lô, offre une des figures les plus originales et les plus saisissantes des premières guerres. Il avait fait toutes les campagnes de la guerre de Sept ans, avait été souvent blessé, et comptait trente-cinq ans de services à la Révolution. Maréchal de camp en Italie en 1793, il y montra une bravoure éclatante, prit part la conquête du comté de Nice à titre de divisionnaire, se distingua près Perpignan le 17 juillet. Commandant en chef l'expédition de Cerdagne, il écrasa nos ennemis à Olette, fit dire de lui aux représentants : « Nous arrivâmes sur eux comme des éperviers, » vit son collègue jaloux de son prestige, et retourna dans la Cerdagne française après avoir déposé son commandement. Il se signala par des coups de main audacieux, par des expéditions aventureuses dans les vallées frontières et troubla partout les Espagnols. Populaire parmi ses soldats, il les entraînait en partageant leurs dangers ; à la fois passionné et héroïque, les adversaires l'avaient surnommé le *Démon.* Original dans sa personne comme dans son caractère, il avait une légende d'invulnérable que favorisait sa tenue ; ses cheveux blancs flottaient au vent, son nom le servait autant que sa verve et son esprit. Un jour que des volontaires fuyaient, il leur cria : « Enfants, savez-vous bien qu'il faut prendre le pas ordinaire quand on tourne le dos à l'ennemi, et le pas de charge quand on lui présente la poitrine ? » Il s'opposa à l'expédition de Catalogne, fut sottement destitué, vint à Paris se défendre, quoique malade. Sa franchise le sauva. Carnot adopta ses plans après discussion. Il rentra en Cerdagne et mourut peu après à Puycerda.

Il fut le protecteur du colonel de Pérignon, qui devait être le grand vainqueur sur ces frontières.

Le général *d'Aoust* était le fils du conventionnel de ce nom, marquis d'origine. Lieutenant au régiment du Roi, aide de camp de Rochambeau en 1790, concourut à la campagne du Nord en 1792, devint général en 1793, passa aux Pyrénées orientales comme divisionnaire, et y occupa jusqu'à six fois le poste de général en chef par intérim. Le 20 décembre il fut attaqué dans toutes les positions qui défendaient les places maritimes et fut battu; Fabre trouva la mort dans la déroute, et le fort Saint-Elme se rendit par trahison, au prix de trois millions, paraît-il. Accusé comme responsable alors qu'il n'était qu'incapable, d'Aoust fut traduit à Paris devant le tribunal révolutionnaire et condamné. Il avait été dénoncé par Doppet, son rival[1].

Né à Chambéry, *Doppet* s'était engagé fort jeune dans un corps de cavalerie, puis avait passé trois années aux gardes françaises; étudiant en médecine au sortir du service, il avait fait ses études à Turin. Établi à Grenoble au début de la Révolution, il y devint démagogue aussitôt, fonda, après le 10 août auquel il coopéra, la légion des Allobroges et y obtint le grade de lieutenant-colonel. Il provoqua la *réunion de la Savoie à la France* dans l'assemblée nationale qui s'y était formée, et reçut de la Convention, comme récompense, le titre de général, plus tard le commandement de l'armée des Alpes. Ce fut lui qui entra dans Lyon insurgé, où il s'employa à modérer les excès, fut appelé à l'armée devant Toulon, et enfin à celle des Pyrénées-Orientales. Les représentants Michaud et Soubrany lui ayant confié l'armée de Dagobert, il remporta des succès dans les deux Cerdagnes; mais, accablé par un revers, il en accusa d'Aoust dans une lettre violente qu'il adressa à la Convention et qui conduisit son malheureux subordonné à l'échafaud.

Dugommier, d'origine créole, entra à l'âge de treize ans dans l'armée, y obtint de l'avancement et la croix de Saint-Louis; réformé injustement, il rentra dans ses foyers. La Révolution le fit chef de la garde nationale; en cette qualité, il s'opposa aux adversaires du nouvel ordre de choses et dut fuir. Nommé par la Martinique à la Convention, il passa comme général à l'armée d'Italie, et, après la prise de Toulon sous ses ordres, put commander à Perpignan. Il s'empara du fort Saint-

1. Il osa dire au Comité: « L'opinion, les plans des représentants Fabre et Gaston sont donc l'arche du Seigneur qu'on ne saurait toucher du doigt sans être frappé de mort! »

Elme et de la redoute Montesquiou, de Bellegarde, et allait livrer aux Espagnols une bataille générale qu'il voulait rendre décisive, lorsqu'il fut tué par un éclat d'obus, le 17 novembre 1794. Pleuré par son armée, il laissa deux fils dans l'état-major, qui tombèrent comme lui à l'ennemi. Dugommier n'avait jamais admis le décret de 1794 qui interdisait de faire quartier aux ennemis et qu'avait inspiré Robespierre.

Son successeur définitif fut *Pérignon,* né à Grenade, près Toulouse, d'une famille de capitouls et d'officiers. Lieutenant aux grenadiers royaux, aide-major, aide de camp, il avait accepté les réformes modérées comme député à la Législative. Après le 10 août, il s'était fait nommer chef d'une légion des Pyrénées, que la guerre avec l'Espagne rendit bientôt nécessaire. Il la recruta dans la Haute-Garonne et la composa de paysans pris dans son canton. Heureux dans ses débuts, il devint vite général, et divisionnaire six mois après ; il commença sa réputation à Peyres-Tortes, bataille gagnée par lui, qui sauva la France d'un démembrement au sud-ouest ; la libération finale de ce côté vint de ses inspirations, et Napoléon l'en remercia en le nommant maréchal.

Tels sont les chefs principaux de cette armée et leur œuvre. Voyons celle des représentants Boisset et Cassanyès, Gaston et Soubrany, Milhaud et Fabre.

Député par la Drôme à la Convention, *Boisset* se signala parmi les violents; envoyé en mission à Marseille, dans le Midi et le Sud-Est, partout il prêcha la haine des classes les unes contre les autres. Il y eut un jour où il osa dénoncer l'influence des riches dans les sections, à la société des jacobins. Plus tard, il se plaignait que l'égalité était violée spécialement dans ce qui touchait de plus près à la souveraineté nationale. « Du moment, disait-il, où un député est exclu du corps législatif, il n'est plus député ; il appartient aux tribunaux criminels. » Prêt aux mesures les plus révolutionnaires, il se conduisait selon les conseils des triumvirs, et leur interprète Barrère obtenait à nouveau son renvoi dans les pays qu'il avait remplis de sang. L'Hérault et les Pyrénées, le Puy et l'Aveyron le revirent à ce titre.

Lorsque nos troupes furent battues, Barrère s'écria : « Les ordres sont déjà donnés ; tout est changé dans ce moment. Représentants, généraux, état-major, troupes, tout va être régénéré. Le fer de la France domptera l'or du Mexique. »

Ces paroles retentissantes avaient été inspirées par le texte d'une dépêche de Boisset : « L'horrible plan des trahisons s'exécute, se suit toujours avec cette perfidie qui caractérise et nos ennemis et les traîtres... *Je tremble de vous faire paraître mes soupçons. Je crains qu'il n'y ait de grands coupables.* On ne sait ce qu'est devenu Fabre, et Gaston est renfermé dans Perpignan. » Boisset affirmait qu'il réparerait tout : jactance grotesque et familière à tous ces ultra-démagogues, prompts aux accusations et à toutes les faiblesses, hommes enfin qu'on admire en masse parce qu'on ne les connaît qu'imparfaitement, ou qu'on assimile sans raison aux deux qui ont le plus brillé, Merlin et Levasseur. La dépêche de ce dénonciateur, qui devançait Carrier, se terminait en déclarant que les républicains, honteux des forfaitures de la défaite, sauraient mourir... Mais c'est trop s'arrêter sur ce violent inconnu.

Le Comité de Salut public avait délégué l'un des élus de cette partie des Pyrénées pour y éclairer les généraux. *Cassanyès* fut de ce nombre. Il avait voté la mort du roi « avec la plus grande sensibilité », pour prendre la mesure la plus utile au bonheur de sa patrie! En présence de l'ennemi, il ne servit que son pays[1]. Il a trop rendu justice à l'illustre Dagobert et au futur maréchal Pérignon pour que nous ne citions pas sa dépêche sur la victoire du Mas-de-Serre, le 17 juillet 1793 :

Le 17, au point du jour, le général était en reconnaissance avec le lieutenant-colonel Pérignon, commandant la légion des Pyrénées, et le lieutenant-colonel Gresieux, de la même légion. Ils arrivaient aux dernières sentinelles, lorsque les obus et les boulets qui pleuvaient sur eux et sur la batterie de l'avant-garde leur firent apercevoir l'artillerie formidable que les Espagnols avaient établie sur la hauteur du Mas-de-Serre, d'où ils envoyaient aussi dans nos camps une multitude innombrable de boulets, de bombes et d'obus. Le canon de l'avant-garde répondait au feu de l'ennemi, et bientôt les batteries du grand camp jouèrent.

Le général Dagobert fit prendre les armes à toute l'avant-garde, lui ordonna de se porter en avant sur la droite et sur la gauche de

1. Jomini a écrit de lui sur le combat de Céret : « La prudence conseillait de renoncer à l'attaque, mais Cassanyès, aussi entêté et aussi brave que son collègue, au mépris des représentations du général, fond, à la tête de plus intrépides, sur les avant-postes espagnols et entre pêle-mêle avec eux dans la ville. » (*Hist.*, t. IV, l. V, ch. XXV.)

son camp, derrière les hauteurs, pour qu'elle fût en même temps moins exposée aux bombes, et prête à paraître sur-le-champ en cas de besoin. Le général Dagobert et le général Poinsot s'étant retirés au grand camp pour concerter les opérations, Pérignon commanda cette avant-garde, dont il détacha d'abord cent cinquante tirailleurs, aux ordres de Soulerat, capitaine dans la légion des Pyrénées, pour les opposer aux tirailleurs espagnols qui paraissaient en très grand nombre sur les hauteurs, en face du Mas-des-Jésuites; il renforça nos tirailleurs de distance en distance par des détachements de vingt à vingt-cinq chasseurs, à mesure qu'il voyait le nombre des ennemis s'augmenter, et surtout ayant aperçu qu'ils avaient une pièce de canon.

Cette petite guerre se faisait avec chaleur de part et d'autre, et avec avantage de notre côté, lorsque l'adjudant général Poinsot arriva avec trois cents hommes du grand camp, ayant des ordres pour prendre deux pièces de canon de quatre, se porter en avant et attaquer les ennemis sur leur droite; ce mouvement fut exécuté avec célérité; ils arrivèrent à la hauteur du Mas-des-Jésuites, et les tirailleurs espagnols furent repoussés. On découvrit alors des colonnes nombreuses de cavalerie et d'infanterie ennemies. L'adjudant général Poinsot vit bientôt que nos deux pièces étaient insuffisantes; il partit pour demander deux pièces de quatre et deux de huit. Cependant Cordier, lieutenant d'artillerie dans la légion des Pyrénées, brisait les escadrons ennemis avec ses deux pièces, et on voyait leurs colonnes plier et se retirer vers leur grand camp, sous la grande butte de Canobes; la réunion de leurs forces fut bientôt effectuée.

La grosse artillerie de notre grand camp, dirigée par le citoyen Lamartilière, commandant en chef, dont on ne saurait trop faire l'éloge, avait foudroyé les batteries établies par les Espagnols sur la hauteur du Mas-de-Serre, et venait de les forcer de se retirer, lorsque les pièces de quatre et de huit que Poinsot avait été chercher arrivèrent. Pérignon commandait en son absence; il laissa pour garder la gauche ses deux pièces à leur position, avec un détachement pour les soutenir, et il fit porter celles qui venaient d'arriver sur la hauteur du Mas-de-Serre. En y arrivant, on la trouva couverte des débris des trains d'artillerie espagnole, et les environs étaient jonchés de chevaux et mulets morts. Il avait placé l'infanterie derrière la butte; elle était là pour soutenir les pièces, et elle y était à l'abri, autant que faire se pouvait, de l'artillerie espagnole, qui ne cessait de vomir des boulets et surtout des obus. Pérignon faisait feu avec succès depuis environ une demi-heure. Lorsque l'adjudant général Poinsot arriva, il fut d'avis de gagner une position en avant; on s'y porta. Rendu là, il aperçut qu'il pouvait sans danger s'avancer encore sur une autre butte; ils y allèrent, et notre artillerie foudroya les colonnes et les tentes espagnoles : grâce à un sergent de canonniers du 1er régiment d'artillerie, pas un boulet ne fut sans effet. Ces succès leur faisaient regretter de ne pas être plus forts en artillerie.

Bientôt ils aperçurent des colonnes ennemies sortir de Canobes; ce mouvement fit penser à Poinsot que leurs pièces pouvaient se trouver exposées; il ordonna de se replier sur le premier poste, c'est-à-dire sur la butte du Mas-de-Serre, ce qui fut aussitôt exécuté; nos pièces, à cette position, avaient déjà tiré quelques coups de canon, lorsque le général Dagobert arriva et donna des ordres pour se porter de nouveau en avant sur la butte qu'on venait de quitter; en même temps le général Barbantanne, qui venait de placer le renfort de mille hommes qu'il avait conduit sur la hauteur à gauche de la ferme de Serre, se rendit à notre position, dit au général Dagobert qu'il allait lui donner de son artillerie, le renforcer d'une compagnie de grenadiers, et que lui, Barbantanne, resterait à sa position pour le soutenir ou le recevoir en retraite avec trois pièces de canon de quatre et une de douze qu'il avait sur la gauche, laquelle fit un feu très soutenu sous les ordres de l'adjudant général Melinet.

Le général Barbantanne avait, en outre, placé à sa gauche des chasseurs à cheval de la légion des Pyrénées; dans cette position, il contenait Pouillastre et le Mas-d'Eu; à sa droite il avait placé la gendarmerie. Le général Dagobert se porta en conséquence sur l'éminence qui est en avant de la ferme de Serre, avec une pièce de huit, une coulevrine de quatre et un obusier, ayant derrière lui et à sa gauche de l'infanterie cachée aux ennemis. Il fit là une canonnade soutenue et nourrie, malgré le feu de toute l'artillerie espagnole qui obscurcissait l'air et couvrait le général de bombes et de boulets; cependant une forte colonne de cavalerie espagnole débouchait de Canobes, en prenant une marche qui faisait penser qu'elle voulait en venir aux mains; le général Dagobert la fit canonner, mais la canonnade n'arrêta point sa marche; il ordonna à une division d'infanterie de sa gauche de faire un mouvement pour se porter vers la cavalerie.

Le mouvement commençait à s'exécuter, lorsque les pièces qu'avait le général Dagobert firent retraite précipitamment, toute la butte se vida, et ceux qui l'occupaient prirent le chemin du camp; dès lors l'infanterie se retira en désordre, et néanmoins tous furent se rallier, à la faveur du général Barbantanne, qui faisait feu sur les ennemis et ralentissait leur marche. Tandis que cela se passait, la cavalerie espagnole arriva, chargeant tout ce qui était resté sur la hauteur de la ferme de Serre. La gendarmerie qui était derrière fit aussi demi-tour à droite, et recula jusqu'à la ferme de Serre; le général Barbantanne et l'adjudant général Poinsot coururent à elle pour aider le colonel Dagna à la rallier. Elle retourna en effet et prouva, par la valeur et l'intrépidité avec laquelle elle chargea les ennemis, qu'elle n'avait reculé que pour prendre course. Ce combat de la cavalerie, à la tête de laquelle se mit l'adjudant général Poinsot, le canon de la réserve, aux ordres du général Barbantanne, et le feu des grenadiers que le général avait fait porter en avant, décidèrent la victoire en notre faveur. Les Espagnols s'enfuirent, laissant quelques prisonniers et plus de soixante cavaliers tués sur la place. N'ayant plus d'ennemis devant nous, la retraite fut ordonnée et exécutée.

Nous étions venus, le 16 au soir, coucher à la ville pour faire notre correspondance; mais, dès le matin, ayant entendu le canon, nous courûmes au camp partager avec nos frères d'armes les dangers qu'ils éprouvaient; et nous ne les avons quittés qu'après que la retraite fut entièrement exécutée.

Nous avons tué et blessé aux Espagnols plus de six cents hommes, et de notre côté nous avons perdu environ trente hommes, et nous avons eu environ cent blessés. L'ennemi a perdu plus de monde que nous ne le pensons, car, à l'instant que nous vous écrivons, ils lèvent tous leurs camps et s'en retournent prendre une autre position dont nous vous instruirons quand ils s'y seront établis. Mais nous pouvons vous assurer que, si nous eussions eu la cavalerie que vous nous avez envoyée, les Espagnols auraient été complètement mis en déroute le 17, et nous leur aurions pris tentes et bagages.

Nous sentions tellement combien il était nécessaire d'avoir cette cavalerie promptement, que nous avons requis le département du Lot de changer sa route et de la faire arriver à Perpignan directement de Montauban, sans passer par Toulouse; et ceux-là qui ont empêché notre réquisition d'avoir son effet, et qui ont retenu à Toulouse pendant cinq à six jours notre cavalerie sont bien coupables envers la patrie. Nous recueillerons avec soin tous les faits éclatants qui ont eu lieu à la glorieuse journée du 17; en attendant, nous vous dirons que nous avons vu plusieurs de nos braves frères d'armes, canonniers et autres, mortellement blessés, prier leurs camarades qui les soutenaient de ne pas s'affliger sur leur sort, et leur dire qu'ils s'estimaient heureux d'avoir versé leur sang pour la République, les engager à retourner vite au combat, et crier : *Ça ira! vive la République!*

Nous vous dirons aussi que le colonel Pérignon, voyant les chasseurs à pied qu'il commandait se laisser entraîner et se retirer en désordre, après leur avoir reproché d'abandonner ainsi leurs officiers, ne voulut pas les suivre; il prit le fusil et les cartouches d'un de ses chasseurs blessés, et fut se placer comme fusilier à côté des grenadiers de Champagne, qui soutenaient avec courage le feu de l'ennemi, et il ne reprit le commandement des chasseurs que lorsqu'ils se furent ralliés et qu'ils furent revenus à lui.

Le 22 décembre, Cassanyès fut rappelé à la Convention avec Gaston; ultérieurement il passa à l'armée d'Italie, appartint aux Cinq-Cents et se retira après brumaire de la politique[1].

Collègue de Carrier comme député du Cantal, Milhaud fut aussi décidé que lui contre Louis XVI. « Oser soutenir, s'écria-t-il, qu'une faction quelconque peut s'élever sur les débris du trône, c'est insulter à la souveraineté et à la majesté nationale, qui veut la République ou la mort. » En mission dans les Ardennes, il rendit compte de l'état des frontières, s'illusionna sur la trahison, et croyant en trouver partout des traces, se montra inexorable, ne parla que d'épuration à l'intérieur et aux armées, frappa surtout les états-majors, exalta Saint-Just et se fit l'apôtre de sa doctrine. Une lettre lue le 13 novembre 1793 à la Convention l'atteste.

On y lisait entre autres choses:

Le peuple sans-culotte se réveille, l'armée du Rhin s'électrise: celle des rois et des esclaves recule déjà d'effroi. L'aile droite des ennemis vient d'abandonner deux lieues de terrain et plusieurs villages, dont les habitants fanatiques ont émigré.

Nous vous envoyons le neveu du général autrichien Wurmser, qui a été pris à Strasbourg.

Du renfort de cavalerie, et l'armée des despotes sera bientôt anéantie.

Le 18 avril 1794, la Convention entendit la lecture d'une dépêche de Milhaud qui louait le génie de Dagobert et les talents de Dugommier; elle est utile à connaître :

Citoyens collègues, l'armée des Pyrénées-Orientales est enfin régénérée et pourvue de tout ce qui doit lui assurer la victoire; elle n'attend plus que le signal du combat pour fondre en masse contre les satellites du despote de Madrid. Les traîtres qui avaient

1. Soubrany, député de Riom, était marquis et colonel de cavalerie. Il devint partisan de Saint-Just et fut aussi terrible que lui aux armées; terroriste en prairial an III, il monta sur l'échafaud par ordre de la Convention. — Gaston, juge de paix à Foix, et son collègue, appartient aux séides de Robespierre en mission aux frontières. S'il sauva sa tête, il n'en vécut pas moins chargé de crimes, et mérita toutes les réprobations.

compromis la sûreté de cette frontière sont tous dans les fers ou frappés de mort par le glaive de la loi; tous les malveillants qui, dans cette partie de la République, pouvaient désirer les succès de l'ennemi, ont été par nos ordres déportés à cent lieues dans les prisons de l'intérieur ou traduits au tribunal révolutionnaire de Paris. Ainsi l'armée est assurée de ne laisser derrière elle que des amis et des concitoyens qui ont élevé un temple à la Raison, et qui tous se sacrifieraient plutôt que de laisser manquer leurs frères d'armes de ce qui leur est nécessaire.

Les vieux militaires disent hautement qu'on n'a jamais vu de troupes plus belles et mieux tenues, et les amis de la liberté et de l'égalité n'en ont jamais vu de plus républicaines. Les vainqueurs de Toulon et les vainqueurs de Peyres-Tortes ne sont qu'une famille de frères prêts à mourir tous ensemble ou à exterminer les ennemis de la République. Les soldats et les généraux, animés du même amour pour la patrie, sont unis par les liens indissolubles du courage et de la fraternité philanthropique.

L'intrépide général Dagobert a déjà tenté une heureuse diversion du côté de Puycerda; il vient d'enlever trois postes essentiels aux Espagnols. La division qu'il commande s'est emparée, pour ouvrir sa marche, d'une redoute située sur une montagne escarpée; elle a pris six pièces de canon, trois cents fusils, et fait beaucoup de prisonniers; elle est déjà sous les murs du château d'Urgel, dont elle fait le siège. Nous vous faisons passer la copie des lettres qui nous ont été adressées, et dans lesquelles vous trouverez des détails intéressants sur cette expédition.

Le général en chef Dugommier va exécuter un vaste plan d'attaque générale par terre et par mer, dont le succès doit anéantir l'armée espagnole; le Comité de Salut public, à qui il est adressé, doit en être convaincu aussi bien que nous. Les bonnes dispositions militaires déjà prises, l'excellente composition et l'ardeur de l'armée républicaine sont le garant de nos brillantes espérances; sans doute, avant que ce courrier vous soit parvenu, nous vous en aurons expédié un autre qui vous annoncera un grand triomphe pour la République.

La mort de Dagobert fut honorée comme elle devait l'être; on reconnut qu'il avait conquis la Cerdagne espagnole, mis l'ennemi en déroute au loin et qu'il avait succombé à l'excès des fatigues; sa division obtint des représentants que ses cendres seraient transportées à Montlouis, jusqu'à ce que la Convention en décidât; celle-ci donna ordre de l'enterrer à Perpignan : elle conservait le Panthéon pour Marat et Fabre, dans l'intérêt du parti jacobin. Il fut décrété que l'armée des

Pyrénées-Orientales avait bien mérité de la patrie. Les jacobins de la capitale apprirent le 18 mai que Milhaud avait pris place sur l'escadre et que Collioure, avec ses redoutes inexpugnables et ses quatre forts, était tombé à nouveau en notre pouvoir; des approvisionnements sans nombre étaient acquis, des corps entiers d'Espagnols avaient été détruits ou faits prisonniers, et le reste dispersé comme un vil troupeau à travers les montagnes et les rochers. La prise des forts Saint-Elme et Bellegarde devait, ajoutait Milhaud, relever l'anéantissement de l'armée espagnole, dont la perte entraînerait la chute du trône de Castille.

Victorieuses aux Pyrénées-Occidentales, dès le début d'août 1794, nos armées méritaient que l'on annonçât à la Convention la possession des deux Toulouse, celle du Languedoc et celle de la Navarre. Les deux golfes du Lion et de Gascogne attestaient que, trop souvent mise en problème, la République serait libre malgré les cupidités de ses voisins. Barrère le déclarait à l'Europe stupéfaite : il n'oubliait que le génie de Carnot et les noms des généraux vainqueurs, l'agrandissement du territoire français. Au nord, la Belgique; au Rhin, ses rives et le Palatinat; au sud, une partie du Piémont; aux Alpes, les plus belles vallées; aux Pyrénées, la Cerdagne et le Guipuzcoa; sur la mer d'Allemagne, Nieuport et Ostende; sur celle d'Espagne, Passages et Saint-Sébastien.

Le 1er avril 1795, une dénonciation redoutable s'élevait contre Milhaud. En pleine Convention, Géraud, de l'Aube, dénonçait une nouvelle conspiration des terroristes, annonçait qu'elle avait pour chefs des députés. « L'un de ces députés est un homme qui a fait périr les patriotes du Roussillon qui avaient battu les soldats de Ricardos; c'est Milhaud, du Cantal. » Le 1er juin, il était accusé, sur l'original d'une de ses lettres au club des jacobins, d'avoir approuvé tous les excès de Saint-Just en Alsace et d'y avoir ajouté ce qui suit : « Nous, nous avons ordonné l'arrestation de tous les banquiers, agents d'affaires et notaires. La guillotine est en permanence ; les sans-culottes sont réveillés, et leur réveil sera terrible. Envoyez-nous une colonie de montagnards. » Cette accusation, provenant, avec texte à l'appui, d'Harmand (de la Meuse), était sanglante. On ignore comment Milhaud a pu s'en relever.

De ces choix, et nous terminerons par Fabre, on doit conclure que les amis des triumvirs furent les préférés comme délégués chargés de porter la bonne nouvelle terroriste; aux plus ardents, les plus importantes missions et les pouvoirs les plus étendus.

Jomini a défendu les généraux avec talent dans son *Histoire des guerres.* Sur l'armée qui nous occupe, il a dit quant au général de Flers : « Il fut suspect aux délégués de la Convention à cause de son origine noble, et avait les bras liés. Toutes ses opérations étaient envisagées avec défiance, ses surveillants l'accusaient de mauvaise volonté ou de trahison, et les autorités locales s'arrogeaient le droit de censure. » Il ne pouvait donc l'emporter sur son adversaire pour toutes ces raisons. On a raconté que, lors de la reddition aux Espagnols du régiment de Vermandois, s'écriant « Vive le Roi! » Dagobert le mitrailla. Eh bien, malgré ce fait et sa remarquable conduite à la bataille de Trouillas, on chercha un coupable. Il en fallait un à Fabre, autant par forfanterie que par férocité. Dagobert fut choisi, et toutes les accusations tombèrent sur lui; révolté de tant d'injustice, il résigna le commandement et retourna en Cerdagne.

Fabre, dit de l'Hérault, exerçait la profession d'avocat à Montpellier avant la Révolution. Il en embrassa la cause avec beaucoup de chaleur ; son département l'envoya à la Convention. Ses premiers travaux dans cette assemblée furent des rapports au nom du Comité des subsistances, dont il faisait partie. Envoyé à Perpignan avec trois autres collègues, il adressa de cette armée le récit d'une défaite essuyée par nos troupes, dont le courage de Fabre aurait sauvé les conséquences[1]. Bientôt après, il fut assez heureux pour annoncer une victoire dont le récit fut accompagné de drapeaux pris sur les Espagnols. Le 20 décembre eut lieu l'affaire de Trouillas; une partie du Roussillon resta à Ricardos, et Perpignan fut menacé. Boisset écrivit alors la dépêche éplorée que lui dictait sa passion terroriste autant que son ignorance sotte, et au moment où il parlait de trahison, le cadavre de son collègue était trouvé parmi les morts, sans qu'on ait su

1. V., *aux pièces justificatives,* la pièce de Rougemont et Duroy sur la part que les représentants prenaient aux batailles. En outre, le jugement du général Desdorides sur Fabre et Boisset.

jamais comment il avait succombé. On a beaucoup dit qu'il arrêtait les fuyards et qu'il fut tué dans la mêlée, mais on le suppose seulement; nul ne sait rien sûrement, nul ne l'a vu; il fut tué, c'est ce qui est sûr.

Ses partisans ont tenté de laver sa mémoire des accusations de terrorisme: vains efforts; sa politique proteste contre ce dithyrambe intéressé; ils ont cherché à rejeter loin de lui la conception de l'affaire et les responsabilités qui en sont la suite; vains efforts encore, car il faudrait alors accuser Dagobert d'incapacité ou de lâcheté. Qui l'oserait? On le tenta en pleine Terreur, on en sait les suites, au Comité de Salut public même. En outre, le grand échec du Boulou par d'Aoust fut dû à Fabre, qui avait affaibli l'armée pour préparer en Catalogne une expédition contre laquelle Dagobert ne cessa de protester.

Il n'est pas exact de prétendre que tous les généraux et les représentants eux-mêmes aient voulu rejeter sur son imprudence et sa tactique tous les torts; les historiens spécialistes se sont expliqués là-dessus; il est injuste d'avancer tout cela avec la plupart de ses biographes politiques; une seule preuve va l'attester. Le Comité de Salut public était assailli de réclamations de toute sorte le concernant. Il venait même de l'appeler à l'armée des Alpes, ignorant sa mort, pour mettre fin aux protestations dont sa conduite était l'objet. Le décret y relatif figure dans les séances de la Convention : ceci est décisif.

Un agent du pouvoir exécutif, écrivant au ministre de la guerre, lui faisait un aveu qui eût pu lui coûter la tête : « Les représentants sont cause de beaucoup de malheurs. Fabre et Gaston sont deux ci-devant des départements voisins ; ils ont beaucoup de monde à placer. » Or, de l'aveu de Jomini, le général Ricardos, qui leur était opposé, avait le *génie de la guerre*. Le temps est venu d'avouer les fautes dans l'intérêt de la France et de la vérité ; voilà ce qui seul importe.

Enfin, Cassanyès et Fabre dirigèrent constamment les opérations militaires, dans les Pyrénées orientales ; Jomini et Fervel sont unanimes à le déclarer ; le débat est clos. Peu importe que Robespierre se soit empressé, le 12 janvier 1794, de demander et d'obtenir son envoi au Panthéon ; ce fait est tout politique, il ne dégage en rien le passé de Fabre devenu d'avocat chef d'opérations militaires[1].

1. Le capitaine Fervel a raconté ainsi qu'il suit la mort de Fabre : « Parmi

III

L'armée des Pyrénées-Occidentales comprenait, en juille 1793, trente mille hommes aussi peu équipés et pourvus d magasins qu'à Perpignan. L'esprit démagogique d'Héber avait pénétré dans ses cantonnements par les clubs de Bayonn et par la presse locale. Le général en chef espagnol, for entreprenant, Curo, avait reçu de Madrid l'ordre de reste sur la *défensive;* ce fut heureux pour nous.

Au vieux Delbecq, assez incapable, avait succédé Desprès Crassier, de l'ancienne armée du Nord. D'un caractère hautain, il ne s'entendit guère avec les commissaires de son armée qui abandonnèrent ses plans d'offensive ; il dut accepte cependant une de leurs propositions, sauf à la modifier. On résolut d'attaquer le camp de Saint-Martial, d'enlever Bera et Biriatu et de passer la Bidassoa pêle-mêle avec les Espagnols. C'était attaquer de front les positions principales dans le but de s'emparer aussitôt d'Irun et de terroriser la cour de Madrid. Mais il fallait réussir pour obtenir de tels résultats. Le 29 août nous allâmes de l'avant.

L'intrépide marquis de la Romana nous arrêta net et nous culbuta à droite, pendant que le général Urrutia l'imitait à notre gauche. Le 7 septembre, nous fûmes battus à nouveau, et Desprès-Crassier dut résigner son commandement. Un officier suisse, Muller, lui succéda. On n'en réussit pas mieux, et tous les engagements se bornèrent à des affaires de postes jusqu'à fin octobre. L'armée fut enfin remise en état par l'embrigadement, par l'instruction et la réorganisation des services administratifs. Le 11 novembre on se rapprocha de la Bidassoa, et les hauteurs de Sainte-Anne, fortifiées par nous au déplaisir des Espagnols, devinrent le *camp des Sans-Culottes.* Le glorieux Latour d'Auvergne, qui y commandait,

les cent cinquante morts que nous laissions sur le terrain, on retrouva *non loin de Port-Vendres,* et quelques jours après la bataille, un cadavre dont la tête était percée d'une balle et le tronc haché de coups de sabre; c'était le corps du représentant Fabre, qui avait noblement expié ses fautes par une mort glorieuse au milieu de la mêlée. » Il viendra peut-être à certains la pensée qu'un homme aussi redouté a pu être frappé par une balle intelligente, malgré sa bravoure.

n'eut qu'un but : aguerrir ses troupes par des expéditions quotidiennes, et les former à l'art de la guerre.

Réduite, au début de l'année 1794, à moins de vingt mille hommes, cette jeune armée fut renforcée dès janvier par des recrues qui ne devinrent des soldats qu'en juin. Ellecomprenait

Vue de Vittoria.

cinq divisions, qui occupaient toutes les têtes des vallées espagnoles conduisant en France, depuis les sources de la Nive jusqu'à la chaussée de Saint-Jean-de-Luz. Le front des deux armées était défendu par une série de retranchements réciproques. A Muller, très prudent, était opposé un général hardi, Curo, qui voulait nous envahir à tout prix ; sa cour le lui interdit. Jusqu'à la fin de mai on se livra à des escarmouches ; à cette époque, les représentants et lui-même décidèrent l'invasion de l'Espagne sur un plan qu'il avait présenté au Comité de Salut public et qui avait été adopté.

Le 3 juin 1794, nos troupes s'ébranlèrent et percèrent le cordon du duc d'Ossuna, qu'elles avaient en face d'elles. On s'empara ainsi des débouchés de la vallée de Bastan. Muller, satisfait, s'en tint à ce premier succès et ne descendit pas dans la vallée, où Curo eût pu se retrancher. Ému de sa défaite, ce dernier résolut de prendre l'offensive et, à la tête de ses lieutenants, nous attaqua le 28 juin. Heureux au début de l'action, il ne tarda pas à la voir se changer en déroute à la Croix-des-Bouquets, sur l'intervention des troupes du camp des sans-culottes ; disgracié bien à tort, Curo remit son commandement au comte Colomera, vétéran de la guerre de Sept ans, qui lui était de beaucoup inférieur en talents.

Vainqueurs aux Pyrénées orientales, nous allions l'être encore dans cette partie de notre défense.

Moncey et Frègeville furent chargés, en juillet, après un conseil de guerre important, de s'emparer de la vallée de Bastan, de franchir la Bidassoa, pendant que leurs collègues Manco et Marbot tiendraient l'ennemi en échec dans la vallée de Roncevaux. La prise des retranchements de Commissari et du camp de Berra eut lieu selon les prescriptions; mais nous avions trouvé à Berra un valeureux adversaire dans le brigadier Cagigal, qui nous y avait opposé une défense désespérée. Colomera, battu, s'obstina noblement à tenir la ligne de la Bidassoa le 26 juillet, et compta trop sur les fortifications du camp Saint-Martial, tournées par nous.

Sur un nouveau conseil de guerre dont les représentants furent l'âme, on résolut de prendre une offensive vigoureuse ; le 31, Frègeville et Moncey assaillirent le camp avec fureur ; il tomba en notre pouvoir avec tout son parc d'artillerie. Fontarabie dut se rendre, et le 3 août Moncey investissait Saint-Sébastien. Latour d'Auvergne en détermina la capitulation à la faveur de l'apparition de notre armée sur les glacis de la place.

Le 9 août, Colomera, effrayé d'une pointe hardie du général Frègeville en reconnaissance sur Tolosa, se persuada que toute l'armée française s'était élancée contre lui ; il abandonna Tolosa et battit en retraite par un mouvement excentrique. Nous eûmes de ce fait une quantité d'artillerie, des approvisionnements de bouche, des charrois et des subsistances. A distance, Pampelune était menacée par suite du départ du comte Colomera. Mais les mésintelligences avec la population de Guipuzcoa, où le représentant Pinet devint un nouveau Carrier, et les irrésolutions de Muller paralysèrent les résultats : Moncey lui fut heureusement substitué.

Le Comité de Salut public décida de ne pas évacuer Tolosa, d'écraser la droite des Espagnols, car son centre et sa gauche étaient rompus et disséminés autant que démoralisés. On oublia trop à Paris la distance qui allait séparer nos colonnes durant la réalisation de ce plan et les obstacles presque insurmontables qui existaient entre elles. Urrutia ne sut pas en profiter, il se crut inattaquable parce que son armée était derrière des retranchements ; il devait être partout battu, culbuté.

Le 17 octobre fut le jour fixé pour l'attaque générale ; le combat de Viscarette montra à Urrutia la faiblesse de ses retranchements devant notre intrépidité ; il en fut de même à Orbaizeta, où nous rejetâmes nos adversaires dans Roncevaux. On se battit durant trois jours, mais sans les couper. Aussi fut-il convenu qu'après avoir détruit les défenses de l'ennemi nous regagnerions Saint-Sébastien, car la saison était trop avancée pour opérer dans un pays hérissé de montagnes. L'artillerie de siège n'aurait pu le traverser ; on se trouvait à la mi-novembre. Nous regagnâmes nos cantonnements pendant qu'un hiver célèbre allait autoriser les soldats du Nord à conquérir la Hollande et sa flotte dans les glaces.

Maître de la ville de Rosas sur la côte de notre sud-ouest, le Comité de Salut public apprit à Moncey que l'offensive dans les Pyrénées lui était dévolue pour 1795, dès la mi-février. On crut à Paris qu'il fallait conquérir l'Espagne, parce que les succès de 1794 autorisaient à penser de loin qu'on entrerait à Pampelune, de là en Castille et par conséquent à Madrid. Bien plus, de soixante mille hommes cette armée en avait à peine vingt-cinq mille de valides ; le reste encombrait les hôpitaux ou était mort : vingt mille dans le premier cas, douze mille dans le second. A Madrid, la situation fut estimée perdue, et la paix eût été conclue immédiatement sans les tristes intrigues du duc d'Alcudia.

Moncey imita Pérignon en mars, avril et mai ; il resta dans

l'inaction afin d'embrigader ses corps, constitua des réserves à chacune de ses divisions et forma des cantonnements. Le 25 juin marqua le début de ses opérations offensives. Les préliminaires terminés, le 6 juillet eut lieu le combat d'Irurzun, dont le résultat sous Merle, Willot et Harispe fut la séparation de l'armée espagnole. Ce début était magnifique. Moncey jura de lui faire donner ce qu'il promettait et poursuivait la gauche de son adversaire livré désormais à ses coups. Il enjoignit à ses lieutenants de se rabattre sur Crespo, sauf Digonet, qui dut surveiller Pampelune. Le 13 juillet l'aile gauche était tournée, et nous entrions dans Vittoria à la poursuite d'un ennemi battu et démoralisé. Réduit à fuir derrière nos lignes, le général espagnol le fit avec intelligence ; vainement s'élançait-on après lui le 17 juillet : il échappa à marches forcées, grâce aux obstacles naturels. Il préféra à une capitulation certaine l'abandon des magasins abondants de la capitale de la Biscaye, et il faut l'en féliciter.

Maître de Vittoria et de Bilbao, Moncey concentra ses forces en vue d'un retour offensif et n'oublia pas combien il était loin de sa base d'opérations. Le Comité de Salut public, qui savait avoir besoin de la paix, la favorisait par ses propositions propres et fut heureux de la conclure aussitôt qu'il le put. Le traité de Bâle conclu avec la Prusse fut étendu à l'Espagne avec les modifications nécessaires, pendant que Moncey ramassait ses forces éparses. Elle fut acceptée avec joie à Madrid et dans notre armée. Mais la conduite de Moncey l'avait hâtée par son énergie et sa hardiesse.

CHAPITRE VII

ARMÉE DU NORD. — CAMPAGNE DE PICHEGRU
(1794-1795)

SOMMAIRE

Situation à la fin de 1793 au nord. — Plan des coalisés. — Plan de Carnot, l'offensive partout. — Magnifique dépêche à Pichegru pour 1794. — Exposé à la Convention. — Reprise des places fortes du Nord. — La Hollande conquise par les généraux de Pichegru.

On n'a pas à faire ici l'histoire trop intime des armées, mais les actes principaux de leurs luttes aux frontières nous appartiennent. Examinés dans une vue d'ensemble, ils complètent notre ouvrage par l'étude de leur œuvre. C'est donc une généralisation pour chacun des corps qui concourut, durant l'épopée militaire de la Révolution, à la grandeur et au salut de notre patrie que nous allons tracer.

L'armée du Nord porta par Dumouriez les premiers coups. La conquête de la Belgique, celle d'une partie de la Hollande, arrêtée par le désastre de Nerwinde, remplirent les années 1792 et 1793 jusqu'au moment où Jourdan et Carnot gagnèrent la bataille de Wattignies. Le récit de l'œuvre des *représentants en mission dans les pays conquis* l'exposera. On a lu ici même, précédemment, notre exposé sur Wattignies ; nous n'avons pas à y revenir.

Les Instructions de Carnot sur la campagne de 1794 nous sont connues au même titre ; il nous reste à exposer comment elles furent appliquées au nord, en Hollande, en face d'une coalition toujours vigoureuse, toujours renouvelée, malgré ses défaites successives, toujours payée par l'or et les subsides de l'Angleterre. Les troupes de cette puissance y apparaîtront sur les champs de bataille, attestation inouïe des prétentions du cabinet de Saint-James sur Dunkerque et les ports du nord français, comme au temps de Louis XIV. La Maison de Hanovre continuait donc et reprenait pour son compte la politique d'un prince d'Orange, devenu Guillaume III. Au nom de quel droit ou de quels principes ? C'est ce qu'on oublie de dire à Londres aujourd'hui encore, et à Berlin.

Placée entre le démembrement ou la victoire, la France choisit la dernière en l'incarnant dans la République, et substitua au vieux cri de guerre : *Montjoie et Saint-Denis,* celui d'un patriotisme réel que les jacobins ont ensanglanté : *la République ou la mort.* Elle répondait ainsi au manifeste de Brunswick par le talion.

Aux armées, pures de tout excès, Carnot imposa un plan nouveau ; l'offensive partout, en fut le but précisé. Nous allons assister à son déroulement contre un ennemi que le nouveau Frédéric entendait poursuivre jusqu'à sa destruction complète.

La fin de la campagne de 1793 avait été aussi heureuse pour la France qu'elle avait été malheureuse à son début. Les généraux coalisés rejetaient les uns sur les autres les causes de leurs défaites et l'apprenaient à l'Europe surprise dans des écrits pleins de haine. Si la coalition se maintenait au nord, nos troupes du Rhin l'avaient chassée de l'Alsace ; elle avait perdu l'espoir de réduire Dunkerque et Maubeuge ; dans l'est, le déblocus de Landau et les succès de Hoche promettaient une revanche des désastres de Custine, Jourdan devait la compléter.

Sur les conseils de Mack, le quartier général des Austro-Prussiens avait résolu — et ses alliés avec lui — de *concentrer ses coups sur le nord.* Il avait ordonné de porter le gros des troupes sur la Sambre ou sur la Meuse, de vaincre à tout prix et de marcher sur Paris pour y écraser toutes les résistances. Un démembrement général au nord, à l'est, au sud, devait en être la suite. *Carnot le comprit par une intuition merveilleuse de son génie,* dont Jomini, Gouvion-Saint-Cyr et Mathieu Dumas l'ont félicité ; il substitua à la défense de la France par le Rhin un *système de défense par le nord :* ce fut le salut.

Au Comité de Salut public malheureusement on ne s'en tint pas là. Le but définitif de la campagne de Hollande était un système de *politique commerciale* désastreuse. Le Comité comptait traverser les conséquences du *Navigation act* de Cromwell, venger la perte du Canada et des Indes au premier traité de Paris de 1763, y imposer le *blocus continental* dont Barrère fut le rapporteur insolent, et se proposait de rallier à ses principes les villes hanséatiques avec les cabinets scandinaves. Parce que l'Angleterre tentait inutilement d'*affamer* la France, était-ce un motif pour lui répondre ainsi ?

Jean Bon Saint-André était plus exact lorsqu'il proclamait la *liberté des mers,* à l'exemple de Grotius.

Rentré à Paris après Wattignies, Carnot répondit aux dénonciations de Saint-Just demandant sa tête et celle de Jourdan par la rédaction du *système général des opérations militaires de la campagne prochaine,* suivi d'un plan spécial à l'armée du Nord. Il y ajouta un commentaire pour chacun des généraux en chef, approprié au rôle qui incombait à chacune des armées ; le plus considérable fut celui de Pichegru.

Le système général était celui-ci : l'*offensive* partout, mais décisive sur quelques points déterminés, afin de ne pas disséminer les forces.

Les armées du Nord et des Ardennes devaient agir en commun, comme deux ailes d'une seule masse, en vue d'un but unique, avec la subordination de la seconde dans l'exécution décisive. Les armées de la Moselle et du Rhin réunies rempliraient un rôle surtout menaçant, et, immobilisant en partie l'ennemi, lui interdiraient de se précipiter au nord. Aux Alpes de Savoie on se limitait au Petit-Saint-Bernard et au mont Cenis ; aux Alpes maritimes on prendrait Oneglia, qui nous ouvrirait le Piémont ; aux Pyrénées on reprendrait d'un côté les bourgs perdus du Roussillon et on contiendrait sur l'Océan les Espagnols en s'emparant de leurs côtes.

Le 11 mars 1794 Pichegru[1] reçut la dépêche suivante de Carnot :

Le Comité de Salut public a voulu que cette campagne fût ouverte par la prise d'Ypres, afin de couvrir, par son moyen et par les inondations qui peuvent être formées depuis cette ville jusqu'à Nieuport, les villes de Bergues, Dunkerque, Cassel et Bailleul ; en assurer la communication toujours précaire; pouvoir porter en avant les garnisons de l'arrière; raccoucir notre ligne de défense ;

1. Né à Arbois (Jura) de parents peu connus, élevé par des moines minimes, répétiteur de mathématiques à Brienne, entra dans un régiment d'artillerie, servit en Amérique, sous-officier, chef de bataillon des volontaires du Gard, général en 1792, divisionnaire en 1793 et général en chef.

inquiéter l'ennemi sur les villes d'Ostende, Bruges et Gand; l'obliger à tenir, pour leur conservation, une grande masse de forces dans la Flandre maritime, et diminuer d'autant celles qu'il destine à nous attaquer ailleurs; l'empêcher de se soutenir dans les villes de Menin et de Courtray, et par conséquent de communiquer avec Tournay et Oudenarde; l'éloigner enfin des postes de Turcoing, Roubaix et Lannoy, par lesquels il resserre la garnison de Lille, appuie son camp de Cisoing et couvre Maulde, Orchies et tout le territoire que nous devrions occuper jusqu'à la Scarpe et l'Escaut.

La possession d'Ypres a paru si importante au Comité de Salut public, qu'il veut que tu y emploies toutes les forces disponibles de l'armée, s'il est nécessaire; il désire que ce soit l'occasion d'une grande bataille, et te recommande de tout préparer en silence pour cet événement, qui doit décider du sort de la campagne.

Le plus tôt qu'elle sera livrée sera le mieux, afin de prévenir les secours que les ennemis attendent et le rassemblement de leurs forces. Le lieu de la bataille, qu'il faut tâcher de choisir, est le pays d'entre la Lys et l'Escaut, afin d'avoir la retraite assurée sur Lille en cas d'événement malheureux, et d'acculer tellement l'ennemi dans l'entonnoir que forment ces deux rivières, que, s'il est mis en déroute, il n'ait aucun moyen d'échapper.

Les attentions que tu dois avoir principalement pendant cette action sont de couvrir parfaitement ton flanc droit et de faire l'attaque avec des troupes légères, beaucoup de cavalerie et très peu d'artillerie.

Maître une fois de l'intervalle de ces deux rivières, tu menaces Gand, et tu peux même t'en rendre maître; tu coupes toute communication à l'ennemi entre la Flandre maritime et le Brabant; tu te mets en mesure de tomber avec toutes tes forces, soit sur l'une, soit sur l'autre; et il faut nécessairement ou qu'il t'abandonne la première, ce qui te livre Ostende, Bruges et Gand, ou qu'il te laisse aller à Bruxelles par Oudenarde.

Pendant que tu agiras ainsi sur le flanc gauche de l'ennemi, l'armée des Ardennes pénétrera dans tout le pays d'entre Sambre-et-Meuse, en délogera l'ennemi et fera son passage dans la Belgique par Charles-sur-Sambre (Charleroi), en masquant Namur, tandis qu'une autre colonne, tirée en partie de l'armée de la Moselle, sera dirigée sur Liège.

Ces mouvements doivent s'opérer simultanément avec ceux que tu feras dans la Flandre maritime, afin d'éparpiller les forces ennemies; il faut donc que tu diriges le tout, que tu regardes l'armée du Nord et celle des Ardennes comme n'en faisant qu'une, que tu renforces cette dernière et que tu indiques à son général les mouvements qu'il aura à faire et auxquels il obéira; elle doit être regardée comme l'aile droite de l'armée du Nord, et dans ce moment elle est sans aucunes forces disponibles; il faut donc que tu y fasses passer au moins douze à quinze mille hommes, parmi lesquels se trouvent de vieux cadres non encore remplis, afin qu'ils puissent recevoir les troupes de réquisition levées dans l'arrondissement de l'armée des Ardennes. Il faut ici beaucoup de troupes légères en infanterie, pas de cavalerie et peu d'artillerie.

Il reste à parler de la trouée depuis Maubeuge jusqu'à Bouchain; ici nous voulons rester sur la défensive, escarmoucher beaucoup, faire une guerre de postes et éviter les actions décisives; car une telle action pourrait nous faire perdre une de nos places importantes; au lieu qu'une défaite de l'ennemi ne nous procurerait aucun avantage que celui de l'avoir fait retirer pour un moment dans la forêt de Mormal, à Valenciennes ou au Quesnoy, d'où il ressortirait quelques jours ensuite pour livrer une nouvelle bataille. Il faut donc simplement mettre de bonnes garnisons et bien approvisionnées à Landrecies, Bouchain et Cambrai; conserver le camp d'Arleux et le reporter, s'il est possible, au moins en partie, au camp de César; avoir un autre petit camp au Cateau, et un bon corps de cavalerie à Solesmes; établir quelques redoutes, rompre les chemins, serrer l'ennemi de plus en plus, le harceler par détail et ne jamais engager d'affaires générales.

Je pense que quarante mille hommes doivent suffire amplement pour cet objet. Une observation très essentielle en cet endroit est de faire sans cesse mouvoir les troupes et changer les garnisons, autant pour les tenir en haleine, les empêcher de s'amollir et de se corrompre par l'inactivité, que pour rompre, par une mobilité perpétuelle, les trahisons qui peuvent s'ourdir, et empêcher qu'il ne se noue des intrigues; il faut que ce mouvement s'étende jusque sur les commandants temporaires et officiers-majors de place. Les mutations de campement ont encore l'avantage d'empêcher l'ennemi d'asseoir ses projets, et l'obligent à des mouvements qui le fatiguent plus que nous, parce qu'en qualité d'attaquant il doit avoir une plus grande masse de forces et d'attirails à remuer.

Il y a maintenant le point de Maubeuge et la haute Sambre à garder. Le même système défensif doit y être observé : il faut réduire la garnison de Maubeuge à douze mille hommes, à cause de la difficulté des subsistances; la renouveler très fréquemment, ainsi que l'état-major; faire camper le reste où les ennemis campaient l'année dernière, près du bois de Dourlers, à la pointe duquel je pense qu'il conviendrait de faire une très forte redoute, dont le canon porterait jusqu'à la croisée des trois chemins de Landrecies, Barlaimont et Pont-sur-Sambre; occuper Wattignies et tenir à Beaumont un corps d'observation bien retranché.

Tel est, général, le système de la campagne prochaine, suivant le désir du Comité de Salut public ; toi seul et les représentants du peuple Richard et Choudieu doivent en avoir connaissance ; tu t'envelopperas envers tous les autres dans le secret le plus profond, et tu tâcheras sans cesse de tromper l'ennemi sur tes projets, et de le fatiguer par de fausses marches. L'intention du Comité est que tu ne lui laisses pas le temps de respirer. Nous voulons finir cette année ; il nous faut une guerre des plus offensives, des plus vigoureuses ; c'est tout perdre que de ne pas écraser jusqu'au dernier de nos ennemis d'ici à trois mois ; car ce serait à recommencer l'année prochaine, ce serait périr de faim et d'épuisement. Or, je te le répète au nom du Comité, il faut en finir... Aie de bons espions. Nous ferons à cet égard tous les sacrifices pécuniaires qu'il faudra.

Lorsque tout sera préparé pour une grande action, tu nous le manderas ; un ou deux d'entre nous iront se réunir à nos collègues Richard et Choudieu pour aider au succès.

Secondé par Moreau, Macdonald et Vandamme, Pichegru l'emporta en se tenant à peu près toujours loin de son armée. Il fut plus préoccupé de disputer la Belgique à Jourdan que de conquérir la Hollande, objet de ses instructions. Ses lieutenants s'en emparèrent sans lui, Jomini l'a écrit et répété. Ce fut de cette campagne que Fox osa dire au parlement : *Nous ne pouvons sortir trop tôt d'une guerre aussi ruineuse !* La mort seule devait désarmer Pitt en 1806.

Le plan de Carnot réussit au delà de toute espérance.

L'armée du Nord, soit par elle-même, soit en coopération, triompha à Turcoing, à Charleroi, à Fleurus ; elle reprit la Belgique, envahit la Hollande. L'armée du Rhin réduisit le Palatinat ; celle de Sambre-et-Meuse entra à Bruxelles et à Cologne. Dans les Alpes, le Piémont fut vaincu ; aux Pyrénées, nous occupâmes Urgel d'une part, tandis que nous soumettions de l'autre les villes de l'Océan basque et navarrais. Comment y étions-nous parvenus ?

Au lieu d'attaquer l'ennemi « dans la trouée qu'il s'était faite », ainsi que le raconte Carnot, nos armées s'étaient portées sur ses deux flancs, l'avaient cerné et avaient coupé ses communications. De là sa perte ou bien sa retraite. C'est ce qui faisait dire à l'auteur de ce plan incomparable, dans un moment d'enthousiasme : *Le plan de campagne a plutôt l'air d'une inspiration que d'un projet soumis aux hasards des combats.* Sur ces paroles, la Convention avait éclaté en applaudissements.

La flotte hollandaise prise par les hussards français sur le Texel.

Sous le double commandement de Jourdan et de Pichegru, nos armées remportèrent des victoires éclatantes ; elles se rejoignirent, et Bruxelles nous revit vainqueurs. Louvain, Malines, Gand et Anvers passèrent sous notre domination ; les Autrichiens se retirèrent derrière la Meuse, et le duc d'Yorck, généralissime, sous Bréda. Ceci constitue les avantages de la première partie de la campagne. Durant la seconde, les Autrichiens devaient battre en retraite derrière le Rhin d'une manière définitive. Les Anglais, au contraire, persistèrent dans la lutte ; le cabinet de Saint-James cherchait la *domination maritime universelle* dans la conflagration qu'il inspirait et qu'il payait d'une extrémité à l'autre de l'Europe. Il devait l'y acquérir pour longtemps par la complicité des cabinets devenus aveugles désormais en diplomatie à son égard, comme aux temps de Louis XIV.

La victoire de Fleurus n'eut pas seulement pour résultat de nous livrer la Belgique. Elle entraîna la perte de la Hollande, grâce à l'exécution stricte du plan de Carnot. La seconde partie de la campagne comprend, en effet, les opérations militaires suivantes faciles à saisir et qui ne nécessitent qu'une énumération exacte.

L'évacuation de Nimègue par les coalisés ; la capitulation de Grave ; le départ du duc d'York pour Londres ; une tentative impuissante de nous arrêter sur le Wahal ; le rejet absolument regrettable des propositions de paix du stathouder par le Comité de Salut public ; la rigueur d'une température de glace qui permit de traverser la Meuse comme une simple route de piéton, de même pour le bras mort du Vieux-Rhin ; la prise de l'île Bommel ; la retraite des Anglais derrière l'Yssel, jusqu'à l'abandon de la Vieille-Hollande, berceau du stathoudérat ; les appels du parti patriote d'Amsterdam en notre faveur ; la flotte nationale prise dans les glaces du Texel par des fantassins, des cavaliers audacieux et une batterie ; enfin, l'embarquement du chef de la famille d'Orange, tels furent les événements qui signalèrent la dernière période de la campagne.

Jomini a nommé cette série d'opérations *sans exmple*. Elle fera *époque dans l'histoire des nations* et dans celle de l'*art militaire*.

L'honneur en revient à celui qui les conçut et aux généraux qui les exécutèrent. Pichegru ne fut qu'un politicien et a mérité d'être appelé un *général de second ordre*.

CHAPITRE VIII

ARMÉE DE SAMBRE-ET-MEUSE. — CAMPAGNES DE JOURDAN (1794-1795)

SOMMAIRE

I. L'armée de la Moselle se porte sur Arlon. — Levasseur fait réunir les armées en une seule qui prend le nom de Sambre-et-Meuse. — Reddition de Charleroi. — Saint-Just. — *Bataille de Fleurus.* — Rapports de Barrère, de Jourdan, des représentants. — Aérostation militaire.

II. Opérations d'Allemagne. — Instructions de Carnot, échec de Jourdan. — Appréciations de l'archiduc Charles. — Second échec de Jourdan, qui impose la retraite à Moreau. — Récit de la mort de Marceau d'après Jourdan. — Jugements de Jomini et de Dumas sur la direction de la guerre. — Beurnonville. — Hoche à Neuwied.

I

Le lecteur a vu le but grandiose de Carnot et de la France pour l'année 1794 dans les instructions secrètes déjà publiées et adressées personnellement à Jourdan. Notre série d'études sur Hoche et sa rivalité avec le criminel Saint-Just nous a appris son rôle sur le Rhin à la fin de 1793 ; nous allons voir comment l'armée de la Moselle s'illustra dans la seconde et dernière période de son existence, qui s'appelle Fleurus.

Cette armée quitta les rives du Speyerbach dès le début de janvier pour se rendre sur le théâtre de ses opérations. Hoche y fut remplacé par Jourdan. Le centre de ses forces était Metz. En mars elles comprenaient soixante mille hommes, élément de combat, et les garnisons de Metz, de Thionville, de Longwy et de Sarrelouis, nouvellement appelées sous les drapeaux. Le but était de garder à droite le versant ouest des Vosges, de couvrir au centre et à gauche la Moselle, d'observer les troupes impériales dans le Luxembourg et l'électorat de Trèves.

Le 15 avril, les troupes de la Moselle commencèrent leurs opérations en attaquant Arlon ; ce furent les troupes du général Hatry, comprenant trois divisions de vingt mille hommes, qui agirent les premières. Elles entrèrent dans Arlon, s'y établirent, mais ne purent résister à un retour offensif de Beaulieu. En mai, des renforts s'élevant à quinze mille hommes arrivèrent du Rhin; Jourdan se prépara à rejoindre le corps de Desjardins sur la Sambre, ce qui éleva à cent mille hommes l'ensemble des troupes. Jomini a reconnu que ce mouvement fut le mieux conçu de la campagne; il avait lieu sur Charleroi, menaçait Namur et le pays des forêts environnant; il devait décider de l'entreprise générale. Le tout se passa du 21 au 31 mai; à cette date, Jourdan passa la Meuse afin d'y poursuivre son adversaire, qui se servait de cette rivière pour première ligne de défense; mais nos troupes la traversèrent à la suite d'un mouvement offensif pour nous et de retraite pour Beaulieu, dont l'arrière-garde fut culbutée à Dinan. En l'absence du futur vainqueur, Moreau eut de son côté le commandement des troupes qui restèrent sur la Moselle, apprentissage de son généralat en chef de 1795.

C'est même à elles que les instructions de Carnot avaient dévolu le siège de Charleroi, dont s'occupaient déjà Charbonnier et Desjardins. On avait donc à ce moment quatre armées poursuivant un même but, ce qui constituait une faute.

La nomination de Jourdan comme général en chef était absolument nécessaire et s'imposait à raison de ses services. Elle fut due à l'initiative de Levasseur, qui se montra opposé aux théories de Saint-Just. Ce fut à lui qu'on dut la concentration des armées des Ardennes et du Nord avec celle de la Moselle. Les représentants ont eu plus de souci que ne le croient leurs détracteurs des conditions militaires de la victoire définitive contre la coalition. D'autres exemples ont confirmé celui-ci avec non moins d'éclat sur la Lauter et le Rhin.

« Depuis longtemps, dit l'un d'eux, je voyais avec peine l'armée commandée par quatre généraux; je n'avais d'ailleurs aucune confiance en Schérer; je ne voulais qu'une tête et qu'un bras. J'avais déjà fait part de mes observations à Saint-Just; il m'avait répondu que le Comité de Salut public ne voulait point mettre une grande armée sous le commandement d'un seul, parce que c'était donner à un militaire un pouvoir très dangereux pour la liberté; un général en chef, ajoutait-il, pouvait abuser de son influence et de son crédit pour renverser le gouvernement. Le temps a prouvé que le Comité de Salut public avait raison.

« A peine arrivé à Montigni-le-Teigneux, je sentis la nécessité d'avoir avec mon collègue Guyton de Morveau une conversation particulière[1].

« Tu vois, mon ami, lui dis-je, comme tout va aux quatre « généraux; il n'y a pas possibilité de faire réussir une seule « entreprise majeure ; crois-tu que celui qui n'a pas été d'avis « d'une opération se batte bien pour la faire réussir ? Desjardins « est brave, mais il me dit tous les jours qu'il n'est pas en état « de commander une grande armée ; le général Schérer veut « tout ramener à son avis, et je n'ai pas grande confiance « en lui. Quel rôle va jouer Jourdan, dont l'armée arrive « demain ? Il va donc se trouver sous les ordres de la majorité « du conseil? Cela ira mal, car cela fera un dissentiment « d'opinion de plus. J'ai conçu le projet de réunir l'armée des « Ardennes et du Nord à celle de la Moselle, et de nommer le « général Jourdan général en chef de cette armée combinée. « Qu'en penses-tu, mon collègue ? »

« — Tu es plus au fait des affaires militaires que moi ; j'ai « la plus grande confiance en toi, et tes raisons me paraissent « fort justes; fais comme tu l'entends. »

« Nous prîmes un arrêté par lequel nous donnâmes le commandement en chef des armées réunies au brave Jourdan. Les autres généraux restèrent sous ses ordres comme généraux de division.

« Le général Jourdan fit beaucoup de difficultés pour accepter le commandement en chef; il nous fit observer qu'il ne connaissait pas notre armée, qu'il aurait désiré avoir la sienne avec ses généraux, dont il était sûr ; qu'il avait été obligé de laisser une forte division commandée par le général Lefebvre, et qu'enfin il désirait que cette division fût remplacée par celle des Ardennes. Nous lui accordâmes tout ce qu'il désirait. Il me dit en particulier qu'il croyait que Carnot n'approuverait pas sa nomination, et il me donna à ce sujet des raisons qui ne me convainquirent pas.

« Le lendemain, je partis pour Paris, j'exposai au Comité de Salut public les motifs qui nous avaient déterminés à nommer Jourdan général en chef. Carnot me dit que notre arrêté était déjà confirmé, ce qui me fit le plus grand plaisir. »

Le témoignage de Jomini confirme le récit de Levasseur

1. *Mémoires*, t. II, ch. xv, p. 253.

et prouve à nouveau la sincérité de ses *Mémoires;* le lecteur a déjà observé pour Hoche, Saint-Just et ses collègues sur le Rhin que les récits de Masséna et de Soult concordent aussi avec ceux de l'adversaire du triumvir. La réunion des quatre armées en une seule ne lui permit pas d'entrer immédiatement en ligne; formées d'éléments divers, il fallut les harmoniser en réorganisant les services, en assurant les subsistances d'une masse aussi compacte et en répartissant son artillerie pour le siège de Charleroi, son premier objectif.

La proclamation qu'on va lire donnera une idée exacte du rôle des conventionnels en mission et de leurs pouvoirs. Elle s'adressait aux « sans-culottes des armées de la Moselle et du Rhin », sur leurs devoirs militaires, et date du 23 mai 1794 :

Républicains,

La Convention nationale a proclamé solennellement que la vertu est à l'ordre du jour dans toute la République.

Braves soldats, Français régénérés qui versez votre sang pour elle, c'est vous dire que la vertu est la sauvegarde de la liberté, qu'elle assure la victoire et qu'elle doit régner dans vos camps, sous vos tentes et partout où les succès vous conduisent.

Eh bien! la discipline, la subordination, l'horreur du pillage, sont des vertus qui mènent à la victoire.

Enfants de la patrie, vous vous êtes soulevés à sa voix, mais, dans votre course généreuse, vous traînez à votre suite et quelquefois dans vos rangs des êtres vils, des hommes pervers qui ne se battent jamais, qui se livrent au vice, au pillage, à la cruauté, à tous les crimes qui trop longtemps ont fait le malheur de l'humanité et qui terniraient (s'il était possible) les lauriers que vous moissonnez à chaque pas.

Le républicain, fier de la cause qu'il défend, sait qu'il se bat, non contre les peuples, mais contre les tyrans et les esclaves qui les défendent.

Le républicain marche toujours au pas de charge, la baïonnette à la main; il est terrible dans les combats, mais doux et humain après la victoire; il sait, lorsque l'intérêt de la République l'exige, respecter les usages, les habitudes, les opinions, les superstitions même des peuples qu'il a vaincus.

C'est par là que le soldat romain soumit le monde entier, c'est par là que le soldat français, qui le surpasse en courage, le surpassera encore en discipline et en vertu.

L'indiscipline est l'excuse du lâche; l'usage immodéré du vin, l'avidité du pillage, la barbarie contre le peuple, voilà le partage des rois, des ennemis de la liberté.

Les crimes ont trop souvent compromis le salut de la République ; ce sont ceux qui ont prolongé l'exécrable guerre de la Vendée qui ont enlevé à notre courage Ostende et Nieuport et qui ont fait assassiner nos frères à Furnes.

L'indignation contre les excès est au comble dans chaque armée elle sollicite elle-même des châtiments sévères, des exemples aussi prompts qu'effrayants qui puissent assurer sa réputation.

L'armée est pure, elle est sans tache; mais des lâches, des pillards qui la suivent et se mêlent avec elle voudraient leur faire partager sa honte sans partager ses dangers. Il faut que les défenseurs de la patrie soient solidaires pour les périls comme pour la gloire et l'honneur de la nation ; en conséquence, les représentants du peuple arrêtent ce qui suit :

Les chefs sont individuellement et collectivement responsables sur leurs têtes des vols, pillages et excès auxquels pourraient se livrer, dans quelques lieux que ce soit, ceux qui sont sous leurs ordres.

Tout individu trouvé saisi ou dépositaire d'effets pillés sera fusillé dans les vingt-quatre heures au plus tard; les effets pillés appartiendront de droit au dénonciateur;

Tout individu quelconque non attaché à l'armée et qui sera pris en pays ennemi, lors de l'entrée de nos troupes, y sera arrêté et puni de mort dans les vingt-quatre heures;

Les juifs, quelque pays qu'ils habitent et qui suivront les armées, seront punis de mort sur-le-champ;

Les conseils d'administration et les différents chefs sont chargés de dresser des tableaux des défenseurs de la patrie qui se seront distingués par leur courage, leur sobriété, leur désintéressement et leur discipline, pour leur accorder les récompenses que la munificence nationale garantit à ses soldats;

La moitié des contributions levées en pays ennemi sera distribuée à l'armée [1].

Marchant en concordance avec les troupes du Rhin, l'armée du Nord assiégea de son côté Ypres, battit Clairfayt à Hooglède et s'empara de la petite ville.

L'armée de la Moselle, devenue par sa concentration l'*armée de Sambre-et-Meuse* [2], vit son généralissime commettre après le

1. Cet arrêté fut imprimé dans les deux langues, affiché et proclamé dans les camps à la tête de chaque armée. Les commandants des corps le lurent devant le front de leurs troupes. Il était signé par Gillet, Duquesnoy et J.-B. Lacoste, l'ami de Hoche.

2. La Sambre prend sa source en France, dans la forêt de la Haye-Cartigny (Aisne), arrondissement de Vervins, au nord du village de la Capelle. Elle entre bientôt dans le département du Nord et entre en Bel-

quatrième passage de la Sambre une faute fâcheuse : on reprit le siège de Charleroi avant d'avoir livré bataille pour donner une réplique à la prise d'Ypres. Le 16 juin, Baulieu et Alvinzy nous offrirent le combat, et Hatry dut lever le siège pour repasser en hâte la rivière à Marchiennes. Jourdan redouta alors, malgré les brillantes opérations de Lefebvre et de Championnet, de Kléber et de Bernadotte, d'être rejeté sur le défilé de la Sambre. Il ordonna la retraite, qui fut exécutée en bon ordre sous la direction de Kléber; on s'établit sur les hauteurs de Lernes.

Le généralissime français répondit aux vociférations de Saint-Just sur la retraite de Lefebvre en promettant la *victoire*. Il tint parole en franchissant une cinquième fois la Sambre ; son divisionnaire Hatry s'empara enfin de Charleroi, dont les travaux du génie avaient été dirigés par Marescot, colonel devenu si célèbre depuis sous Napoléon.

Le commandant de cette place avait écrit à nos généraux pour éviter l'assaut et offrir les conditions de remise de la place. Saint-Just s'empara de sa missive, et la remettant au parlementaire sans même l'ouvrir, crut devoir faire un mot, comme si l'art de la guerre et la prudence diplomatique consistaient en rodomontades : *C'est la place que nous voulons,* s'écria-t-il, *et non un chiffon de papier*. La capitulation eut lieu aussitôt et à discrétion. Étonné lui-même du résultat, le fougueux représentant, que durent inspirer ses collègues, usa de modération ; la garnison de Charleroi obtint les honneurs de la guerre, et les officiers, pour honorer leur courage, conservèrent leur épée.

Devenu prudent, Jourdan se borna à attendre ses adversaires et choisit pour champ de bataille celui même où il se trouvait. Le prince de Cobourg devait, au contraire, commettre toutes les fautes et nous autoriser par la victoire à ouvrir la série admirable de succès qui ont porté si haut la campagne de 1794. Sans Fleurus, nos armées eussent été refoulées sur leurs propres frontières.

gique à l'est du Hainaut; dans l'arrondissement de Namur, elle se jette dans la Meuse.

La Meuse naît au sud de la Haute-Marne, à quatre lieues nord-est de Montigny, et prend ce nom du village de Meuse. Elle entre en Belgique au-dessous de Givet, département des Ardennes, et se jette dans la mer du Nord.

Sous le premier Empire, le département de Sambre-et-Meuse eut pour chef-lieu Namur.

Au lieu d'exécuter et de suivre les principes traditionnels de la tactique militaire, le prince de Cobourg n'attaqua point son ennemi avec la plus grande partie de ses forces ; il oublia jusqu'aux leçons de la fin de 1793 et donna l'ordre de l'aborder partout à la fois, c'est-à-dire sur tous les points. Or, il avait pour adversaires les hommes de guerre qui se sont tant illustrés depuis, et parmi eux Kléber, Marceau[1], Lefebvre[2]. Il paya ses fautes par une défaite, prélude des désastres successifs en Belgique et en Hollande. Jourdan[3] eut sur le champ de bataille deux inspirations géniales, notamment lorsqu'il arrêta à midi la retraite de Championnet et lui assigna Heppignies comme devant former le succès de la journée. La date du 26 juin 1794 devint glorieuse par lui, et la déroute de la division Marceau réparée par Lefebvre, qu'il seconda si bien, acheva le succès.

La nouvelle du triomphe fut apportée à la Convention par Saint-Just, toujours prompt à se parer des lauriers des généraux, même de ceux qu'il destinait à la guillotine dans son for intérieur. Barrère en lut le rapport en ces termes :

Tandis que je parlais, les armées exécutaient à la fois le renvoi de la victoire ; la partie droite de l'armée du Nord continuait ses succès contre les coalisés au delà de Charleroi ; et la partie gauche poursuivait la même carrière de gloire dans la West-Flandre.

1. Marceau des Graviers, né à Chartres, fils de procureur, soldat à dix-sept ans au régiment Savoie-Carignan, bientôt sous-officier, assista à la prise de la Bastille, instructeur de la garde nationale de Chartres, commandant d'un bataillon de volontaires, présent au siège de Verdun, refusa d'y commander, dut en remettre au roi de Prusse le texte de la capitulation, capitaine de cuirassiers, nommé en Vendée général à vingt-deux ans par Bouchotte, qu'il avait sauvé, le frère plutôt que l'ami de Kléber, divisionnaire en 1794.

2. Lefebvre, né à Ruffach (Alsace), s'enrôla dans les gardes françaises à dix-huit ans, sergent après quinze années de service modèle, blessé en défendant la famille royale aux Tuileries en 1791 (retour de Varennes), garde national, capitaine en 1792, adjudant général et général deux mois après en 1793, ami de Hoche et nommé par lui divisionnaire, toujours à l'avant-garde, se couvrit de gloire à Fleurus, dont il supporta le poids principal au poste de Lambusart.

3. Jourdan, né à Limoges, élevé par un curé, engagé dans Auxerrois-infanterie, y resta six ans, marchand mercier, se maria, chef de bataillon de volontaires (le 2e) de son département, assista à Jemmapes, Nerwinde, général de brigade en mai 1793, divisionnaire en juillet, fut à Dunkerque, Hondschootte, Wattignies, unit l'intrépidité à la sagesse, au témoignage de Carnot.

Pendant que Saint-Just venait rendre compte au Comité des événements qui ont suivi la prise de Charleroi, et prendre les ordres et les plans ultérieurs à exécuter, des courriers arrivaient d'Ypres.

Dans ce moment le Comité de Salut public peut vous annoncer que l'Escaut est présent à nos triomphes, et que Clairfayt a été battu le 5 sur Deynse, par Pichegru, qui marche vers les murs de Gand.

Voici la lettre de Pichegru :

« Nos reconnaissances ont poussé l'ennemi jusques sur Gand, lui ont enlevé huit à dix pièces de canon et environ trois cents prisonniers. »

Ce n'est pas assez pour le général de mettre Ypres, Menin et toute cette ligne dans un état respectable : d'une main le Français

Bataille de Fleurus.

construit ou répare les fortifications, et de l'autre il presse et extermine les brigands coalisés.

L'Anglais surtout n'est pas épargné : « Les républicains, nous écrit Richard, représentant du peuple, le 9 messidor, les républicains portent au plus haut degré la haine que nous leur avons inspirée pour tout ce qui porte le nom anglais ; comptez que je ne négligerai rien pour seconder vos projets contre un gouvernement qui a donné au monde l'exemple de l'atrocité la plus profonde envers une nation qui n'aurait dû exciter chez les Anglais que des sentiments généreux, si la corruption, l'avilissement et le royalisme n'en avaient pas fait le plus dégradé de tous les peuples. Nous continuons d'aller au mieux ; mais tant de succès ne nous endorment pas, et nous ne perdons pas de vue que c'est par une persévérance opiniâtre que nous parviendrons à terminer cette campagne aussi glorieusement que nous l'avons commencée. »

Mais un succès plus important attire vos regards du côté de la Sambre. Les campagnes de Fleurus, où les Français de la monarchie battirent les Espagnols en 1622 et les alliés en 1690, paraissent être destinées à devenir chaque siècle le théâtre de la victoire pour la France.

Les républicains ont jonché de lauriers et de cadavres de la servitude cette même plaine, à deux époques très rapprochées. Il y a quinze jours qu'avant la prise de Charleroi, six mille esclaves ont péri à Fleurus ; c'est dans le même lieu qu'une bataille signalée vient d'être gagnée sur les hordes étrangères, réunies sous les chefs les plus célèbres parmi ces brigands.

Charleroi était imprenable dans les papiers anglais ; et Charleroi s'est rendu à discrétion avec sa garnison entière.

Charleroi était inexpugnable, parce qu'il y avait des Anglais pour le défendre ; et les Anglais ont fui avant la prise de cette place, en laissant lâchement leurs drapeaux, qui ont été traduits à la barre ces jours derniers.

C'est bien un autre événement que je peux vous raconter aujourd'hui.

Tout avait été préparé par l'ennemi pour exterminer l'armée républicaine de la Sambre, et pour secourir ou reprendre Charleroi, que les ennemis regardaient comme un point décisif dans la campagne actuelle.

Les tyrans avaient réuni leurs forces de Valenciennes, de Landrecies, du Quesnoy et des environs ; ils n'avaient laissé dans ces places vendues que des canonniers et des dispositions militaires pour éviter un coup de main.

De l'armée du Rhin, vingt mille Prussiens étaient arrivés la veille de la bataille par des marches forcées. Ces esclaves s'étaient subitement agglomérés pour former un troupeau de cent mille.

Toute l'artillerie s'était rassemblée avec de grands efforts ; une cavalerie double de la nôtre s'était réunie : c'est avec cette armée que les brigands coalisés s'avancent sur Charleroi. Leur dessein était d'envelopper l'armée française en se portant sur les flancs, en s'emparant de Marchiennes-au-Pont et de Châtel. Ils s'avançaient sur les bords de la Sambre, espérant que le bruit de leurs feux croisés avertirait la garnison de Charleroi qu'on venait enfin à son secours.

De notre côté, nous n'avions pas compté le nombre de nos ennemis ; nous nous étions seulement promis de les combattre et de les vaincre.

La bataille de Fleurus a commencé avant le jour, à trois heures du matin, le 8 messidor ; il y avait là, de part et d'autre, des troupes d'élite, toutes s'annonçant avec la résolution bien prononcée de rendre la journée des plus sanglantes.

L'armée ennemie était commandée par ce qu'on appelle le prince d'Orange, pour la droite, par Beaulieu, pour la gauche ; l'assassin des vieillards, le ci-devant prince Lambesc, commandait la cavalerie, et le discret Cobourg commandait en chef.

La bataille se donne ; trois fois notre armée a été contrainte par le feu de la nombreuse artillerie ennemie de se retirer sur les retranchements ; mais ces inconvénients ne faisaient qu'augmenter l'ardeur des républicains, et on entendait d'un bout à l'autre, et sur toutes les lignes, ces paroles dignes des Français combattant pour leurs droits : *Point de retraite aujourd'hui, point de retraite !* Sans doute les soldats gagnent les batailles, et annoncer une victoire, c'est célébrer leur courage ; mais les bons généraux, les braves chefs et les commandants fidèles ne peuvent être étrangers aux succès.

Marceau.

Nous avons à vous dire du bien des généraux Jourdan, Dubois, Marceau, Lefebvre et Kléber.

Le général Marceau s'est battu comme un lion ; il a eu deux chevaux tués sous lui.

Saint-Just a envoyé à la tranchée la commission militaire, et le *tribunal* a fait, sous les yeux mêmes de l'ennemi, justice des traîtres.

L'avant-garde, composée de huit à dix mille hommes bien déterminés, est restée pendant cinq heures immobile comme un rempart, et a soutenu avec constance le choc fréquent de la cavalerie ennemie. On s'était battu pendant neuf heures, la victoire semblait indécise ; on ne comptait encore que des combattants et des morts : le vainqueur était inconnu.

Le général Lefebvre reprend Herpigny : Jourdan envoie l'ordre au général Dubois de charger avec la cavalerie ; il le lui ordonne au nom de la République ; il renforce le point de trois bataillons. Morelot fait un mouvement vers la droite : notre infanterie bat le pas de charge sous Herpigny. Un coup de canon se fait entendre à demi-lieue de ce village ; c'est notre artillerie légère qui le poursuit.

D'autre part, Kléber repousse ce qui menace le pont de Marchiennes, qu'on avait déjà brisé. Les républicains aperçoivent au loin une division en uniforme rouge : le décret de la Convention qui a proclamé la guerre à mort contre les Anglais a été aussitôt, exécuté. Le général Duhesme fait foncer avec la baïonnette sur les habits rouges, au lieu de les faire prisonniers.

C'est sur les six heures du soir que Jourdan ramasse les réserves, son artillerie, et fait battre la charge sur toute la ligne. Les républicains ont déjà vaincu : ils font un effort unanime avec des cris de *Vive la République!* A ce moment, l'ennemi ne résiste plus à ce choc, et l'armée des tyrans est mise en déroute.

Que faisaient les coalisés ? que disaient leurs chefs ?

Un rapport envoyé par les représentants et qui a été fait par des soldats autrichiens et hollandais déserteurs, le 9 messidor au matin, porte ces expressions :

« L'armée, à une heure du matin, est partie et s'est dirigée sur Mons et Namur. Les déserteurs disent que l'armée impériale a perdu beaucoup de monde. Le traître Lambesc, au moment de sa retraite, s'est beaucoup plaint de la cavalerie qu'il commandait ; lui et les autres émigrés, qui étaient en grand nombre, ont lâché des horreurs contre les Français : ils étaient au désespoir ; le général Cobourg ne pouvait contenir sa fureur. Le régiment de Murey, infanterie, qui a été en bataille derrière les batteries, a murmuré toute la journée ; c'est lui qui a commencé la retraite, et dans le plus grand désordre. Les déserteurs disent que le mécontentement est général dans l'armée. »

Eh ! que nous importent le mécontentement de l'armée des tyrans et les murmures des esclaves ? Il vaut mieux vous faire entendre les cris de la victoire et les témoignages les plus éclatants de l'audace des soldats et de la valeur des généraux Marceau et Lefebvre, qui ont si bien mérité de la République dans cette journée.

Huit à dix mille esclaves jonchent le champ de bataille ; tous les rouges ont été tués : nulle grâce, nul ménagement n'a été exercé envers ces brigands. Pas un Anglais atteint par des républicains ne respire : jamais combat ne fut plus terrible, plus opiniâtre, plus sanglant. Combien de prisonniers croyez-vous que nous ayons faits, et comment pensez-vous que l'armée de la Sambre exécute votre décret sur les perfides Anglais ?

Un seul prisonnier est le résultat de cette grande journée.

Voilà les fruits de la réunion des armées de la Moselle, des Ardennes et du Nord. Cette union, connue désormais sous le nom d'armée de Sambre-et-Meuse, vaut-elle donc la coalition de Pilnitz et le complot des brigands couronnés de l'Europe ?

Les représentants du peuple, Guyton, Gillet, Laurent, Duquesnoy et Saint-Just, qui ont assisté à la bataille de Fleurus, découvrent dans ce moment les beaux traits, les actions de bravoure qui ont brillé dans cette affaire ; nous nous empresserons de les faire connaître à la Convention.

Mais ces représentants ne sont pas les seuls qui ont concouru aux succès : Lebon, tant calomnié par les ennemis de la liberté, Lebon, d'après la lettre de Saint-Just, a *fait exécuter* à Cambrai les espions et les intelligences de l'ennemi. La police faite à Cambrai depuis deux mois, contre laquelle les journaux étrangers et les émigrés vomissent des imprécations horribles, a fait changer le plan de campagne de nos ennemis. Ce fait est attesté par les rapports de plusieurs officiers prisonniers, interrogés par Saint-Just, Guyton et Lebas ; mais il sera fait, au surplus, un rapport particulier sur cet objet, qui tient à la police révolutionnaire et aux opérations d'un représentant républicain et fidèle.

En attendant que les récompenses nationales soient décernées à cette armée de héros républicains, le Comité vous propose de renouveler le décret portant que les armées du Nord, des Ardennes et de la Moselle ne cessent de bien mériter de la patrie.

Quant aux victoires, c'est aux arts à les célébrer ; c'est à la musique, devenue martiale et républicaine, à rappeler ses chants de Thyrtée, et à prendre le caractère énergique qui convient à un peuple libre. Ce soir, des chants civiques célébreront toutes les victoires remportées par les armées de la République.

La dépêche des représentants Guyton, Gillet, Laurent et Saint-Just était en quatre lignes et rappelait les précédentes victoires de la monarchie à Fleurus ; celle de Jourdan la constatait brièvement.

Après le récit officiel, la Convention consacra par décret la réunion des armées du Nord, des Ardennes et de la Moselle sous le seul titre d'armée de Sambre-et-Meuse. Toutes trois n'avaient cessé de bien mériter de la patrie, et leurs succès devaient être envoyés sur-le-champ à toutes les autres armées.

C'est à cette date qu'on doit rappeler les tentatives d'aérostation militaire faites par Guyton sous la direction de Carnot, avec la collaboration de Coutelle ; mais Garnerin avait tenté les premiers essais dès le 16 juillet 1790. Jomini affirme qu'elles ne servirent de rien.

La bataille de l'Ourthe, 18 septembre, vit Kléber, Marceau et Schérer triompher de Clairfayt, successeur de Cobourg ; à celle de la Roër, 18 octobre, il dut s'enfuir à Cologne.

La conquête de la Belgique et celle de la Hollande nous apprendront les suites des triomphes de Sambre-et-Meuse, comme ses échecs et leurs causes en 1796, dans notre vue d'ensemble sur la campagne de Moreau sur Rhin-et-Moselle.

II

L'armée de Sambre-et-Meuse eut pour but, en 1795, après la conquête définitive de la Hollande, de seconder les opérations de celle du Rhin contre l'Empire. Dans ce but, Jourdan étendit sa droite jusqu'à Luxembourg, et les divisions de la Moselle, remplacées par le général Hatry, se rendirent à Mayence pour en forcer le blocus. De la Sambre à Coblentz, Jourdan eut sous ses ordres cent soixante-dix mille hommes; mais seize mille quatre cents durent tenir garnison, et soixante-six mille trois cent soixante-dix comptèrent parmi les malades, les prisonniers ou les détachés. Aussi, sur un million et cent mille soldats régulièrement appelés sous les drapeaux en comptait-on la moitié à peine à titre d'effectifs; ce sont ces constatations qui amèneront en 1798 la loi du recrutement, substitution nécessaire à tout autre mode d'appel.

Sous Aubry et Letourneur, successeurs incapables de Carnot, on ne pourvut de rien nos soldats; à la misère vint se joindre la désertion, qui augmenta le vide dans les cadres; pour passer le Rhin, on manquait de ponts. Jourdan dut y suppléer avec des barques tirées par lui de Hollande, mais il dut se lancer en Allemagne sans magasins et sans vivres; les suites, on les verra bientôt!

Malgré des plans d'opération défectueux décrétés à Paris, puisqu'ils comprenaient une étendue de cent cinquante lieues pour toutes les troupes républicaines, on obtint le 25 juin la capitulation de Luxembourg. Cet avantage marqua la première partie de la campagne; dans la seconde, Jourdan ayant vu Pichegru repoussé successivement de la Pfrimm, ce qui pouvait le rejeter jusque sous Landau, s'avança sur la Nahe pour dégager sa vaillante armée, Marceau en tête. Les résultats de la marche tardive qui lui était imposée n'empêchèrent pas Manheim de capituler. Toujours fougueux, Wurmser s'était jeté un mois après sur la gauche du Rhin; rendu à ses

Vue de Luxembourg.

projets admirables de conception, Clairfayt se jeta aussitôt au-devant de Jourdan pour le forcer à fuir derrière la Moselle.

Devant le danger, le général français pénétra l'intention de son adversaire et établit un camp retranché à Traerbach, afin d'y repasser la Moselle sur un débouché avantageux, d'y conserver les ponts et d'avoir toujours sa communication avec Luxembourg. Il combattit en se retirant et faillit infliger un échec à Rosbach même. Effrayés, les Impériaux demandèrent un *armistice* à raison d'une saison que l'on a appelée très rude, aggravée par des temps affreux, le 19 décembre. Jourdan accueillit avec joie la proposition; le Directoire équivoqua en pure perte au nom de la Constitution; il signa à son tour le 1er janvier 1796.

L'hiver se passa dans les cantonnements. Dès avril, le Directoire envoya à ses généraux de l'Est ses instructions. Infidèle à son système, Carnot ne disait plus seulement de ne pas attaquer le centre des ennemis, mais une aile et une seule à la fois seulement, au contraire. Il organisa en 1796, sur ce point, un système opposé; il imposa *le double mouvement sur les extrémités de la ligne ennemie,* création qui causa tous les revers de cette fraction d'opérations[1].

Pour faciliter à Moreau le passage du Rhin, il n'eût pas fallu opposer Jourdan avec quarante mille hommes à l'archiduc Charles, qui en commandait cent cinquante mille. Réunis à Trèves, les deux généraux proposèrent des modifications, mais le plan général n'en restait pas moins défectueux et vicié. Au dedans, on était sans ressources financières par ineptie et par concussion.

Le 30 mai 1796, l'armistice ayant été dénoncé, Kléber s'avança le premier; il commandait l'aile droite, forte d'environ vingt-deux mille hommes, et avait en face de lui le corps des Impériaux sur la Lahn, commandé par le duc de Wurtemberg. Le corps principal de celui-ci était à Altenkirchen; Lefebvre l'attaqua avec sa furie proverbiale, à la tête de sa division centrale, Soult à gauche, Collaud en réserve, Ney avec un corps volant; Kléber commanda l'action. Le duc de Wurtemberg fut battu, la cavalerie de Richepanse avait aidé à le culbuter.

1. Jomini est formel en ceci, et Mathieu Dumas ne l'infirme en rien lorsqu'il déclare qu'on peut diriger la guerre de Paris, à raison de sa position « par rapport aux frontières du nord et de l'est de la France », qui est unique en Europe.

En apprenant sa défaite, l'archiduc quitta la Nahe, puis marcha sur Wetzlar. Jourdan ne tarda pas à en être informé ; il se proposa de passer le Rhin à Neuwied et de marcher aussi sur la Lahn en laissant Marceau avec vingt mille hommes devant Mayence. Les combattants se rencontrèrent à Wetzlar, Lefebvre en tête ; ce fut une défaite, et nos troupes refoulées durent à la bravoure de Soult et de Ney d'échapper à un désastre. Jourdan repassa le Rhin. Bernadotte formait son arrière-garde pour se retirer vers Cologne. La personnalité de Kléber le porta à ne pas obéir à son généralissime, d'où l'affaire d'Ukerath ; un corps entier chercha, en se maintenant sur la rive droite du Rhin, à couvrir le camp retranché de Dusseldorf. Vainqueur sur cette partie de l'échiquier militaire, l'archiduc dut s'élancer le 25 juin contre Moreau, qui avait franchi de son côté le grand fleuve à Kehl et menaçait la ligne du Danube par l'intrépide Desaix.

L'armée de Sambre-et-Meuse était sauvée.

Jourdan n'entendait pas rester inactif et se proposait de replier sa ligne dès qu'il connaîtrait le passage de Kehl. Le 27 juin, Kléber abandonna Dusseldorf afin de traverser la Sieg, ce qui eut lieu le 30. Jourdan agit aussi vivement le 2 juillet à Coblentz, et à la faveur de la nuit ses troupes abordèrent à Neuwied ; le 3, les trois corps de l'armée française se réunissaient, Lefebvre battait Kray à Willersdorf, et le 8 nous passions la Lahn. Kléber était victorieux encore à Friedberg le 10. Lefebvre, ayant débordé les Impériaux, les décidait à la retraite derrière le Mein. Le 12, Francfort était bombardé, nos corps prenaient un peu de repos, et Jourdan poursuivait à nouveau sa marche intrépide pour donner la main à Moreau.

Jomini l'a écrit avec son autorité propre. Le débordement simultané par les deux ailes fut la source de nos échecs à cette époque ; en outre le Directoire avait oublié ses propres instructions à Moreau. De là, l'ordre à Jourdan de s'avancer par la rive gauche du Mein, direction divergente qui devait permettre à l'archiduc de se retirer vers le Danube, dont il fallait le couper. *C'est à cette marche qu'on dut tous les malheurs.*

Kléber, ayant eu des difficultés avec Jourdan, devait démissionner le 26 décembre.

Kléber remplaça pour un temps le général en chef malade, mais resta fidèle aux ordres de Carnot et remporta des succès divers[1]. Nous continuâmes à avancer. Le 9 août, Jourdan reprit le commandement, et nous nous engageâmes dans les défilés de la Pegnitz. Vainqueurs à Neukirchen, à Sulzbach, à Amberg et à Wolfering, nous vîmes les Impériaux se retirer derrière la Naab le 18 août. Malheureusement, on ne cherchait pas à déborder leur gauche et à leur *enlever la communication* avec le Danube. C'est pourquoi les stratégistes ont rejeté sur les ordres de Paris la marche en l'air de Jourdan, qui sans cela n'eût jamais perdu de vue son objectif : la *jonction des armées* de la Sambre et du Rhin.

Le Directoire exposa leurs chefs à être accablés séparément. Ils le furent, voyons comment, Jourdan surtout.

Les hostilités reprirent le 22 août contre Bernadotte à Teining ; il dut se mettre en retraite sur Amberg, où lui et ses collègues furent battus, la jonction des Autrichiens y étant faite par l'archiduc. Le 5 septembre, le général en chef l'annonça à son gouvernement par la dépêche suivante, dont les historiens spéciaux ont reconnu l'exactitude :

J'ai l'honneur de vous prévenir que le prince Charles est venu avec un corps vingt-cinq mille hommes se réunir au général Wartensleben, et attaqué, le 5, le général Bernadotte, qui était à Teining, en avant de Neumark, pour couvrir mes communications, tandis que, suivant vos ordres, je suivais l'armée du général Wartensleben, sans avoir pu le forcer à recevoir bataille.

Le général Bernadotte donna, dans cette circonstance, de nouvelles preuves de talents et de courage, et les troupes sous ses ordres combattirent avec la plus grande intrépidité ; mais il fallut céder au nombre, et ce général fut obligé de se retirer entre Lauff et Nuremberg, pour éviter d'être enveloppé.

Le prince Charles jeta de suite sur mes derrières la majeure partie du corps qui avait forcé le général Bernadotte à reculer, et j'ai, à mon tour, couru les risques d'être enveloppé, dans un pays où les communications sont extrêmement rares.

La position et les forces de l'ennemi ne me permettant pas de combattre sans compromettre évidemment le salut de l'armée, j'ai fait, la nuit dernière, ma retraite sur Amberg : arrivé à cette position, j'y ai bientôt été attaqué par le général Wartensleben de front, et en flanc par l'archiduc ; j'ai été obligé de rétrograder jusqu'à Sulzbach, après avoir fait la résistance qu'exigent l'honneur

1. V., *aux pièces justificatives*, la dépêche de Kléber sur sa victoire d'Altenkirchen, 4 juin 1796.

et les devoirs d'un militaire. Je ne peux pas encore vous donner des détails sur cette affaire; je ne crois pas avoir perdu d'artillerie. Je vais partir cette nuit et me retirer sur Velden, ensuite sur Graffenberg et puis sur Forcheim, où je me propose de réunir l'armée. J'espère que le général Moreau profitera de cette circonstance, et que les succès qu'il obtiendra rappelleront bientôt sur le Danube les forces qui se sont portées sur moi.

Jourdan se retira avec difficulté sur Velden, tenta d'attaquer, mais dut y renoncer, a-t-il écrit, après avoir reconnu qu'il avait la plus forte partie de ses adversaires en présence; nous nous concentrâmes sur Schweinfurt, d'où nous espérâmes marcher contre Wurtzbourg.

Il faut lire le texte complet de la dépêche du vainqueur de Fleurus pour avoir une idée des pays difficiles qu'il eut à traverser, de la constance des troupes, de l'accablement auquel les pressait l'ennemi, de la rapidité de leur marche, de l'effort que supporta spécialement Bernadotte, sans cesse aux prises avec des forces supérieures, qu'il devait contenir. On se battit pendant six jours consécutifs en tête et en queue sans nous entamer; l'ennemi ne put s'emparer d'une seule pièce d'artillerie. Honneur à ces troupes et à leurs généraux, tous y firent preuve d'un rare caractère[1] !

L'archiduc nous ménagea la surprise de rejoindre ses lieutenants en franchissant le Mein avec la plupart de ses forces, et Jourdan courut au-devant d'un désastre; la bataille de Wurtzbourg fut livrée par lui avec vingt mille hommes contre quarante mille. Le blocus de Mayence dut être levé par Marceau, qui le rejoignit deux jours après, 9 septembre. Les combats défavorables de Giessen et de Limbourg nous conduisirent à Altenkirch, où Marceau trouva la mort d'un coup de feu, le 16 septembre, en ordonnant la retraite en bataille. Jourdan a été honoré pour son courage, et le motif qui le dirigea à Wurtzbourg comme résolution d'action a mérité de désarmer la critique.

Voici son récit de la mort de Marceau.

« Le 19 septembre, l'armée vint prendre position sur la Wiedbach en arrière du défilé d'Altenkirchen... Kray demeura à Hof, se contentant de faire suivre les colonnes françaises par ses troupes légères.

1. V., *aux pièces justificatives*, le texte complet de la dépêche.

« Les choses ne se passèrent pas aussi heureusement du côté de Marceau. Afin de donner le temps à l'armée d'atteindre les défilés d'Altenkirchen, il n'avait quitté sa position de Freling jusqu'au jour et fut suivi pied à pied par l'avant-garde de l'archiduc. L'arrière-garde française se battit pendant toute la marche ; Marceau, qui la commandait en personne, lui inspira une telle confiance et la dirigea si habilement, qu'elle ne fut point entamée. Malgré sa ténacité, cette colonne avait traversé la forêt de Hœchstebach et se trouva près du défilé avant que le gros de l'armée l'eût franchi ; le moment était critique : le général en chef fit prévenir Marceau qu'il allait envoyer des troupes à son soutien et qu'il était indispensable qu'il suspendît sa marche jusqu'à nouvel ordre [1].

« Ce vaillant général fait alors des dispositions de défense : il place sur deux mamelons six pièces d'artillerie légère qui battent à mitraille la sortie de la forêt d'Hœchstebach, porte sa division en avant et s'avance lui-même pour reconnaître l'ennemi ; le capitaine du génie Souhait et seulement deux ordonnances l'accompagnent. Un hussard de l'empereur qui se trouve devant lui l'amuse par divers mouvements ; tout à coup part un coup de *carabine* tiré par un Tyrolien placé derrière un arbre. Marceau se retire sans prononcer un mot ; à trois cents pas de là il se fait descendre de cheval, disant qu'il était blessé mortellement.

« A peine le général en chef est prévenu de ce fatal événement qu'il accourt et trouve son jeune lieutenant porté par des grenadiers ; leurs yeux se rencontrèrent et laissèrent échapper quelques larmes. Cependant Jourdan ne peut se persuader que la blessure de Marceau soit mortelle et donne ses ordres pour le faire transporter au plus tôt à Altenkirchen ; il se rend ensuite à l'arrière-garde, dont il dirige lui-même la retraite.

« Malgré la perte qu'elle venait de faire, cette poignée de braves l'effectua en bon ordre ; les soldats gardaient un profond silence, les officiers versaient des larmes brûlantes, et l'expression des plus profonds regrets était empreinte sur toutes les figures. On vint prendre position à la droite de Bernadotte. L'archiduc campa à Friedling ; son avant-garde

1. *Mémoires de la campagne de 1796*, par le maréchal Jourdan, 2e partie, chap. IV, p. 203. — Aux *pièces justificatives* le récit des suites de la mort relativement à la famille de Marceau.

occupait la forêt et le village de Hœchstebach. Neu s'avanç sur la Saynbach à Romersdorf.

« Jourdan, de retour à Altenkirchen, s'empressa d'alle visiter son malheureux ami, mais il eut la douleur d'apprendr que non seulement il n'y avait plus d'espoir de le conserver mais encore qu'il était hors d'état d'être transporté plus loin Cette séparation fut douloureuse et attendrissante. Deux officiers d'état-major, deux officiers de santé et deux ordonnance restèrent auprès de lui. Le général en chef le recommanda aux soins des généraux ennemis, quoique cette précaution fû inutile.

« Tous, pleins d'estime pour sa valeur et son beau caractère, s'empressèrent de le visiter ; l'archiduc lui-même vint le voir. Kray, ce vieux et respectable guerrier, donna des marques touchantes de ses regrets ; placé près du lit de Marceau, la tristesse peinte sur son visage, il lui serra les mains et cherchait à consoler ceux qui l'entouraient. Les officiers de hussards de Barco et de Blanckestein, que son corps avait presque toujours eus en présence, vinrent le visiter et mêlèrent l'expression de leurs regrets à celle de ses amis. Mais, regrets inutiles ! Marceau expira le 21, à cinq heures du matin.

« L'archiduc rendit à l'armée de Sambre-et-Meuse les dépouilles mortelles de ce héros et les fit escorter par un gros de cavalerie jusqu'à Neuvied. Le jour où elles furent déposées dans le fort de Pétersberg, près de Coblentz, les troupes autrichiennes prirent les armes et leur rendirent les derniers honneurs militaires. Ce fort, après avoir porté dix-huit ans le nom de Marceau, est maintenant au pouvoir des étrangers, et il ne reste à la France de ce vaillant capitaine que la mémoire de ses exploits et l'exemple de ses vertus à ceux qui le prendront pour modèle. [1] »

On l'a répété, nous le répétons encore, le Directoire ne dut s'en prendre qu'à son propre *plan* de l'insuccès de Sambre-et-Meuse.

Moreau se mit à son tour en retraite, alors qu'il avait pénétré en Bavière, ce fut la conclusion nécessaire. Il dut

1. Jourdan a protesté sous la Restauration contre un rapport adressé au Directoire, dans lequel on avançait qu'il avait abandonné Marceau à l'ennemi parce qu'on n'avait pas de moyens de transport. C'est, en effet, une calomnie. — On lira avec intérêt, aux *pièces justificatives,* une dépêche du chef d'état-major général de son armée à la *famille* de Marceau.

rentrer en France par Brisach et par Huningue. En disséminant ses forces, l'archiduc nous permit de nous reprendre peu après.

Le 9 septembre, Jourdan avait été relevé de son commandement; il reçut en échange celui du Nord, où il eut pour mission d'assurer la pacification de pays conquis par lui et que la France venait de s'annexer[1]. Beurnonville, de retour

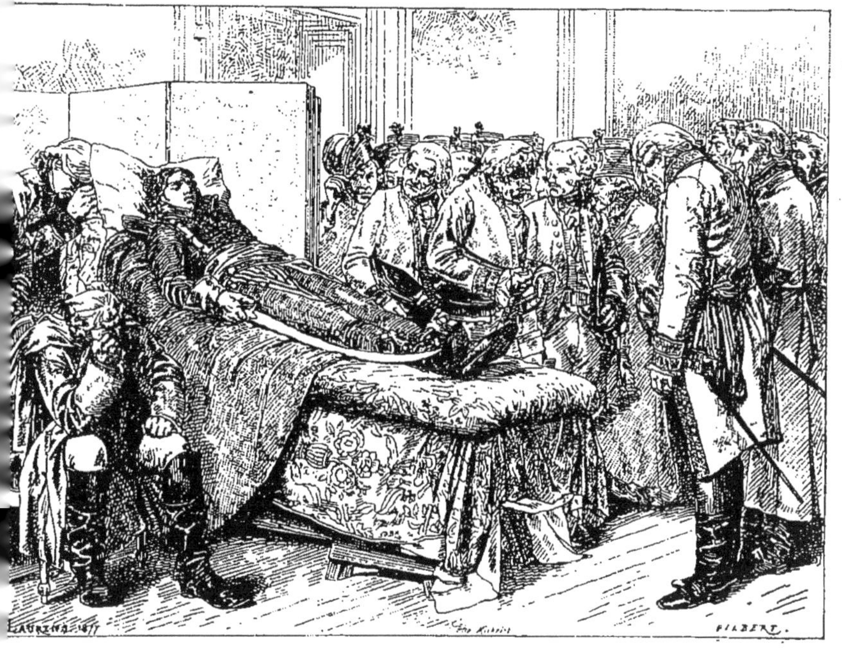

Mort de Marceau.

d'Olmutz, le remplaça ; il se répandit en proclamations sonores et perdit trois mois à se réorganiser. En réalité, il n'y réussit pas, insulta ses troupes et menaça les généraux exaspérés de les faire fusiller! Il fut nul pour Moreau comme concours, alors qu'il eût pu s'avancer sur le Neckar et le sauver!

1. De son côté, Kléber envoya sa démission au ministre de la guerre le 26 décembre. Les épreuves de la campagne et la mort de Marceau, auquel le liait depuis la Vendée une affection fraternelle, l'avaient rempli de deuil ; il déclara reprendre désormais sa profession d'architecte. L'expédition d'Orient lui rendit, seule, son grade.

Hoche en 1797 devait relever, seul, la fortune de l'armée de Sambre-et-Meuse, toujours glorieuse dans ses vicissitudes diverses. Il eut le courage d'accepter une succession plus que difficile; l'enthousiasme des soldats, qu'électrisait son nom, fut admirable. *Notre nouveau général,* disaient-ils, *est jeune, comme la Révolution ; il nous conduira comme doivent être conduits des Français.*

Dès son arrivée, Hoche visita les cantonnements et s'informa des besoins de tous. Il renvoya les commissaires, rétablit en pays conquis les autorités de l'ancienne administration, habilla ses troupes, régla leur solde et put abandonner à Moreau le million envoyé d'Italie pour payer les siennes. Nous verrons par Rhin-et-Moselle comment Sambre-et-Meuse s'ébranla le 17 avril et livra, le 18, la bataille de Neuwied; le 22 Lefebvre apprenait à Francfort les préliminaires de Léoben, alors qu'il coupait la retraite aux Impériaux sur Aschaffenbourg, prélude d'un désastre incomparable[1].

Bonaparte ne recherchait la gloire que pour lui, éperdument jaloux de Hoche, craintif de Moreau, dont le calme l'effrayait. Les armées de Sambre-et-Meuse, de Rhin-et-Moselle, promettaient à son ambition et à sa hauteur cauteleuse plus d'un adversaire et probablement un rival, Hoche et Kléber surtout. L'histoire de ce dernier[2] nous raconte en effet qu'il se rendit sur les instances de Petiet, son ministre et son ami, chez Barras, qu'il en fut mal accueilli et ne s'en cacha pas et qu'interpellé par les directeurs sur les affaires politiques il leur répondit : *Je tirerai sur vos ennemis, mais en leur faisant face à eux, je vous tournerai le dos à vous.* Bonaparte connut ce propos et profita de la leçon. Il fit tout pour arrêter le cours des victoires de ses rivaux pour attirer sur son nom la plénitude de l'admiration générale, employant tour à tour les

1. Hoche mourut à Wetzlar le 19 septembre 1797, empoisonné très probablement par un agent secret de Barras, qui fit poursuivre Carnot, afin de le poignarder, deux années durant. Il fut enterré à Coblentz à côté de Marceau; son armée fut versée à la paix dans différents corps par divisions. — V., aux *pièces justificatives,* un très beau portrait de Hoche par le maréchal Soult en ses *Mémoires*.

2. Fils de l'aide de camp qui suivit Kléber durant toute sa carrière, le général Pajol a écrit une vie de ce héros avec l'autorité de son talent et de son nom. (*Kléber, sa Vie, sa Correspondance,* 1 vol. in-8°.)

caresses et la colère par voie d'indignations feintes. Pour arriver au pouvoir, il prépara ses voies dès 1797 en concluant une paix détestable dans ses conditions et désastreuse dans ses effets. Mais il avait atteint son but : empêcher Hoche et Moreau d'entrer de concert à Vienne et d'y entrer *avant lui*. Le Directoire ne le comprit qu'au 18 brumaire ; l'histoire a le devoir de le dire sans relâche, pour honorer la constance et les triomphes de nos armées d'Allemagne.

CHAPITRE IX

ARMÉE D'ITALIE. — CAMPAGNE KELLERMANN ET SCHÉRER (1795)

SOMMAIRE

I. La coalition rédige un plan de campagne pour nous chasser de la rivière de Gênes et reprendre la Savoie. — État respectif des armées. — Prudentes résolutions de Kellermann. — Offensive des Austro-Sardes. — Nos troupes se mettent en retraite sur la ligne de Borghetto. — Magnifique conduite de Kellermann. — Dissensions de Colli et de de Vins. — Plan de Kellermann non adopté pour l'automne; celui du Comité.

II. Vues et craintes du Piémont sur l'Empire en Italie. — Fautes de de Vins. — Plans de Schérer à exécuter par Masséna. — Bataille de Loano. — Schérer ne sait pas imposer la paix à la cour de Turin, que terrorise Masséna.

I

La coalition se donna pour but, au début de 1795, relativement à l'Italie, de nous chasser de la Savoie et du comté de Nice. Le roi de Piémont lui proposa d'agir par le mont Cenis et le Saint-Bernard dans le premier cas et par le col de Tende dans le second. Le Conseil aulique, désireux d'être agréable aux ministres anglais, proposa, au contraire, de nous chasser de la rivière de Gênes en combinant une action sur la côte avec les escadres britanniques. Elle envoya dans le Milanais dix mille hommes de troupes afin d'y appuyer ses plans ; à Turin, on porta le chiffre des milices à vingt mille, on accrut les fortifications de Cherasco et toute la ligne, on remonta la cavalerie et les trains d'artillerie. Le roi annonça qu'il prendrait le commandement en personne. Les Austro-Sardes avaient réuni soixante-dix mille hommes, parmi lesquels les Impériaux comptaient pour trente mille.

A Paris, on rejeta le plan de Bonaparte qu'avait patronné en 1794 Robespierre jeune auprès de son frère. Le Tourneur, colonel du génie, devenu au Comité de Salut public chef de la section de la guerre depuis la sortie de Carnot, voulut appliquer l'ancien plan de 1745. Le prince de Conti était entré en Italie à cette époque par la Bocchetta; mais il était maître de la mer alors, et nous y étions constamment vaincus depuis 1792. Schérer combattit ce projet avec vigueur; il fit valoir la supériorité du col de Tende sur une voie éloignée de cinquante lieues de sa base d'opérations et prouva qu'une bataille favorable sous les murs de Coni nous ouvrirait les portes de l'Italie. Le Comité repoussa cet exposé, et cependant il n'avait que trente mille hommes de troupes à opposer aux ennemis, dont dix mille aux hôpitaux. L'armée des Alpes n'ayant qu'un effectif de quinze mille, c'était entrer en ligne avec trente-cinq contre soixante-dix!

Masséna occupait Vado, où il formait la droite; Macquart le centre, au col de Tende; Serrurier la gauche, au col de Rosas, avec les bourgs pris dans les campagnes précédentes, et se liait aux troupes des Alpes, qui s'étendaient de Barcelonnette jusqu'à Genève! Partout la misère, la maladie, la désertion et la privation absolue de solde. Nous étions plutôt un cordon qu'un ensemble, et à peu près démoralisés par un hiver rigoureux qui aggravait la désorganisation. Les *Mémoires* de Masséna ont raconté en des pages qu'il faut lire toutes ces souffrances oubliées aujourd'hui et dont les politiciens à phrases sonores devraient méditer la leçon. L'absence de Carnot signifiait à la fois au Comité de la guerre incapacité, désordre, concussion et agiotage.

Rappelé au commandement supérieur des deux armées[1] à la fin d'avril, Kellermann fut autorisé, pour les raisons qui précèdent, à se mettre sur la *défensive,* à évacuer le comté de Nice par un ordre déshonorant et à prendre le Var pour base d'opérations. 1795 fait pressentir les fautes de 1799, celles qui porteront Bonaparte au pouvoir.

Le vainqueur de Valmy n'accepta pas la totalité des sacrifices que lui imposaient les successeurs de Carnot. Il visita les lignes de son ancienne armée, celle des Alpes, pour y donner des ordres définitifs et en remonter le moral. Le 9 mai il entrait à Nice, y conférait avec Schérer et apprenait que la défensive seule pouvait nous sauver aux portes de l'Italie, déclarait que le col de Tende était la clef qui devait nous

1. V., *aux pièces justificatives*, son décret de réintégration formulé par Dubois-Crancé.

l'ouvrir et ordonnait sur les lieux les travaux à établir pour nous protéger ou ceux que lui inspirait l'avenir de ses opérations. On créa de nouvelles batteries, on abattit des bois, pour la défense des routes, on en coupa quelques-unes, on suppléa aux munitions en constituant des amas de rocs aux endroits escarpés; le Diamant fut retranché à gauche, les camps du centre et de la droite visités et mis dans l'état que rendaient possible les ressources. Le cordon fut ainsi coordonné de nos Hautes-Alpes à la rivière de Gênes, les Austro-Sardes ayant commis la faute d'en laisser tout le loisir à un général vigilant et résolu.

Malgré la neige et une tempête, le général Moulins, qui commandait en second l'armée des Alpes, débuta le 17 avril par une affaire sérieuse dans la Tarantaise; il s'empara du col du Mont, malgré le marquis de Montferrat, et le battit à nouveau au Saint-Bernard en avril, en mai et en juin. Au col de Tende, le duc d'Aoste ne fut pas plus heureux, et les postes qu'il avait occupés grâce aux neiges de l'hiver lui furent repris par Serrurier.

En juin, le généralissime des coalisés, de Vins, prétendit nous chasser de la côte ligure et marcha sur Savone en violant la neutralité de la république génoise. Le sénat ne manqua pas d'avertir Kellermann et le prévint que le 14 juin les divisions des Impériaux campaient à Carcare; nous devions admettre que le brave Colli les seconderait en livrant son camp de Ceva et en nous attaquant partout à la fois, ce qui advint. Le 22, nos ennemis paraissaient sur les hauteurs de Savone, dont Masséna avait respecté le château à raison de la neutralité génoise. Concentrés le 23, ils s'emparaient le 24 d'un poste près Savone et pénétraient dans la ville, où ils rencontrèrent le colonel Dupuis engagé aventureusement avec sa 21e demi-brigade, dont Bonaparte a fait un éloge retentissant. Paralysé par notre ruse de guerre, qui était juste, de Vins assista à l'embarquement de ses troupes, dirigé par les soins du gouverneur de Savone. Des escarmouches de nuit ne réussirent pas aux généraux austro-sardes qui les avaient conçues et exécutées; deux d'entre eux y furent grièvement blessés.

Le 25, de Vins brûla de percer notre centre et vint se briser contre la solidité du général Laharpe, Suisse d'origine et qui s'était attaché à notre fortune militaire. Plus heureux sur la ligne de Settepani à San-Giacomo, notre rival parvenait à s'en emparer. Le 27, Masséna tenta d'y entrer, mais en vain ; la colonne de Joubert, composée de quinze cents hommes, livra un corps à corps inutile, la nuit ajouta à la difficulté de l'entreprise, qui se changea en massacre lorsque les Autrichiens eurent jugé notre audace.

Au col de Tende, nous prenions au même moment notre revanche; Colli ne put s'en emparer, et son engagement concentrique en deux colonnes aboutit à deux actions isolées pour se terminer par la retraite. Inquiet d'attaques vigoureuses et toujours renouvelées, Kellermann se décida à battre en retraite; Masséna était chargé de la protéger. Puis, il appela ses principaux divisionnaires en conseil de guerre, à Loano, leur annonçant qu'il avait réclamé des renforts du Comité de Salut public. *La campagne ne se terminera pas, j'espère*, ajoutait-il, *que nous n'ayons repris l'offensive*. On battit en retraite dans la nuit du 28, et le 29 trouva notre aile droite assise sur une nouvelle ligne ; l'ennemi avait commis la faute de ne pas nous inquiéter. La mésintelligence commençait ses funestes effets entre Colli et de Vins : le résultat fut la déroute de Colli dans son entreprise sur Termini, où il avait l'avantage du nombre.

Devant ces succès partiels, nos généraux éprouvèrent le besoin de se concentrer. Garnier se replia sur la division Macquart. Celui-ci s'enhardit alors contre Orméa ; mais les coalisés avaient trente-cinq mille combattants à pouvoir nous opposer, et nous n'en comptions que vingt mille exténués, de l'aveu de nos adversaires. Le calme de leurs opérations permit à Kellermann de s'affermir ; il était personnellement décidé à n'abandonner les Alpes maritimes qu'à la dernière extrémité, et soutenait avec raison que la *guerre défensive* est plus facile dans les montagnes que dans les pays de plaine. Son patriotisme l'inspira magnifiquement, soit quant aux ressources d'ordre matériel, soit quant aux responsabilités d'ordre moral. Il visitait fréquemment les campements, il y haranguait les soldats avec cette familiarité qui faisait la force de Desaix sur le Rhin, et promettait un terme à leurs souffrances.

« La paix, leur disait-il, est conclue avec l'Espagne ; incessamment nous serons secourus par nos frères d'armes des Pyrénées. Voudriez-vous leur laisser la gloire de forcer le roi de Sardaigne à la paix ? »

A ces nobles paroles Kellermann joignit une conduite

désintéressée et rare, même en ces temps héroïques. Il offrit aux fournisseurs de son armée tous ses fonds particuliers et les leur remit; il les engagea sous sa garantie personnelle et, se liant d'amitié avec le patricien génois Spinola, qui était commissaire de sa République, il obtint la double confiance des sénateurs et des négociants du pays.

De Vins, au contraire, accumulait et pillait à son profit; il se bornait dans l'intérêt général qu'il représentait à ouvrir des routes carrossables sur Finale, sur Savone et sur Gênes. Le soldat devenait un ingénieur. Combinant une opération maritime sur Finale, qu'il désirait s'adjoindre, il en informa l'amiral anglais Hotham. Mais ce dernier lui répondit qu'il méprisait une bicoque pareille et que son devoir l'appelait contre les escadres françaises de Brest et de Toulon combinées. De Vins manquait en réalité à ses devoirs, et Colli avait le droit de l'en accuser.

Telle fut la première partie de la campagne italienne en 1795. Celle qui va suivre nous offrira par l'offensive des dédommagements nécessaires après les succès de Bâle et de Hollande.

II

Kellermann comprit l'inimitié qui existait au quartier général de ses ennemis et se promit d'en profiter ; en les battant séparément, il espéra s'emparer du versant des eaux de l'Apennin et des Alpes, qui devait lui ouvrir enfin l'Italie. Il eut pour cela à masquer ses troupes et trouva dans l'état des routes qui existaient alors de Draguignan à Nice une source de difficultés. L'armée des Alpes dans ce projet aurait à opérer par des démonstrations ; mais n'ayant reçu des Pyrénées que six mille hommes et dix mille du Rhin, il n'affaiblissait pas assez cette seconde armée. Le Comité de Salut public n'acueillit pas ce plan, et il faut l'en blâmer ; il était supérieur à celui de Bonaparte en 1794.

Le duc d'Aoste, prompt aux minces entreprises, attaqua vainement le mont Genèvre. Le Comité ordonna à son lieutenant de prendre l'offensive, en lui dictant un projet élaboré à Paris et dont le but final était d'obtenir une paix glorieuse au centre de l'Autriche. Il importait donc d'envahir l'Italie, préliminaires positifs des vues générales, d'être vainqueur à Vado,

Montenotte et Millesimo, puis à Ceva ; à l'abri de cette dernière forteresse, on se serait concentré pour 1796. On autorisa Kellermann à tout tenter pour éloigner les Sardes des Autrichiens, et les représentants du peuple en mission reçurent pour instruction de faire entrevoir la paix au cabinet de Turin avec des indemnités en Lombardie, compensations de nos *frontières naturelles* en Savoie et sur la Méditerranée. Kellermann objecta son peu de forces disponibles pour une telle entreprise ; le Comité s'irrita de cette franchise et lui retira son commandement de l'armée d'Italie, le renvoyant à celle des Alpes. Schérer, Suisse d'origine, officier d'artillerie en Autriche, puis en France, lui succéda ; c'était un des nouveaux généraux d'ordre secondaire créés en 1793. Sans Lonato il serait des plus inconnus.

La cour de Turin, éclairée par les rapports du général Colli, redoutait de voir l'Empire organiser en Italie une frontière naturelle des Alpes françaises et valaisannes (ce qu'il réalisa en 1815) jusqu'au Tyrol. Aussi revenait-on aux idées de la Ligue lombarde, expulser à la fois les *Tedeschi* et les *Francesi* en rappelant les souverains des principautés à l'indépendance nationale.

De Vins passait son temps à tourmenter Gênes de ses prétentions, et le jeune commodore Nelson de ses projets sur le comté de Nice ou sur la Provence ; il trompait son cabinet par la prépondérance qu'il accordait aux entreprises maritimes et marchait ainsi au-devant d'une défaite irrémédiable. Il nous laissait dans nos retranchements, et tout eût dû l'assurer qu'une fois nos renforts arrivés nous l'attaquerions avec furie. Masséna était toujours à droite, Macquart au centre et Serrurier à gauche ; le premier commandait l'armée en second.

Les Autrichiens se décidèrent à nous atteindre le 18 septembre ; ils s'adressèrent au général Laharpe, qui les battit net et les rendit à leurs premiers pensers : la défensive. De petites escarmouches signalèrent la fin du mois ; au début d'octobre, Schérer[1] prenait possession de son commandement.

1. D'origine suisse, Schérer était entré dans l'armée autrichienne, puis avait passé à notre service comme chef de compagnie dans le régiment provincial d'artillerie de Strasbourg. En 1791 il avait suivi Beauharnais comme aide de camp. Général de brigade, sous Pichegru divisionnaire, il avait contribué plus tard à la fameuse reprise des quatre places fortes du Nord, s'était honoré sous Jourdan et avait une réputation en 1795.

Retiré à Embrun, son quartier général, Kellermann y fut suivi des regrets de toutes les troupes. Il n'y eut qu'une visée : harceler les Sardes afin qu'ils ne dégarnissent par leurs lignes des Alpes et ne vinssent donner à leurs corps d'Italie des renforts. Ce fut donc un service de surveillance qu'il exerça, l'hiver n'en permettant pas d'autres.

Lorsque les hostilités reprirent, les représentants en mission Réal et Delmas protestèrent par une proclamation contre le dessein que la coalition nous prêtait de nous retirer. On y lisait :

Depuis quelques mois, la malveillance répand que la France veut restituer au roi de Sardaigne, ou laisser reprendre par les troupes coalisées, le mont Blanc et le comté de Nice : l'objet de ce bruit est de ralentir le courage du soldat et de jeter des craintes parmi les habitants des pays conquis qui ont témoigné le plus grand attachement à la République française avant et depuis leur réunion.

Ceux qui vous tiennent ce langage perfide n'y croient pas eux-mêmes, et leur désespoir est de savoir que l'union du mont Blanc et du comté de Nice à la France est irrévocable...

Tout est disposé pour ouvrir une nouvelle carrière au courage des républicains, leur préparer une glorieuse campagne, et pour repousser loin de vos frontières l'armée des coalisés.

Fidèle au contrat d'union, la Convention nationale n'oubliera jamais que le vœu libre et universel du peuple souverain de la Savoie et du comté de Nice fut de s'incorporer à la République, et qu'elle a décrété, le 27 novembre 1792 et le 14 février 1793, que ces pays formeraient une partie intégrante de la République française.

Ce contrat est sacré, indissoluble et irrévocable.

Privé de chaussures, de subsistances et d'argent, Schérer n'aurait pu agir si la république de Gênes ne s'était pas montrée favorable à nos demandes diplomatiques ; elle nous accorda tout. Après s'être rendu compte de notre situation, Masséna proposa à son nouveau chef une action décisive sur la rive droite du Tanaro ; maîtres de la crête de l'Apennin, on battrait successivement les coalisés, et, les ayant rejetés dans le bassin de Loano, ils n'auraient plus qu'à capituler. Les neiges de la mi-novembre obligèrent de recourir à un autre plan. Abandonnant les Piémontais quant à une bataille définitive, Schérer se proposa d'écraser les Autrichiens ou de les contraindre à une capitulation dans la rivière de Gênes, en confiant à Masséna la partie importante de l'opération. Leur nouveau général en chef Wallis crut que l'hiver nous empêcherait de l'attaquer, et, plein de cette idée préconçue, refusa d'ajouter foi aux rapports de ses généraux, inquiets de nos mouvements.

Des approvisionnements en vivres et des souliers arrivèrent enfin à nos troupes soumises aux plus dures privations ; la flottille qui les portait avait échappé à la croisière de Nelson. Augereau attaqua aussitôt le centre des Autrichiens et les culbuta, 23 novembre. Le général Roccavina nous échappa par un coup d'audace, mais son collègue Thierry dut se rendre, obligeant les Impériaux à évacuer du coup Loano. Sur l'Apennin, Masséna entrait en ligne au même moment avec sa vigueur et sa précision ordinaires, s'emparant de la crête après un combat furieux[1]. Serrurier était moins heureux à gauche et se voyait repoussé par Colli, quoique en fait on eût rempli le but cherché: immobiliser ce dernier par des démonstrations, qui étaient devenues des combats[2]. Le centre austro-sarde était donc vaincu, puisqu'il était forcé, dès le soir de cette première journée ; leur général le comprit et battit en retraite dès huit heures du soir. Schérer se mit à leur poursuite dès l'aurore.

La seconde journée vit Augereau remonter l'Apennin et longer la côte avec une de ses trois brigades ; Joubert occupa la gorge de San-Giacomo par ordre de Masséna, et, rencontrant la colonne du général Pittoni, se borna à une fusillade, la sachant très forte ; celui-ci effectua sa retraite après en avoir demandé l'ordre au général Wallis, au lieu de lutter avec Joubert ; ce retard le mit en présence de Masséna, qui l'avait suivi à la piste, guidé par ses propres coups de fusil. Charlet et Laharpe l'enfoncèrent de front pendant qu'Auge-

1. Masséna, né à Nice, engagé dans un régiment piémontais, puis dans Royal-Italien à notre service, chef de bataillon des volontaires du 3e bataillon du Var, avancé par Biron, général en 1793.

2. Serrurier, né à Laon d'un officier de la maison du roi, fit toutes sortes de campagnes, mit vingt-sept ans à parvenir au grade de capitaine, c'était en 1782 ; major en 89, lieutenant-colonel en 90, colonel en 92, déclaré suspect et rayé du cadre, refusa de quitter les rangs et prit un fusil en disant au général en chef : *Je servirai simple grenadier tant que l'ennemi menacera la France,* rendu bientôt après à son régiment, général en 93, magnifique d'intrépidité à Loano, divisionnaire alors.

reau se portait sur ses flancs. Un précipice longeait le défilé ; les Impériaux effrayés y tombèrent pêle-mêle ; ce ne fut pas un combat, mais une boucherie. Le vaincu y perdit quarante-huit canons et cent caissons. Sur le chemin de la Corniche, Wallis désespéré se retira en s'échappant par des sentiers ; il eut à subir le double feu du vaillant Dommartin et de la flottille française qui longeait le rivage. La pluie seule arrêta nos troupes à Finale, où se trouvaient des magasins considérables. La bataille décisive de Loano avait duré deux jours.

Schérer voulut en finir avec les Sardes et envoya une division à Serrurier. On s'élança contre Colli, qui ne savait pas reculer, et nous infligea des pertes sérieuses ; mais informé par des avis sûrs des désastres subis par les Impériaux, il se retira de nuit, oubliant dans son découragement son artillerie. Son rival s'établit sur les hauteurs, après l'avoir poursuivi jusque sous le canon de Ceva.

Wallis, de son côté, s'était dirigé en deux colonnes sur Dego et Aquila, 28 et 29 novembre ; il y trouvait le repos après avoir craint d'être coupé dans sa ligne de retraite. Les Austro-Sardes n'existaient plus à l'état d'armée. Les premiers avaient perdu dans cette campagne sept mille hommes, quatre-vingts pièces d'artillerie ; les seconds, un camp retranché, deux places fortes, des magasins considérables et la clef de l'Italie. Les Français avaient à peine laissé mille hommes sur ces champs de bataille.

De toutes parts on prit ses quartiers d'hiver ; Schérer aurait dû continuer à s'avancer ; il ne sut pas profiter de la terreur qu'inspirait à Turin le canon de Masséna ; par lui, il eût imposé la paix.

CHAPITRE X

ARMÉE DE RHIN-ET-MOSELLE. — CAMPAGNES DE MOREAU (1796-1797)

SOMMAIRE

Démoralisation de l'armée du Rhin par Pichegru. — Nomination de Moreau par Carnot. — Deuxième dépêche de Carnot à Moreau. — Opérations de Jourdan et de l'armée de Sambre-et-Meuse. — Troisième dépêche de Carnot. — Retraite de l'armée de Moreau. — Dépêches de ce général sur sa coopération avec l'armée de Sambre-et-Meuse, qu'il tente de dégager et de ramener. — Bataille de Biberach gagnée par Desaix. — Campagne de 1797. — Hoche. — Léoben.

Quelle était la situation de l'armée au début de 1796, et que prétendait le Directoire contre l'Allemagne?

Jomini et Gouvion-Saint-Cyr nous apprennent que les bords du Rhin étaient épuisés, que l'armée était sans magasins d'approvisionnements, que nous manquions de chevaux pour nos transports, que notre cavalerie était très affaiblie et notre infanterie réduite. Le service des subsistances, ressort de toutes les opérations des généraux, avait été dirigé par des chefs incapables. L'échec de 1795 était énorme, et on devait tout entreprendre pour le réparer. Les discordes intérieures se manifestaient par des imprimés qualifiés d'incendiaires par les chefs de corps. La représentation nationale y était avilie, et précisément parce que l'armée était fidèle on la provoquait à la révolte! Pour achever notre malheur, la trahison partait du commandement en chef : Pichegru informait les Autrichiens de notre situation pour assurer notre défaite. Cette préparation dura du 25 mars au 20 mai :

Le Directoire détermina les conditions de la nouvelle campagne dans la lettre de nomination de Moreau, du 25 mars :

Il a pensé qu'il ne pouvait jeter les yeux, pour un poste de cette importance, que sur un des généraux qui ont rendu les services les plus signalés à la République.

Le Directoire est déterminé à reprendre les hostilités le plus tôt possible, et son intention est de ne pas se laisser prévenir à cet égard par les ennemis de la France. C'est à vous, général, à activer par tous les moyens qui sont en votre pouvoir les préparatifs de la campagne qui va s'ouvrir...

Les événements de la campagne prochaine pourront exiger que les Français tentent un *passage du Rhin,* soit vers Huningue, soit vers Brisach. Attachez-vous à fixer le lieu où ce passage pourra être exécuté avec l'espoir du succès, et ordonnez, dès à présent, qu'un des équipages de pont qui est à Strasbourg et tout l'attirail nécessaire soient chargés sur des haquets et prêts à marcher si les événements militaires le demandent[1]...

Pichegru tenta d'influencer Moreau à ses débuts[2]; mais celui-ci, placé entre des conseils dont il ignorait alors les visées et les ordres du Directoire, ne chercha qu'à obéir[3]. Moreau parcourut les cantonnements de son armée, s'entendit avec Jourdan à Trèves[4] sur l'exécution du plan de Carnot et partagea ses troupes en trois corps, plus une réserve. Desaix reçut le corps de bataille, le centre, et Gouvion-Saint-Cyr la gauche; son aile était en contact avec la droite de l'armée de Sambre-et-Meuse. On n'a pas ici à produire les critiques de stratégie encourues par les opérations[5], on renvoie à Jomini et à Saint-Cyr en ses *Mémoires,* comme à ceux de Jourdan dits justificatifs[6]. On pense de même pour l'exposé des batailles qui sont si connues, le plan général importe seul.

L'archiduc Charles, devenu le généralissime de la coalition en Allemagne, rompit le 20 mai l'armistice. Les hostilités recommencèrent le 1er juin[7], les papiers des fourgons du général Klinglin nous ont appris pourquoi. Les succès de

1. Registre de correspondance, n° 50.

2. Une dépêche de Pichegru à Carnot exposait le dénuement de l'armée, fin 1795. Le traître posait les bases de ses explications à venir en prenant à témoin Carnot !

3. *Aux pièces justificatives,* la dépêche de Carnot à Pichegru sur son remplacement, et l'opinion de Gouvion-Saint-Cyr sur sa trahison.

4. *Aux pièces justificatives,* la séance du *conseil de guerre de Trèves* entre Moreau et Jourdan.

5. Voir une dépêche de Merlin de Thionville sur l'étendue des malheurs résultant de l'échec de Jourdan à la fin d'octobre 1794, aux *pièces justificatives.*

6. Voir, dans Gouvion-Saint-Cyr, le t. III, p. 7, et dans Jourdan le texte des instructions, p. 215 à 239, et aussi n° XI, p. 265.

7. L'archiduc commit, par la rupture, une faute grave, car il ignorait

Bonaparte en Italie à cette date[1] rendirent possible et nécessaire le passage du Rhin, l'or des conquêtes italiennes en fournit les moyens.

Après une série de victoires[2], Carnot écrivit à Moreau :

Le Directoire a reçu, citoyen général, vos deux lettres du 17 juillet et celles que vous lui avez écrites de Stuttgardt le 23 juillet. Il vous félicite sur l'exécution ponctuelle et célère des instructions qu'il vous avait transmises par ses précédentes. Il vous recommande de féliciter en son nom la brave armée que vous avez conduite à la victoire et dont les *efforts glorieux* lui donnent tant de droits à la reconnaissance nationale.

L'armée de Sambre-et-Meuse doit avoir dirigé sa marche vers la Franconie; elle suivra l'ennemi avec cette vivacité qui a assuré jusqu'ici les triomphes à jamais mémorables des armées républicaines. Le Directoire a recommandé au général en chef Jourdan de s'avancer vers Nurenberg. Il apprendra sans doute bientôt son arrivée sur la Rednitz; il s'y préparera à rejeter une partie des Autrichiens vers la Bohême, dans l'hypothèse où ils agiraient encore avec deux corps d'armée séparés; et dans le cas contraire, il passera cette rivière et pourra rentrer en Bavière et marcher vers Ratisbonne, en couvrant sa gauche par un corps d'observation destiné à s'opposer aux forces que l'ennemi pourrait envoyer de la Bohême contre l'armée de Sambre-et-Meuse, et même à s'avancer dans ce royaume pour y lever des contributions.

Vos dépêches du 5 thermidor annoncent que l'Autrichien s'est retiré vers Donauwerh. Informez-vous avec soin de la marche du général Jourdan et cherchez à prendre position sur le Lech au moment où il arrivera sur la Rednitz, ou même avant; vous y parviendrez facilement en renforçant les divisions de droite de l'armée de Rhin-et-Moselle; et, s'il est nécessaire que vous teniez un corps sur la rive gauche du Danube, soit pour assurer vos communications avec l'armée de Sambre-et-Meuse, soit pour agir simultanément contre les deux armées autrichiennes réunies, nous pensons que vous pourrez placer une partie des troupes qui vous obéissent, soit sur la rive droite de la Wernitz, soit entre l'Altmuhl et le Danube,

l'état des affaires en Italie : passage du Pô, bataille de Lodi et traité de paix avec la Sardaigne.

Carnot l'observa à Moreau, dans sa dépêche du 26 mai. (*Correspondance du Directoire*, reg. 50.)

1. Bacher avait annoncé à Desaix, le 24 avril, l'influence probable de nos victoires de la péninsule sur la campagne d'Allemagne. Le 4 juin, il constatait que la cour d'Autriche modifiait son plan.

2. Dépêche du 30 juillet 1796.

en jetant, s'il le faut, quelques corps sur la gauche de la Schewab-Rezat.

Selon toutes les probabilités, l'ennemi, craignant de se séparer trop de l'armée que commande le général Wurmser, dans le Tyrol, sachant d'ailleurs combien notre entrée en Bohême pourrait entraîner pour nous d'inconvénients, et le dangereux disséminement des troupes qu'elle occasionnerait, s'est vu forcé de se réunir sur le Danube pour protéger en partie la Bavière et couvrir entièrement l'Autriche. Si vous ne le poursuivez pas avec acharnement, il pourrait détacher de puissants renforts, qui mettraient son armée du Tyrol dans le cas de reprendre l'offensive avec vigueur, et de dégager Mantoue, dont la prise peut seule assurer nos conquêtes en Italie.

Nous regarderons comme un immense avantage celui que pourrait obtenir l'armée de Rhin-et-Moselle en *coupant toute communication directe* entre l'archiduc Charles ou le prince Hohenlohe et le général Wurmser.

Les talents que vous avez déployés jusqu'ici, citoyen général, nous présagent encore des succès glorieux. Vous les assurerez par le choix des dispositions des camps que vous prendrez, par le gain d'une *bataille générale* qui achèvera la déroute totale de l'ennemi, s'il est nécessaire. Vous les assurerez surtout par cette *union* qui règne entre vous et le général en chef de l'armée de Sambre-et-Meuse et sur laquelle le Directoire se plaît à fonder ses plus chères espérances.

Une *paix honorable,* voilà le but pour lequel nous combattons; le courage des armées républicaines, l'habileté de leurs chefs, les avantages importants que cette campagne nous a acquis, nous font croire que nos ennemis ne tarderont pas à la demander [1].

La dénonciation des hostilités ne nous trouva pas prêts suffisamment. Toutefois, Desaix eut ordre d'attaquer le camp de Manheim, conséquence d'une entrée en ligne qui avait été immédiate sur la Queich, le 1er juin.

Le duc de Saxe-Meiningen avait offert sa médiation, le 24 mai, pour traiter de la paix entre la France et l'Empire, même de la paix générale; à sa demande d'une déclaration du Directoire renfermant les conditions principales de sa proposition, le plénipotentiaire français lui avait répondu que le *statu quo ante bellum* serait refusé. La France n'admettait que le Rhin pour limites. Le sujet de cette médiation devait rendre plus vives les hostilités.

1. La dépêche se terminait en interdisant, au nom du Directoire, la libéralité d'aucun armistice.

Moreau annonçait au Directoire, le 11 juin, que l'attaque de Manheim avait pour but de détourner l'attention de l'ennemi des préparatifs que nous faisions pour opérer, avant peu, le passage du Rhin. Desaix avait connu le but final par les dépêches personnelles de son chef et de son colieutenant. Jourdan et Marceau, surtout, étaient tenus au courant, car la réussite devait faire passer l'aile droite de l'armée de Sambre-et-Meuse sous les ordres de Moreau[1]. Ce dernier écrivait, le 13, que le bruit de l'insurrection du Brisgaw par les partisans de la France avait porté l'ennemi à concentrer des forces sur ce point, ce qui nuisait à son projet du passage du Rhin ; aussi soumit-il un autre plan, dans le cas de non-réussite du premier, et demanda-t-il à être autorisé d'avance à l'exécuter, pour ne pas perdre de temps.

Le chef de l'état-major général, Reynier, écrivit à Desaix, le 13, pour lui apprendre que Gouvion-Saint-Cyr appuierait son mouvement en faisant de fausses attaques sur deux points, et que les généraux Xaintrailles et Forest étaient mis à sa disposition avec leurs troupes. L'attaque de Manheim eut lieu le 14, et les troupes y montrèrent une bravoure qui était de bon augure. Le rapport de Moreau en donna le récit en ces termes :

Par ma lettre du 25 de ce mois, je vous faisais part de mon projet d'attaquer l'*armée du général Wurmser* placée entre Frankenthal et la Rehut; son front était couvert par un canal très marécageux qui prend de la Rebach à Frankenthal et sa gauche par la Rebach. L'ennemi avait augmenté la force de cette excellente position par des barrages sur toute cette rivière, qui l'avaient inondé à environ 150 ou 200 toises.

La bravoure de l'armée et la bonne conduite des chefs et des officiers généraux a vaincu en peu de temps tous ces obstacles, presque insurmontables. La troupe, dans l'eau jusqu'aux aisselles et sous le feu de l'artillerie et de la mousqueterie le plus vif, a chargé avec un grand courage et a emporté de vive force et de front tous les ouvrages qui défendaient ces inondations. Tout ce qui n'a pas été tué dans les retranchements s'est sauvé dans le plus grand désordre.

La nombreuse cavalerie de l'ennemi n'a pas permis à notre infanterie de se compromettre à sa poursuite dans la plaine immense

1. Dépêche autographe de Moreau à Jourdan, 13 juin. Ce fait a été ignoré de Gouvion-Saint-Cyr en ses *Mémoires*.

qui nous séparait de Manheim, et il a fallu faire construire une grande quantité de ponts pour y porter notre cavalerie et achever de jeter l'ennemi dans son *camp retranché*.

L'affaire est devenue alors une très belle manœuvre de cavalerie et d'artillerie légère, et nous l'avons chassé, de positions en positions, jusque sous le feu de Manheim.

L'armée a occupé le soir la position que l'ennemi venait de perdre.

La perte de l'ennemi est très considérable en tués et blessés; je l'estime au moins à six ou sept cents hommes. Le temps nécessaire à la construction des ponts pour le passage de la cavalerie ne nous a pas permis de faire un très grand nombre de prisonniers.

Le centre de l'armée, aux ordres du général Desaix, a attaqué la Rehut et Neuhofen, Kolhof, Darmstadt et les bois de Schifferstadt et Mutterstadt. Ces attaques étaient dirigées par les généraux Delmas et Beaupuis. L'aile gauche, aux ordres du général Saint-Cyr, a attaqué Holtzhof et devait menacer Frankenthal. Elle était dirigée par le général de division Duhem.

Je ne puis donner trop d'éloges à la bravoure de toutes les armes et aux talents des chefs qui ont dirigé toutes ces attaques. Le plus grand ordre et la précision la plus exacte ont assuré leurs succès; pas une seule n'a éprouvé le moindre échec.

Nous étions moins heureux à l'armée de Sambre-et-Meuse.

L'ennemi tournait sa gauche, battait la division Lefebvre dans sa marche sur Vetzlar. Une partie de l'armée repassait le Rhin à Neuwied, et l'autre partie, sous les ordres de Kléber, retournait à Dusseldorf. Marceau relatait ces événements dans une lettre écrite par lui le 17 juin à Desaix. Ses réflexions sur la situation de l'armée sont instructives ; on y lit entre autres :

Le même événement de l'année passée est arrivé. Jourdan se retire, l'ennemi l'ayant manœuvré sur sa gauche... Voilà donc la même manœuvre de notre part. Sera-t-elle suivie par l'ennemi? les circonstances sont les mêmes que l'année dernière. Devons-nous nous attendre aux mêmes événements? C'est ce qui échappe à mon esprit depuis que je suis instruit de cette nouvelle... Subalterne zélé, je laisse aux *puissances* à décider ce qu'il conviendra de faire.

Marceau appréhendait la défaite si on ne modifiait le système, et la dislocation de l'armée. Il comptait sans la faute que commit l'archiduc Charles de remonter la rive droite du

Rhin assez haut pour se priver de l'appui que lui donnaient les places fortes de Manheim et de Mayence. Cette manœuvre dégagea Jourdan sur sa droite et lui permit de reprendre l'offensive.

Le passage du Rhin s'effectua par nos premières troupes le 24 juin à trois heures du matin[1]. Le succès fut complet. Desaix y coopéra à nouveau dans l'après-midi du 25, en chassant l'ennemi de Neumülh ; il est utile de lire le récit qu'il a lui-même rédigé sur l'affaire du 28 à Renchen. Tout en conservant le commandement du centre de l'armée, il en forma l'aile gauche, car « on avait fait changer les dispositions de Moreau » malgré Saint-Cyr, qui opéra en protestant un chassé-croisé inutile.

Le départ de nos ennemis prédisposa les généraux à effectuer le passage du Danube. Wurmser avait abandonné le lac de Garde, et le Tyrol avait revu en fuyards les dompteurs de la Révolution française.

Desaix reçut, le 28, l'ordre de prendre « position à l'entrée de la plaine entre Openhoffen ou Munster et Schœneback ». Toute l'armée effectua le passage le 19 et marcha sur Augsbourg. L'archiduc Charles avait passé de la rive droite sur la rive gauche pour agir contre l'armée de Sambre-et-Meuse. Moreau, qui en avait informé Jourdan, se rendait compte tardivement « de la faute qu'il venait de commettre par sa marche sur Augsbourg », nous dit Saint-Cyr ; mais après avoir entendu en conseil de guerre, le 23 août, ses commandants de corps d'armée, il résolut, malgré Desaix, de porter vingt-cinq mille hommes contre l'archiduc pour secourir Jourdan. Desaix passa le Lech à Langweid, et les Autrichiens à Friedberg; vainqueur contre Jourdan, le prince Charles n'en était pas moins battu sur sa gauche. L'armée de Latour se retira derrière l'Isar, l'armée de Rhin-et-Moselle l'y suivit; ce fut Desaix qui subit l'effort principal de la première attaque du vaincu de la veille. Renforcé par le prince d'un nouveau corps, Latour s'engagea témérairement, en osant combattre, « dans l'angle formé par le Danube et l'Isar » dès l'arrivée du général Nauendorf. Desaix commençait son mouvement sur Ingolstadt,

1. Ce passage est une des plus belles opérations de ce genre qui aient été faites, et elle est citée comme un modèle à raison de sa préparation, qui fut l'œuvre personnelle de Desaix, et pour la précision de son exécution. (*Pièces justificatives*, texte de la dépêche.)

lorsqu'un de ses divisionnaires, Delmas, le prévint le 31 août de l'offensive autrichienne. L'affaire s'engagea le 1er septembre avec l'aube.

Aussi acharné que son adversaire, Desaix reprit l'offensive seul et n'informa pas son général en chef, qui, de son côté, eut le tort de ne pas expédier d'officier vers un bruit qui paraissait d'autant plus incertain que le vent contraire emportait le bruit du canon dans une direction opposée. Si Moreau eût secondé son lieutenant, l'armée de Latour était détruite !

Le 7 septembre, le pont d'Ingolstadt était balayé; l'ennemi était battu à Geisenfeld et repoussé sur Neustadt; nous franchissions le Danube par sa rive gauche à Neubourg.

Par les affaires de Mutterstadt et de Kehl, de Renchen et de Rastadt, d'Ettlingen et de Neresheim, l'armée de Moreau, placée au centre des opérations voulues par Carnot, avait eu le rôle le plus difficile à remplir. Elle avait dû franchir le Rhin alors que l'armée de Jourdan avait conservé ses ponts à Dusseldorf et par sa position avait dû lier les opérations des deux autres armées, Sambre-et-Meuse et Italie; puis, gagner les revers de la Forêt-Noire pour se trouver sur le Danube assez tôt. Là, elle devait leur donner la main et marcher de front avec elles.

L'armée de Sambre-et-Meuse avait repris l'offensive après la prise de Kehl; franchissant la Lahn et culbutant les Autrichiens par la mâle vigueur de Kléber, les rejetant par l'intrépide Lefebvre derrière le Mein, avec ces deux généraux elle les chassait de Francfort, de Wurtzbourg et de Bamberg, revanche nécessaire de la campagne précédente. Les Impériaux refoulés et effrayés s'enfuyaient, ils couraient jusqu'à la Nahe. Après de tels succès, la reprise des grandes opérations eût été une série de victoires si on était resté fidèle aux instructions qui avaient été données à Moreau : *le système de déborder à la fois les deux ailes,* qui émanait de Carnot. Par la direction divergente qui fut prescrite à Jourdan, *marcher par la rive gauche du Mein,* on eut tous les malheurs de la campagne, résultat de deux lignes d'opérations extérieures (comme le constate Jomini) très éloignées l'une de l'autre à leur base. On laissa ainsi l'archiduc et ses lieutenants maîtres de toutes les places, de toutes les positions qui se trouvaient entre elles, et on abandonna les ponts à sa merci ! Ce qu'on avait voulu à Paris, c'est que Jourdan donnât la main à Moreau au plus vite, car l'armée du Rhin était, depuis 1792, l'objet de toutes les abnégations. Elle ne paraissait exister que pour faire valoir les autres.

Livré à ses propres instincts, Jourdan eût accompli la jonction tant désirée avec Moreau fin août; les ordres lancés de Paris, à trois cents lieues du théâtre de la guerre, furent seuls cause de son désastre. Voici le texte de la dépêche rédigée le 12 août dans ce but à Moreau :

> Le moment est venu de réunir les trois armées de Sambre-et-Meuse, Rhin-et-Moselle et Italie, et de les diriger de manière à conquérir une paix honorable et permanente; et c'est à vous qu'appartiendra la gloire de dégager la dernière...
>
> Voici, citoyen général, ce que nous croyons devoir vous prescrire: c'est de battre d'abord complètement l'armée de l'archiduc Charles, de la poursuivre avec acharnement, de passer vivement le Danube et le Lech, de vous emparer de la grand'route qui va d'Inspruck à Ratisbonne et qui passe par Munich...
>
> Nous vous en faciliterons les moyens en prescrivant au général en chef de l'armée de Sambre-et-Meuse de passer la Rednitz et de se diriger sur le Danube et vers Ratisbonne, et en invitant le général en chef de l'armée d'Italie à s'avancer lui-même dans le Tyrol.

Le 16, il insistait devant les victoires de Bonaparte et il invoquait les derniers événements de l'Italie. Le 29, il ajoutait que le Directoire attendait de l'armée du Rhin un succès en Allemagne égal à celui de ses frères d'armes en Italie. Renonçant à se porter sur Ratisbonne, Moreau répondit le 11 septembre qu'il se rapprochait de Jourdan afin de lui donner le moyen de reprendre l'offensive, et qu'il poursuivrait l'ennemi jusqu'à Lichtenau.

La lecture des dépêches de ce général, de la fin d'août et du début de septembre, donne seule une idée juste du succès de cette magnifique armée, sortie enfin de la position de défensive dans laquelle ses instructions l'avaient maintenue jusque-là. L'intrépidité des troupes égala le talent de leurs généraux. L'artillerie légère était l'honneur de cette arme, les tirailleurs de l'infanterie égalaient en vitesse la cavalerie ennemie, Elbé avait fourni toutes les munitions, donc Jourdan serait dégagé et l'archiduc battu.

Efforts stériles! Jourdan avait perdu une bataille, comme on l'a déjà lu, à Wurtzbourg, et, rejeté sur le Bas-Rhin, il contraignait Moreau à repasser sur la rive droite du Danube pour se replacer entre la Lech et l'Izar. L'ayant poursuivi, l'archiduc trouva Desaix à Biberach, et par lui la défaite. Ce dernier avait dépassé, le 12, Eichstadt et avait livré un combat entre Bruck et Zell, aussitôt; la retraite avait commencé afin d'empêcher l'ennemi d'opérer sur nos derrières.

Moreau, qui servait les plans du Directoire avec un zèle admirable, crut alors avoir réussi à dégager l'armée de Sambre-et-Meuse. L'archiduc écrasé, Jourdan vainqueur, Vienne réduite à accepter la paix par notre triomphe final, l'entrée dans le palais des Césars germains, apparurent à ses yeux comme la consécration des derniers succès. Il l'annonça au gouvernement par la dépêche suivante de Pfaffenhofen :

Nous commençons à nous apercevoir que nos opérations dégagent l'armée de Sambre-et-Meuse. Hier, notre aile gauche a été attaquée par les troupes que le prince Charles renvoya devant nous, et le corps du général Mercantier, qui, après le passage du Lech, s'était retiré de Bain sur Landshut.

Les Autrichiens ont attaqué avec une audace et une opiniâtreté qu'on ne leur avait pas encore connues ; mais ils ont été vigoureusement repoussés, après plusieurs heures d'un combat très vif. La nuit a empêché de les poursuivre bien loin, et de leur prendre plus de trois cents hommes, cent chevaux et un obusier. Le champ de bataille est aujourd'hui couvert des cadavres de leurs hommes et de leurs chevaux ; il y en a plus de deux cents : on évalue le nombre de leurs blessés à neuf cents ou mille.

Nous avons des prisonniers de sept bataillons (et on dit qu'il en est arrivé dix) du corps de Vartensleben, qui jusqu'à présent avait été opposé à l'armée de Sambre-et-Meuse : par notre marche, ce corps était plus près de nous que celui que le prince Charles a conduit sur Nurenberg. La grosse cavalerie que le prince Charles avait emmenée est aussi revenue, à l'exception d'un régiment ; ainsi, l'espèce de supériorité qu'il avait obtenue sur l'armée de Sambre-et-Meuse n'existe plus, et elle peut remarcher en avant, d'autant plus qu'aussitôt que le prince Charles apprendra le mauvais succès de l'attaque d'hier, il détachera probablement de nouvelles troupes, et reviendra en personne, soit devant nous, soit sur nos derrières, en tâchant de passer le Danube à Neuburg, ou Donavert, ou Hochstædt; ce qu'il n'osera pas faire si l'armée de Sambre-et-Meuse, que nous apprenons être réunie à Bamberg, revient en avant.

La position de nos armées est singulière, mais j'ai beaucoup de confiance. Nous ne pouvons pas facilement être entamés, et nous écraserons tous les corps ennemis qui se trouvent à portée d'être attaqués ; les magasins que nous trouvons ici nous mettent à portée de vivre assez longtemps.

Les efforts de cette armée devaient rester cependant stériles quant au succès final, pour reprendre à nouveau l'exécution des volontés de Carnot, savoir : se réunir à Jourdan à Ratisbonne et marcher sur Vienne. Mais ils sauvèrent l'intégralité de l'armée de Sambre-et-Meuse, si grande par son héroïsme dans la défaite, ne l'oublions jamais. Elle se relèvera en effet en 1797, et avec quel éclat !

Sur l'ordre du général en chef, Desaix s'établit alors sur la Blau. Le 27, le quartier général de l'armée se transportait à Biberach.

La retraite devenait de plus en plus difficile ; elle s'accomplissait dans une contrée boisée, à travers un pays insurgé, infesté de partisans armés et audacieux que suscitaient les émissaires et l'or du cabinet de Vienne ; nos parcs d'artillerie, nos équipages, en étaient inquiétés ; nos troupes, par surcroît, manquaient de vivres, nos chevaux de toutes armes de fourrages, et nos magasins de ravitaillement étaient à Strasbourg ! La discipline s'en ressentit. Sans des chefs comme Moreau et Desaix, Gouvion-Saint-Cyr et Reynier, Delmas et Oudinot, Vandamme et Duhesme, Taponier et Lecourbe, qui sait ce qui eût pu advenir !

La position était devenue inquiétante le 29. Les démonstrations de la journée du 30 obligèrent Moreau à tenir un nouveau conseil de guerre, le troisième depuis la campagne, dans la nuit. Nos généraux craignirent d'être acculés au pied des montagnes de la Forêt-Noire et, serrés de trop près, d'être entourés de toute part. On résolut de combattre.

Le 1er octobre au soir, Reynier[1] apprit à chacun des chefs de corps les instructions du général en chef pour la journée du lendemain. Desaix eut ordre d'attaquer les troupes de Kospoth par la chaussée de Riedlingen à Biberach, pour

1. D'origine suisse, adjoint à l'état-major de l'armée de Belgique en 1792, général en 1794, chef d'état-major général de Moreau, *confident* de Kléber, a écrit un ouvrage remarquable intitulé : *De l'Égypte après la bataille d'Héliopolis*.

atteindre « le flanc droit » de son adversaire et, le gagnant de vitesse, lui interdire toute « retraite ». Se conformant à ces décisions, il marcha avec trop de prudence, dit Saint-Cyr, en deux colonnes, lorsqu'il eut connu le succès de son ami. Celle de gauche rejeta les Autrichiens sur Gutthartshofen et Burren, celle de droite sur Stafflangen. Saint-Cyr de son côté remportait des avantages signalés au centre de l'action; l'intervention de Desaix « sur les derrières de Latour » assura le succès de la journée. La droite fut mise en déroute et le centre de l'armée ennemie, ainsi que son avant-garde, obligée de fuir, partie à travers les bois, partie à travers le corps de Desaix, qui ramassa des prisonniers jusqu'à dix heures du soir. D'une rive de la Riss à l'autre, on se canonna pendant toute la nuit avec une division autrichienne qui tentait de seconder la fuite des siens. Nous prîmes cinq mille prisonniers, vingt pièces de canon et des drapeaux, succès considérable qui relevait l'honneur de nos armes et de notre retraite. Le général autrichien avait tenté de nous acculer deux jours auparavant au lac de Constance et de nous imposer la mort ou une capitulation cruelle : le 1er octobre, il cherchait son salut dans la fuite.

Renouvelant ses excès de temporisation, Moreau ne sut pas profiter de la victoire de Biberach. Il se contenta de lancer l'avant-garde de Desaix à la poursuite de Latour; oubliant qu'il lui importait de battre l'un après l'autre les lieutenants de l'archiduc pour se porter ensuite au-devant du prince, il s'exposa à être coupé du Rhin[1].

L'armée de Rhin-et-Moselle reprit sa marche vers les Montagnes-Noires, sans cesse harcelée : son général avait hâte de regagner la France par Kehl. Jourdan lui-même en était informé par une dépêche de Moreau. Le 5, Desaix livrait un combat de cavalerie à Friedingen. Au même moment, l'archiduc se portait de sa personne sur Kehl, envoyait sur la rive gauche du Rhin, vers Philipsbourg, un corps de troupes légères qui marchait sur Landau et répandait le bruit, par ses émissaires d'Alsace et du Brisgaw, que les troupes impériales étaient à Weissembourg, qu'enfin ses généraux levaient des contributions sur le territoire de la République

1. But secret de l'archiduc, avoué par lui en ses *Principes de la stratégie* (t. III, p. 215).

française. C'est ainsi que le généralissime autrichien prenait sa revanche de la défaite infligée à son lieutenant à Biberach !

Le 10 octobre, Bacher[1] informait le ministre de la guerre que les communications de Moreau avec Huningue étaient rétablies par suite de la journée du 11. Si ces nouvelles calmaient les inquiétudes du Directoire sur ce point grave, il l'était peu du côté de Fribourg. Les Autrichiens, porte le Bulletin, venaient d'y entrer, ainsi qu'à Vieux-Brisach. On présumait qu'ils n'y séjourneraient pas longtemps. Le lendemain, 21 octobre, Moreau recevait du Directoire une dépêche qui l'instruisait de l'ordre donné à Beurnonville de se porter de suite en avant afin de le dégager. Carnot recommandait de conserver surtout la ligne de retraite par Huningue et de pourvoir à la sûreté de la frontière. Le même jour, une seconde dépêche lui prescrivait de tout tenter pour sortir de la situation critique où il se trouvait, de forcer les défilés occupés par l'ennemi, de sauver le matériel de l'armée ; on l'autorisait à le faire passer par la Suisse, en recourant au besoin à la force. Ruiné par la coalition, le Directoire combattait pour son indépendance, et ce n'est pas là une mince explication.

L'archiduc nous suivit sans chercher à nous troubler, et l'armée française effectua sans obstacle le passage du Rhin sur le pont de Huningue, dans les journées du 24 et du 26, en profitant même de la nuit. Les deux armées redescendirent la vallée du Rhin pour se rapprocher de Kehl, lieu de repos pour nous, objet de victoire prochaine pour l'archiduc.

La retraite du Danube avait duré quarante-sept jours, du 10 septembre au 26 octobre.

Quelles qu'eussent été les fautes de Moreau, le gouvernement français, qui ne perdait pas de vue le plan de Carnot, sentit l'intérêt qu'il avait à contenir l'Autriche et par elle l'Allemagne sur les bords du Rhin. Il en avait plus facilement raison là « que sur ceux du Danube », comme l'a prouvé

1. Né à Thann (Alsace), lieutenant au bataillon de Colmar, servit dans l'artillerie et le génie, 1763, ingénieur géographe militaire quatre ans plus tard sous Berthier, attaché au ministère des affaires étrangères, secrétaire de l'ambassade de France en Suisse en 1777, chargé d'affaires, premier secrétaire-interprète en 1784, géra l'ambassade jusqu'en 1789, chargé dès 1792 d'observer l'ennemi et du service secret des armées aux frontières, entretenait une correspondance très curieuse en Allemagne et chez nous à la Guerre.

Gouvion-Saint-Cyr, et l'immobilisation des forces devant Kehl l'empêchait de secourir ses généraux d'Italie. Le 22 novembre, Desaix sortit de Kehl à la tête de dix-neuf mille hommes et força les lignes de circonvallation. Le 9 janvier 1797, nous capitulâmes, emmenant le matériel de guerre de la place et laissant à l'archiduc un amas de décombres pulvérisés. Desaix, qui s'était couvert de gloire partout, de l'aveu des Autrichiens, fermait la marche[1].

Un des faits les plus singuliers auxquels donna lieu en novembre la campagne de l'année 1796, ce fut, sur le Rhin et la Sambre, l'enthousiasme de nos généraux pour leurs collègues d'Italie. Le général Beurnonville, qui commandait l'armée du Nord et par intérim celle de Sambre-et-Meuse, écrivait à Moreau le 9, pour lui conseiller l'envoi de vingt-cinq mille hommes détachés de l'armée de Rhin-et-Moselle pour secourir Bonaparte et l'aider à réduire Mantoue. De son côté, le général Dupont sollicitait Reynier d'occuper tellement les Autrichiens qu'ils ne pussent détacher de troupes en Italie pour dégager Wurmser. Le sort de la guerre paraissait attaché à l'armée comme à la personne de Bonaparte; le temps devait augmenter ce crédit dangereux, inconnu jusqu'alors aux généraux de la République française. Nous en verrons l'effet en 1797; ce fut dans ces circonstances que se lièrent Desaix et Bonaparte.

Les cantonnements d'hiver furent pris par les troupes de Rhin-et-Moselle du 11 au 12 janvier. Desaix abandonna le commandement de l'aile gauche pour celui du centre, comme au début de la campagne précédente, et échelonna son corps le long de la rive gauche du Rhin et sur la rive droite de la Queich. Le Directoire vit le nœud de la situation politique et militaire en Italie, aussi imposa-t-il aux armées de Rhin-et-Moselle et de Sambre-et-Meuse d'envoyer à Bonaparte des détachements.

L'armée de Moreau se réorganisa en Alsace et dans le Pala-

1. Après son échec et malgré la magnifique dépêche de 1796 (23 juin) rédigée par Carnot, Jourdan avait voulu rentrer dans ses foyers. Carnot n'accepta pas cette abnégation et lui confia l'armée du Nord en termes absolument délicats : *Vous continuerez à assurer la tranquillité des pays en partie conquis par vos armes.* Bonaparte répondra aux sacrifices de Moreau par des insultes, prélude du scandaleux procès intenté à son rival sous le Consulat.

tinat, se préparant à une campagne que le gouvernement voulait d'autant plus décisive qu'il imposa à ces deux masses du Rhin et de la Sambre le même généralissime : Moreau. Le 31 janvier, ce dernier se rendit à l'armée de Sambre-et-Meuse pour s'entendre avec son nouveau chef, Hoche, qui lui était donné à titre de colieutenant. Desaix eut le commandement par intérim de Rhin-et-Moselle pendant une absence qui dura du 31 janvier au 9 mars, et quelques jours plus tard du 28 mars au 19 avril.

Il reçut du Directoire les témoignages de sa satisfaction pour la défense de la tête de pont de Huningue, l'invitation à une prochaine entrée en campagne et le conseil de surveiller les mouvements de l'archiduc Charles. Le même jour, 11 février, Moreau écrivait de Cologne à Reynier, à titre confidentiel, que les généraux de Sambre-et-Meuse avaient voulu marcher précédemment sur Mein, car leur armée était forte de quatre-vingt mille hommes ; Beurnonville les en avait empêchés « par peur » ; et il ajoutait que Kléber avait « la preuve écrite » de ce fait. Moreau était aussi sincère qu'il le disait, quoique Beurnonville lui eût offert le commandement de son armée au 9 novembre 1796. Il ne faut pas voir là un de ces dissentiments en matière d'opérations militaires dont Gouvion-Saint-Cyr et Desaix nous ont fourni tant d'exemples et qui se reproduisent dans toutes les mesures exceptionnelles à prendre. Beurnonville se montra au-dessous de sa tâche.

L'esprit de la campagne de 1797 fut de *reprendre l'offensive* sur les bases du plan de Carnot, édicté en 1796. Moreau vint conférer avec lui à la moitié d'avril.

Le 12, Hoche, qui commandait les troupes de Sambre-et-Meuse, dénonça l'armistice, et entama les hostilités à la tête de quatre-vingt mille hommes. Latour était affaibli de plusieurs corps envoyés comme renforts à l'archiduc Charles en Italie.

Le Rhin fut franchi par Desaix à Diersheim le 20 avril à trois heures du matin. Hoche attira l'attention de son adversaire du côté de Dusseldorf le 18, pour permettre à son armée de déboucher à Neuwied, passage de pont qu'il exécuta le 18 avril au matin. Kray fut chassé de ses retranchements, et le plan de Werneck détruit en un jour, grâce à Championnet. Le 19, Hoche continua sa poursuite ; le 20, Lefebvre, général sans égal pour l'avant-garde aux armées si Desaix n'eût pas existé, passa la Lahn et eut ordre d'entrer à Francfort par marches forcées afin de prévenir les Impériaux sur le Mein. Six de ses chasseurs à cheval y entrèrent pêle-mêle avec les débris de la grosse cavalerie ennemie ; mais au moment où la ville allait être enlevée, un courrier arriva du quartier général, porteur des préliminaires de paix.

Le passage du Rhin, si glorieux pour Desaix, qui faillit y perdre la vie, a été regardé comme le fait *de l'audace et du génie*. Davout, le futur vainqueur d'Æurstædt, s'y était distingué à ses côtés comme général de brigade. Latour obtint de Moreau un armistice ; la campagne était du reste terminée.

Le Directoire fit écrire à Desaix, par Carnot, une dépêche où on lit : « Le passage du Rhin que l'armée du Rhin-et-Moselle vient d'exécuter est l'une des plus éclatantes opérations de cette guerre. » Le 18 juillet, ce général partit pour l'Italie, muni des pleins pouvoirs de Moreau. Ses instructions portaient que son armée n'était pas payée depuis deux mois, elle était à la veille de se livrer au désespoir. L'application des stipulations de guerre permit bientôt de se libérer envers les sauveurs de la patrie, mais on en devait savoir trop de gré à Bonaparte.

Ce fut dans cette rapide campagne que l'on acquit les preuves de la trahison de Pichegru, qui avait abandonné la vie militaire pour la vie politique. Député en 1797, il s'était fait nommer président du conseil des Cinq-Cents pour mieux ourdir ses trames. Mais Desaix, maître de sa correspondance, en trouva la clef secrète et la déchiffra, puis la remit à Moreau qui la garda quelque temps par un reste d'égards pour son ancien chef. Expédiée à Paris la veille du 18 fructidor à Barthélemy, elle fut saisie, et ce dernier était déporté à la Guyane ! Moreau en devint suspect aux vainqueurs et fut rappelé.

Le 17 octobre, des préliminaires hâtifs devenaient le traité de Campo-Formio, qui nous assurait la Belgique mais détruisait Venise, la livrait au vaincu et oubliait la première pensée : *éloigner l'Empereur de l'Italie*. On sait les causes et les résultats de cette ambition.

CHAPITRE XI

ARMÉE D'ITALIE. — CAMPAGNES DE BONAPARTE (1796-1797)

SOMMAIRE

I. Choix du général Bonaparte par Carnot, auquel l'indique Doulcet de Pontécoulant. — Proclamations. — Erreurs du Conseil aulique de Vienne sur Bonaparte. — Victoires sur les armées sardes. — Entrée à Milan. — Armistices avec le Piémont, Parme, Modène, le pape et Naples. — Siège de Mantoue. — Victoires de Lonato et Castiglione. — Wurmser, battu à Roveredo, est rejeté dans Mantoue. — Bataille d'Arcole. — L'Autriche envoie Alvinzy en Italie. — Batailles de Rivoli et de la Favorite. — Capitulation de Mantoue.

II. Année 1797. Dépêches inédites de Kellermann déclarant que la paix européenne est en Italie. — Portraits de l'archiduc Charles et de Bonaparte. — Passage du Tagliamento. — Défaites des généraux de l'archiduc. — Joubert, évacuant le Tyrol, rejoint l'armée, qui le croyait perdu. — Nouvelles défaites de l'archiduc. — Armistice. — Barras autorise Bonaparte à discuter et à conclure le traité de Campo-Formio, préjudiciable à nos intérêts.

I

L'état d'infériorité dans lequel était tombée l'armée en 1795, son dénuement et ses souffrances sont indiscutables; aussi Carnot reçut-il mandat de mettre fin à cette situation en dirigeant à nouveau les opérations militaires : on ne pouvait que revenir à lui. Un jeune général d'artillerie, sauvé par lui des prisons comme ancien confident des frères Robespierre, et qui avait défendu la Convention en vendémiaire, fut placé par le Directoire à la tête de l'armée d'Italie. Il y remplaça Schérer, homme de second ordre.

Nommé le 2 mars 1796, Bonaparte rejoignit aussitôt; le 22, il était au centre de son armée.

Au nord, Moreau commandait en chef et passa le Rhin; sur Sambre-et-Meuse, Jourdan brûlait de venger son échec de 1795; aux Alpes s'honorait Kellermann, dans un poste devenu secondaire.

L'ambition de Bonaparte allait attirer tous les regards presque sur lui seul, et la mission qu'il reçut était de toutes la plus enviable : *accabler l'Empereur, affranchir l'Italie.*

Le Directoire enflamma le zèle de ses troupes par une proclamation où il était dit que nos ennemis supposaient que nous allions leur demander une paix indigne de notre passé. Les puissances coalisées oubliaient que nous les avions tant de fois vaincues. Des instructions de Carnot les historiens étrangers ont dit: *Jamais dessein ne fut plus colossal dans sa conception... jamais aucun ne fut conduit plus heureusement.* En fait, le théâtre de la guerre allait se déployer de la Hollande à Rome avec Vienne pour but suprême, Vienne, qui était la capitale de la coalition. Nous devions y marcher à la fois par l'Allemagne et par la Lombardie.

Le nouveau général en chef débuta par une proclamation retentissante, d'un style inconnu, où les menaces le disputaient aux promesses: « Soldats, vous êtes nus, mal nourris; le gouvernement vous doit beaucoup, il ne peut rien vous donner... Je veux vous conduire dans les plus fertiles plaines du monde... vous y trouverez honneur, gloire et richesse. On dira de vous un jour : *Il était de l'armée d'Italie.* »

Le cabinet de Vienne, de son côté, enlevait la conduite de la guerre au feld-maréchal Clairfayt, vainqueur des lignes de Mayence et de Frankentahl. Appelé dans la capitale des Césars germains par le Conseil aulique et par l'Empereur, notre vainqueur y avait été l'objet du culte public et avait reçu les honneurs du triomphe. Le Conseil cependant lui retira son commandement, à la surprise du peuple et à l'indignation de l'armée, pour le confier au jeune archiduc Charles, brave et plein de coup d'œil, quoique fort jeune. L'avenir allait prouver qu'il en était digne et qu'il prendrait place au premier rang , à l'égal du prince Eugène de Savoie.

Au lendemain de Loano, les directeurs des opérations militaires de Vienne s'étaient trompés sur notre inaction et ne crurent nullement à une offensive de notre part, qui aurait été une marche en avant et déboucher en Italie par l'Apennin. C'est cependant ce qui eut lieu; tout nous le conseillait, et il n'était pas dans le tempérament fougueux de Bonaparte de temporiser. La campagne devait être une série de surprises et de victoires aussi surprenantes les unes que les autres. Mais son génie était alors inconnu, et on en était partout aux formes lentes et solennelles dans l'art de la guerre. Le génie déployé par les généraux français en 1793 et en 1794 n'avait éclairé aucun de nos adversaires, et notre impétuosité n'avait

Bonaparte premier consul.

encore servi de leçon à aucun d'entre eux. Seule, la Prusse avait compris, avait pris peur et avait recherché une *paix* à Bâle (avril 1795), trop facilement accordée par nous à ses perfides ambitions.

Les forces numériques des Impériaux en Italie étaient supérieures aux nôtres. Leurs ministres voyaient dans les gouvernements de ces contrées des auxiliaires forts, tandis que les nôtres jugeaient y trouver des neutres. Le général en chef résolut hardiment de prendre l'initiative de l'offensive. S'attachant les troupes, qui le connaissaient depuis le siège de Toulon, par une *provision de solde* habilement distribuée avant l'entrée en marche, il les porta vers lui par la reconnaissance. En quelques jours il les eut réorganisées et transféra son quartier général à Albenga le 5 avril; le 9, il était à Savone après avoir essuyé le feu des canonnières anglaises embossées en face de la route de la Corniche; le commodore Nelson y commandait!

Le 10 avril on se battit à Voltri; ce fut l'ouverture des hostilités. Le 11, Argenteau nous attaquait à Montenotte, où il dirigeait le centre des Autrichiens. Le colonel Rampon obligeait avec douze mille hommes à reculer et permettait à Bonaparte de jeter à la fois sur son adversaire Masséna, Joubert et Dommartin; accablé, d'Argenteau était vaincu. Nous ne laissâmes pas à Beaulieu, vieillard octogénaire, le temps de se reconnaître, et nous poursuivîmes successivement ses deux ailes, afin de détruire ses plans dès l'ouverture de la campagne. D'Argenteau fut battu à Dégo; vainement Wuscassowich le reprit-il par surprise, il dut l'abandonner au mouvement offensif de Masséna et s'enfuir pour éviter de capituler. De son côté, Augereau chassait les Sardes devant lui; en six jours nous possédions les hauteurs dominantes et centrales de l'Apennin, nous avions coupé l'ennemi en ses deux armées. *Bonaparte rassemblait déjà ses masses dans un espace resserré afin de frapper de grands coups;* son système, le voilà en son entier. Il lui resta toujours fidèle, en le modifiant plus tard dans un seul sens: séparer de plus en plus les armées ou les corps qu'il avait vaincus. Ce jugement de Jomini est à retenir et l'emporte sur les récits de Thiers, si dépourvus de critique.

Un *conseil de guerre* tenu à Céva vit tous les divisionnaires de l'armée réunis. Bonaparte leur exposa que la victoire contre le Piémont serait certaine si on ne laissait pas aux ennemis le temps de se reconnaître, mais que nous étions perdus dans le cas contraire. Ses lieutenants votèrent à l'unanimité la continuation de la marche en avant; malgré les fatigues de l'armée, on courut devant soi. Colli, effrayé de son isolement, se retira à Mondovi pour y attendre les secours des Autrichiens. Vigoureusement attaqué, il repassa, après l'échec de ses divisionnaires, la rivière de l'Ellero, et les magistrats de Mondovi apportèrent les clefs de leur ville à Bonaparte. Endormi à Aqui, Beaulieu s'ébranla trop tard : Serrurier franchit la Stura et s'empara de Fossano, Augereau d'Alba. Le moment parut venu à Bonaparte de communiquer avec le col de Tende et de se relier à l'armée des Alpes, dont le chef de la droite eût pu déboucher sur Saluces. La frayeur de la cour de Turin rendit ses prescriptions inutiles ; Victor-Amédée ne demandait qu'à séparer sa cause de la coalition.

Le 27 avril, le général Colli lui annonçait que les pourparlers du 23 étaient réalisés, ses conditions acceptées, et le 28 un armistice était signé à Cherasco. Il nous livrait les forteresses de Coni et de Céva, d'Alexandrie et de Tortone. Le 15 mai, la paix était signée à Paris : la Savoie et le comté de Nice nous restaient à titre de *frontières naturelles*.

L'heure des défaites retentissantes pour Beaulieu était venue. Il accourait soutenir ses alliés lorsque l'ambassadeur impérial à Turin lui notifia l'armistice; il en resta confondu. Puis, prenant trop tard le parti de la vigueur, il résolut spécialement de nous reprendre Alexandrie, Tortone et Valence, qui formaient un triangle dans lequel il comptait nous tenir en échec. Il avait perdu à Cherasco quarante mille alliés.

Bonaparte écrivait alors au Directoire : « Je marche demain sur Beaulieu, je l'oblige à repasser le Pô, je le passe immédiatement après lui, je m'empare de toute la Lombardie, et avant un mois j'espère être sur les montagnes du Tyrol, trouver l'armée du Rhin et porter la guerre dans la Bavière. Ordonnez que vingt-cinq mille hommes de l'armée des Alpes viennent me rejoindre ; j'aurai alors une armée de quarante-cinq mille combattants, et il est possible que j'en envoie une partie sur Rome. » Le Directoire n'accepta pas cet immense projet. Il entendit laisser Bonaparte en Italie ; là se bornait sa tâche ; aux armées de Moreau et de Jourdan reviendrait l'Allemagne.

Donnant aussitôt le change à Beaulieu en feignant de passer le Pô à Valence, le vainqueur se porta sur Plaisance le 6 mai ; son adversaire en devint démoralisé. Le 8, nous battîmes un de ses lieutenants à Fombio et à Codogno, où le général Laharpe trouva la mort dans une surprise ; ce chef vaillant et fidèle à notre fortune, malgré son origine suisse, fut pleuré par toute l'armée. Berthier rétablit les affaires ; privés d'équipages de pont, nous ne pûmes profiter de nos avantages, qui étaient tels que Beaulieu enveloppé aurait dû mettre bas les armes avec toutes ses troupes.

Le 9 mai, compensation qui avait son prix, nous signions un armistice avantageux avec le duc de Parme, et le 10 notre avant-garde se précipitait sur les derrières du vaincu à Lodi, qui entendait y brusquer son passage. Atteint dans sa retraite, il fit face bravement, les grenadiers de Masséna formés en balance méprisèrent les vingt pièces de canon qui couvraient le pont de l'Adda de mitraille et le franchirent, *leurs généraux en tête,* suivis par leur division. Beaulieu se retira derrière le Mincio, Pizzighetone se rendit à Masséna, qui en transmit l'occupation à Serrurier: la Lombardie était entre nos mains.

Bonaparte fit une entrée triomphale à Milan. L'accueil qu'il y reçut fut non celui d'un soldat républicain, mais celui d'un roi. Intimidé, le duc de Modène traita avec nous. Les soulèvements d'une partie du pays furent réprimés, Pavie livrée au pillage pendant trois jours, ce qui fut une faute[1]. Reprenant notre conquête, nous entrâmes à Brescia et franchîmes le Mincio par le centre de la ligne. Vérone fut occupée pour garantir nos flancs et posséder l'immense plaine qui va de ses remparts à Mantoue (31 mai). Mais que feraient la république de Venise ainsi envahie, Naples menacé et Rome hostile? Résolu d'intimider le cabinet de Vienne, Bonaparte envoya un corps à Rome, se promettant de rabattre sur Naples par la Romagne une forte division, qui lui imposerait la paix par cet acte d'audace. Dans la partie dernière de son programme il réussit et accepta les propositions d'armistice venues de Naples. A Rome nous étions en rupture diplomatique depuis l'assassinat de notre ministre Basseville (13 janvier 1793). Augereau se dirigea sur l'Émilie et entra à Bologne, ses avant-postes se présentèrent à Ferrare, qui se soumit sans résistance. Le 24 juin, un armistice accordait la paix à Pie VI, à la condition de fermer ses ports aux Anglais. En Toscane, nous occupions Livourne, et le grand-duc acceptait les mêmes

1. Le sang ne rougit pas les mains de nos soldats dans ces désordres; on en vit même restituer aux révoltés ce qu'ils avaient pris, en voyant la misère où ils les réduisaient. Dans quelques régiments on se battit pour y contraindre les pillards. Quant à l'honneur des femmes, il fut respecté unanimement. Botta, en son *Histoire d'Italie,* est formel sur tous ces points.

stipulations. A Venise, dont nous parlerons plus tard, on négociait; l'Italie était à nous, entière, moins Mantoue.

Cette place, une des plus fortes de l'Europe, était un boulevard presque imprenable pour qui la connaît, de nos jours encore. Une garnison composée de troupes d'élite la gardait sous la direction d'un gouverneur d'origine espagnole, fier, brave et fidèle à l'honneur comme les généraux de sa nation. Serrurier commandait le blocus; il chassa dès le début les postes extérieurs et prit un retranchement; le parc de siège mit tout le mois de juin à lui parvenir, la tranchée fut ouverte le 18 juillet. Murat, Dallemagne et Andréossy s'y distinguèrent. Les opérations techniques étaient dirigées par le savant général Chasseloup, et tout annonçait qu'il serait vainqueur, lorsque les succès de l'archiduc Charles en Allemagne et l'échec de Jourdan nous contraignirent à lever le siège par prudence.

Cette décision de Bonaparte fut un acte de génie : il se proposa, en effet, d'écraser séparément chacune des divisions autrichiennes de Wurmser, dont ses émissaires annonçaient l'arrivée. Le salut de son armée était à ce prix. Les combats de Desenzano et de Salo, les batailles de Lonato et de Castiglione en furent la conséquence, dans cette plaine de Solférino que la géographie impose aux chefs d'armée comme le champ clos nécessaire de leurs querelles depuis cent années!

On se battit à Lonato à deux reprises; le coup d'œil de Bonaparte lui valut la victoire. Dès le 1er août, Augereau marchait sur Castiglione, s'y établissait le 2 et s'y maintenait le 3, pendant que son chef devenait victorieux à Lonato pour la seconde fois. Le 4, celui-ci entendait couper la route qui va de Brescia à Mantoue et tourner la gauche des Impériaux, pendant que ses principales forces l'attaqueraient de front. Ils se formèrent en bataille sur deux lignes, Augereau également, et couvrirent ainsi Castiglione. Masséna forma sa gauche, et Kilmaine fut placé en réserve. Wurmser fut pris en écharpe à Médole et ne dut son salut dans l'action qu'aux dragons de son état-major, sans quoi il eût été prisonnier. L'apparition de notre infanterie au centre de ses opérations remplit ses troupes de stupeur. Augereau et Masséna intervinrent alors, le pressant entièrement au centre et à l'aile droite; la division Serrurier se porta à son tour sur Cavriana; tout promettait à Wurmser d'être précipité soit dans le Mincio, soit dans le lac de Garde, lorsque la prise de la tour de Solférino (*la spia d'Italia*) l'obligea à regagner Mantoue, après avoir perdu vingt canons, deux mille morts et mille prisonniers. L'Italie nous était assurée par ce fait d'armes, et Wurmser regagnait le Tyrol en désordre, après une foule de petites rencontres où il laissait quantité de soldats et d'artillerie.

Notre armée reprenait ses premières positions pendant que notre adversaire s'établissait à la mi-août à Trente, capitale du Tyrol italien, et qu'il couvrait les passages du pays de ses corps détachés. Le 1er septembre nous nous élancions contre lui, le 3 nous culbutions ses avant-postes, le 4 nous étions victorieux à Roveredo par Rampon et Victor sous les ordres de Masséna, qu'aida l'artillerie de Dommartin. Le 5, Bonaparte entra dans Trente ; le 6, il écrivit au Directoire qu'il apprenait le départ de Wurmser pour Bassano et allait l'y suivre afin de l'empêcher de couvrir Trieste. Il entrait aussitôt dans les gorges de la Brenta pour couper ses derrières ou pour l'écraser à Bassano, comptait trouver Moreau à Inspruck et par Trente se lier à lui ; enfin, il priait qu'on lui envoyât dix mille hommes des Alpes et promettait de ne pas oublier le blocus de Mantoue, où il avait placé Kilmaine à la tête de neuf mille hommes.

Atteint à Bassano par Bonaparte, Wurmser était vaincu le 8 septembre ; culbuté sur Vicence, se jetant dans Legnano, harcelé jour et nuit par Masséna, Sahuguet et Augereau, le vieux maréchal dut regagner Mantoue. Ému de tant de défaites noblement supportées, le cabinet de Vienne fit choix d'Alvinzi pour secourir son généralissime et reprendre par lui l'offensive à la fin d'octobre.

Le 1er novembre, la seconde partie de la campagne commença : Alvinzi franchit le Tagliamento et, battant successivement par lui ou ses divisionnaires les nôtres, menaça Vérone le 14. L'extrémité du péril inspira Bonaparte. Livrant le blocus à lui-même, la défense de Rivoli à son lieutenant, il se réserva de dégarnir Vérone pendant vingt-quatre heures et de manœuvrer par le bas Adige sur les communications de son ennemi, chef-d'œuvre de stratégie.

Pendant qu'Alvinzi marchait sur Vérone, Bonaparte s'élançait sur Arcole, dont une digue nécessitée par les marais d'un pays bas formait la seule route. Averti par un de ses brigadiers et par la canonnade qui lui en arrivait en éclats sonores à son quartier général, Alvinzi se hâta d'accourir. La chaussée étant unique et les Autrichiens l'enfilant avec leurs batteries, il y eut un véritable carnage; jusqu'à six généraux y furent blessés. S'étant mis en tête de leurs troupes, Bonaparte dut la vie au colonel Belliard, qui le préserva en l'entourant avec d'autres officiers ; on pénétra dans le village; avec la nuit on le quitta par prudence. Vérone était néanmoins dégagée, et la jonction de Davidowich avec Alvinzi retardée; c'était le 15 novembre. Le 16, l'action recommença ; Masséna et Augereau furent victorieux, mais à la nuit il fallut se conduire comme la veille. Construisant enfin un pont sur le confluent de l'Alpone, Bonaparte s'assura dans la nuit le moyen de vaincre le 17, ce qui prouve son tort de ne pas l'avoir établi dès le premier combat. Lorsque les Autrichiens crurent nous tenir, ils virent surgir des troupes de tout côté; deux ponts secondaires ayant été établis, leur chef comprit que tout était perdu et, désespérant de nous forcer, il se retira. On s'était fusillé et canonné pendant soixante-douze heures, mais l'obstination de nos ennemis à combattre une troisième fois leur avait causé des pertes telles que leur *supériorité numérique* avait disparu.

Abattu, mais non vaincu, Davidowich s'empara de Rivoli pour un jour; on l'en délogea, et la retraite de son chef le contraignit à rentrer dans le Tyrol. Ainsi, Bonaparte avait réussi. Le Conseil aulique sentait ce qu'entraînerait pour lui de défaveur l'abandon de Mantoue à l'égard de l'Italie et pour sa réputation en Europe ; aussi rejeta-t-il les ouvertures de paix du Directoire et refusa-t-il même de recevoir Clarke à Vienne [1], les corps d'Alvinzi furent complétés. Ce général rentra en ligne le 7 janvier 1797 et par le général Provera s'élança sur Legnano en s'avançant sur l'Adige en trois colonnes; le 10 une démonstration avait lieu à Vérone, le 12 avait lieu la bataille de Rivoli.

Notre adversaire avait pris la rive droite de l'Adige par

1. La presse, interprète de l'opinion publique, demandait la paix avec insistance au Directoire et arguait de nos victoires; les députés agissaient dans le même sens. L'Angleterre la rendit impossible par les propositions de lord Malmesbury, son mandataire ; elle donnait pour base d'une paix générale le *statu quo ante bellum,* ne restituait aucune de ses acquisitions, les coalisés conservaient la Pologne. Nous aurions été seuls à rentrer dans nos anciennes limites.

le Montebaldo ; il trouva devant lui Joubert, qui se replia dans la crainte d'être écrasé. Le 13, Bonaparte lui apprit son arrivée et lui donna ordre de se tenir ferme ; avec un tel lieutenant il était sûr d'une exécution littérale et immédiate. Vainement allait-on tenter de l'envelopper : le général en chef français arrivait de Vérone dans la nuit du 13 au 14, décidé à accabler son adversaire sur sa droite. Le 14 au matin, Joubert reprit seul les hauteurs de San-Marco sans attendre ses collègues, dans le but d'empêcher l'ennemi d'occuper le plateau et d'y trouver un champ de bataille favorable à ses desseins. Masséna arriva à cet instant, et Rey reçut l'ordre de forcer son étape en hâte. Joubert, qui combattait avec ténacité, dut plier devant des forces supérieures ; la 32e de Masséna, surnommée *la brave,* redoubla d'ardeur à la vue de l'ennemi. Lusignan tourna inutilement notre gauche : Quasdanowich ne put se maintenir à Rivoli, où il avait débouché ; chargé par la cavalerie, assailli par Joubert furieux, terrassé par Masséna admirable de vigueur, Alvinzi vit son centre culbuté. A la fin de la journée, Lusignan, accablé de tous côtés, fut réduit à se rendre et Quasdanowich à s'enfuir ; les troupes du général en chef furent taillées en pièces à la Corona ; leurs débris, repoussés dans un défilé comme dans un gouffre où les attendait Murat avec la 12e légère, s'y rendit à discrétion. Murat avait marché toute la nuit sur les crêtes des montagnes pour surprendre son adversaire.

Désireux de racheter sa capitulation de la dernière campagne, Provera s'était dirigé sur Mantoue ; mais il avait perdu trois jours à attendre le résultat de la bataille qu'il savait devoir être livrée par Alvinzi ; aussi avions-nous connu sa marche et, par Bonaparte, pénétré son dessein. Ce dernier se réserva de l'écraser dès qu'il serait victorieux. Le 15, le sort de Provera fut décidé ; entouré par nos divisions, accablé, il dut capituler à nouveau. Wurmser tenta inutilement de sortir de Mantoue : Serrurier et Victor, Dugua et Miollis l'y rejetèrent après quatre heures de combat, le 16. En trois jours l'armée autrichienne était détruite, car il lui fut fait dix-huit mille prisonniers. Devant notre retraite d'Allemagne, l'opinion française hésitait à ajouter foi à nos triomphes d'Italie ; l'intervention des autorités certifiant par actes publics la grandeur de la victoire, l'allégresse de Paris fut immense. On apprit peu à peu la bravoure des régiments, leur célérité ;

on s'écria alors que la rapidité et le courage des *légions* de César étaient égalés. L'histoire a le devoir de constater que c'est absolument exact.

La famine devait amener la défaite certaine de Mantoue. Bonaparte, pressé de terminer la campagne, dont le climat et les montagnes augmentaient les difficultés, lança ses divisionnaires à la poursuite d'Alvinzi afin de terrifier cette fois l'Autriche par un désastre sans mesure, et il y parvint. Joubert, dont la gloire égala à Rivoli celle de Masséna, se précipita sur Laudon, Masséna marcha sur Vicence, Augereau sur Padoue. Les montagnes, les gorges, les fleuves, un hiver rigoureux, rien n'arrêta le vainqueur: Alvinzi rentra dans Trente vaincu cent fois. Nous reprîmes nos anciennes positions, Mantoue se rendit après un siège de six mois, et le cabinet de Vienne eut la douleur de voir le pape signer, après la chute d'Ancône, la paix de Tolentino, 19 février. Bernadotte et Delmas accouraient renforcer cette admirable armée à la tête de trente mille hommes.

Quelle conduite allait tenir l'Autriche?

II

Le 14 novembre 1796, notre ministre des affaires étrangères avait envoyé le général Clarke à Vienne avec mission d'y traiter de la paix, mais d'une paix préparatoire. Le Directoire entendait être seul à en discuter les conditions, surtout les *compensations*. Où les chercherait-on? En Italie? en Allemagne? car on désirait indemniser le vaincu: théorie nouvelle, étrange, généreuse mais fausse! Depuis 1792 l'Autriche était battue au nord, à l'est, au sud, dans toute la péninsule, et elle parlait d'*indemnités!*

Tous les historiens ont enregistré ce système sans protester; nous nous élevons avec vigueur contre leur approbation ou leur silence.

Ils ont été plus justes appréciateurs lorsqu'ils ont blâmé les cabinets de Vienne et de Londres de n'avoir pas accepté nos ouvertures de paix au moins comme propositions; lorsqu'ils ont soutenu la distinction d'intérêt existant entre Londres et Vienne, ou lorsqu'ils ont préconisé pour l'Empereur un intérêt réel à traiter séparément avec la République.

Repoussés un instant sur le Rhin et sur la Nahe, nos armées se préparaient à une glorieuse revanche avec des généraux tels que Hoche, Moreau, Marceau et Kléber, Ney et Lefebvre, Desaix et Saint-Cyr, Davout[1], Gudin et Lecourbe. Les succès éphémères de l'archiduc, donnant à Thugut des espérances trompeuses, lui firent regarder notre chute en Italie comme possible; il fut aussi imprudent pour l'avenir de l'Allemagne.

Ici se place un conseil important et inattendu donné à Paris par le clairvoyant Kellermann, à Clarke, qui est resté inédit. Cette dépêche, qui honore tant son auteur, a suffi pour modifier et inspirer la politique directoriale. La paix de l'Europe était, en effet, en Italie et non ailleurs. Le 10 août 1796, Kellermann écrivait de Suze :

Je viens de recevoir, mon cher général, votre lettre du 13, que j'attendais avec une extrême impatience. Ayant été très inquiet de votre santé, me voilà tranquille à cet égard et suis content. Je ne vous répéterai plus rien sur le désir que j'avais de l'ambassade de Turin. J'y aurais été utile, mais c'est égal, je n'y pense plus.

Eh bien, mon ami, vous voyez qu'il ne tenait qu'à un fil de mousseline que tout fût perdu en *Italie*.

Je vous demande ce qu'auraient produit nos grandes armées en *Allemagne* de rétrograder très lentement pour ouvrir nos frontières et faire passer des forces actives dans le Midi, où tout le poids se serait porté.

Je vous demande ce que Lyon, le mont Blanc seraient devenus, ainsi que tous nos établissements de Grenoble.

L'esprit de ces contrées, la lassitude de la guerre, enfin tant d'autres motifs appuyés des forces ennemies auraient tout mis dans le plus grand désordre où jamais la République se serait trouvée.

Ne nous dissimulons pas que le roi de Sardaigne ne se serait laissé forcer avec plaisir de reprendre les armes.

Quelle eût été notre opposition (c'est-à-dire situation)? Aucune.

Pas de quoi seulement à défendre Briançon ou Mont-Lyon. A plus forte raison les départements des Hautes et Basses-Alpes et le mont Blanc. Voilà cependant à quoi nous étions exposés sans un miracle.

1. Né à Aunoux, marquis d'origine, étudia à Brienne avec Bonaparte, Marmont et Gudin, sous-lieutenant dans Royal-Champagne cavalerie, jusqu'en 1791, renvoyé comme patriote, chef de bataillon de volontaires de l'Yonne, chef de brigade et général en 1793, destitué comme noble, vit sa mère emprisonnée, réintégré après thermidor, servit sur la Moselle et le Rhin, protégé par Desaix.

Si Bonaparte (*sic*) a été un peu trop dans la sécurité; si des points de sa ligne, trop étendue sans doute, ont été surpris et forcés, ce qu'il a fait de plus beau de toute la Campagne est de s'en être tiré avec autant de gloire que d'audace. Je dis que s'il soutient ses succès avec la prudence et la célérité qu'il sait y mettre, rien ne peut lui faire plus d'honneur.

Je ne connais pas votre politique.

En portant tous nos efforts en Allemagne, c'est courir après des conquêtes stériles dans le temps que la plus belle, qui est celle d'Italie, est au hasard.

Il n'y a donc que des intelligences avec les princes d'Allemagne qui seraient bien aises d'un motif pour quitter l'Empereur; mais comme il n'y a que la crainte qui les peut engager, songez que la reprise de l'Italie et la guerre sur nos frontières du midi les engageront tout comme le roi de Sardaigne à les reprendre le lendemain.

Oui, mon ami, *la paix de l'Europe est en Italie.*

Je le vois militairement, et je crois que politiquement mon expérience, jointe à mes connaissances des intérêts de l'Europe, ne me trompe pas non plus dans mon calcul en grand sur les événements. Un point principal forcé sur une grande étendue militaire comme politique rompt toute la machine. Il faut donc savoir défendre la direction principale : *l'Italie et l'Italie,* et tout est gagné. Dans le reste il n'est question que de flotter.

Je ne sais qui a conseillé le siège de Mantoue, mais moi je l'aurais masqué avec un camp de douze mille hommes et serais descendu dans la fraîcheur du Tyrol au moins pour le temps des grandes chaleurs. Au reste, quoi qu'il en soit, il paraît que tout va bien. Je suis content.

Les troupes qui viennent des côtes sont dans un état de délabrement affreux. Je rendrai compte au Directoire de leurs forces après leur organisation en demi-brigades, mais il en est resté beaucoup en arrière et déserté. Je dépêche leur formation.

Ce même sentiment animait le cabinet de Vienne, prêt à courir toutes les aventures pour conserver la Belgique, entrée sans raison dans son empire, tandis que nous oubliions de notre côté notre premier projet diplomatique: chasser l'Empereur et affranchir l'Italie[1].

1. Depuis bientôt une année, Bonaparte avait conçu le détestable projet d'effacer la république de Venise du rang des États en invoquant son mépris des règles de la neutralité. Il devait le réaliser par Barras en violant, l'un la bonne foi, et l'autre la sincérité des délibérations du Directoire, lorsqu'il étudia les conditions de la paix. (V. notre ouvrage: *Chute d'une république, Venise.*)

L'Europe eut bientôt les yeux fixés sur les deux généralissimes dont les triomphes ou les revers réciproques allaient dicter la paix.

Honorés tous deux par la victoire, égaux par l'âge et par la renommée, opposés comme qualités d'hommes de guerre, ils rappelaient l'un la prudence de Turenne, l'autre la fougue de Condé. Par un contraste à retenir, le plébéien avait les emportements du vainqueur de Rocroy au début de sa carrière. Ainsi, la prudence et la fermeté du premier eut à combattre l'audace et l'impétuosité du second. Le vaincu apportait aux siens sa constance dans les épreuves; le vainqueur, inconnu avant 1796 sur l'échiquier de la coalition, imposait sa réputation naissante et son génie.

Quant aux *moyens*, deux écoles se trouvaient en présence: l'une fidèle aux traditions de l'art de la guerre, l'autre novateur et insaisissable à cette période dans ses procédés. En 1797, les troupes républicaines étaient partout victorieuses; les troupes autrichiennes étaient vaincues à peu près régulièrement en Italie, mais elles l'étaient honorablement et suppléaient au succès par l'enthousiasme de leur dévouement à la dynastie des Habsbourg.

Si Bonaparte l'emportait encore, la domination française s'affirmait en Italie, et par elle la diffusion des doctrines de la Révolution menaçait les principes survivants de l'ancien régime, si ébranlé depuis huit années. Si l'archiduc était battu, l'intégrité territoriale de l'Autriche était perdue, son influence disparaissait, et l'équilibre de sa prépondérance germanique sombrait au profit de la Prusse, que la France n'encourageait que trop à une *hégémonie* redoutable dans le Nord allemand. Le vieux Saint-Empire en serait bouleversé et peut-être détruit, si Hoche, si Moreau, l'emportaient de leur côté. La partie n'était donc pas égale quant aux résultats pour les deux adversaires.

Les peuples avaient aussi leur rôle dans ce drame.

Les habitants des pays où se mouvaient les deux armées étaient favorables à l'archiduc et mal disposés pour nous. Les Impériaux avaient, en termes militaires, leurs derrières assurés, les Français n'auraient qu'à compter sur leur courage en cas de défaite. Les premiers ne seraient pas détruits dans une retraite, les seconds seraient décimés dans la rétrogradation sur leur base de pivot. Leur chef devait donc vaincre à tout prix. Son plan devait avoir pour base une rapidité foudroyante dans ses mouvements ; l'archiduc lui préférait une temporisation propre à former ses jeunes troupes, moyen sûr de leur donner de l'expérience et d'attendre de nouveaux renforts. Bonaparte était contraint à une victoire rapide sous peine d'être écrasé sous le nombre, l'archiduc était disposé à traîner en longueur une campagne où le temps augmentait ses chances.

Les caractères des deux généralissimes étaient donc servis par les circontances, et tout se montrait d'accord pour leur rester fidèle. Par tempérament, ils eussent agi comme l'imposaient les hommes et les choses.

Entre la tactique et le génie, le patriotisme et l'anéantissement, la fortune allait avoir à prononcer.

Le 10 mars 1797, la campagne de cette année recommença ; Bonaparte ouvrit les hostilités avec soixante mille hommes, pendant que le Directoire en accordait cent quarante mille à ses rivaux. Opérer en Allemagne avec une armée, c'était bien ; avec deux, c'était une *faute* aujourd'hui reconnue et que rien ne peut justifier.

Le 16, le premier coup de canon retentit sur le Tagliamento, que l'on nous disputa à peine ; l'archiduc, n'ayant comme nous que soixante mille combattants, ne voulut rien livrer au hasard et attendit l'arrivée des renforts du Rhin. Les divisions françaises trouvèrent une rivière guéable sur tous les points, des retranchements hâtivement construits sur la rive gauche ; notre artillerie appuya les grenadiers et les bataillons d'infanterie légère, qui furent nos premières troupes au feu ; le reste du corps d'armée engagé offrit un ensemble et une précision dans ses manœuvres qui le firent ressembler à une parade oficielle ; culbutée par les généraux Dugua et Kellermann, la cavalerie autrichienne s'enfuit, perdant son chef dans la déroute et entraînant l'infanterie. La nuit fut un bienfait pour le vaincu. Nous pénétrions enfin dans la Carinthie, c'est-à-dire dans les États mêmes de l'Autriche.

Bonaparte avait à franchir les longs défilés des Alpes Noriques et des Alpes Juliennes pour pénétrer au cœur de la monarchie ennemie ; il laissait à sa gauche le Tyrol, à sa droite la Hongrie et la Croatie. Battu, il tombait par lambeaux entre les mains des Tyroliens d'un côté et au pouvoir des Croates ou des Vénitiens de l'autre. C'est pourquoi il marcha avec une rapidité foudroyante, seul moyen d'éblouir son adversaire et de le détruire.

Nous nous emparâmes, après le passage, de la place de Palma Nova, nous franchîmes l'Isonzo avec une rapidité qui déconcerta l'archiduc; Gradisca ne s'étant pas défendu, il dut se retirer ; il le fit en prenant deux directions, espérant tout de son *système de retraite méthodique* déjà pratiqué par lui contre Moreau en 1796. Ce système devait causer sa perte. Masséna s'était attaché à son aile droite par ordre et, battant les divisions qu'on lui opposait, devança leur généralissime à Tarvis. Bonaparte y accourait à son heure avec le gros de nos forces, et nous en restions maîtres. La Chiusa-di-Pletz se rendait, la colonne de Bayalitsch capitulait avec quatre généraux et quatre mille hommes, vingt-cinq canons et quatre cents chariots de bagages. Ceci réduisit l'archiduc à la défensive ; il rallia ses troupes à Klagenfurth, mais nous possédions les débouchés qui conduisaient des provinces de Venise en Allemagne.

Parvenu sur les bords de la Drave, le vainqueur occupait, le 23 mars, le port de Trieste, et le 29 envoyait dans la vallée Zayonscheck pour se relier à Joubert, qui opérait seul dans le Tyrol allemand. Le corps de ce général comprenait les trois divisions Joubert, Baraguey d'Hilliers, Delmas. Parties de Trente le 19 mars, elles avaient livré bataille à Botzen, Clausen, Mittenwald, Unter-Aue. L'insurrection du pays ne put empêcher cette aile, qui formait notre gauche, d'opérer sa jonction avec le reste de l'armée par Lienz (vallée de la Drave) lorsque Joubert eut appris par un colonel déguisé la présence de Bonaparte en Carinthie. Le 4 avril il s'élança dans cette direction, échappa aux corps qui le poursuivaient, tantôt en combattant, tantôt en coupant les ponts derrière lui, et reparut parmi les nôtres inquiets d'une absence qu'on avait prise pour un désastre[1].

En vingt jours, l'archiduc n'avait cessé d'être toujours battu.

Le 29 mars, Bonaparte s'emparait de Klagenfurth, décidé à pénétrer à Vienne, quoique un revers eût pu le perdre ; son génie le fit constamment vainqueur.

1. Le 10 avril, il écrivait : « Je suis sorti vainqueur du Tyrol... Ma marche est quelque chose d'extraordinaire; avec Bonaparte peut-on faire autre chose ? »

Le 30, il offrit la paix à son adversaire, qui la rejeta; le 1er avril, on reprit de part et d'autre les opérations; le 2, Masséna livra avec succès le combat de Neumarck; le 3, nous occupâmes le village de Scheiffling, situé à l'embranchement des routes d'Allemagne et d'Italie; le 4, nous marchions sur la route de Léoben, prêts à descendre dans les plaines de Vienne. L'archiduc abandonna pour nous y devancer Knittenfeld et Judenbourg, ayant le même but que nous et un intérêt autrement supérieur; il espérait avec ses troupes du Rhin nous écraser devant la capitale.

Parvenu à Judenbourg le 5 avril, Bonaparte y organisa son quartier général pour y concentrer ses troupes fort disséminées. L'empereur demanda le 7 un armistice dans la crainte d'une défaite à Vienne; il fut imprudemment accordé, alors que Joubert rejoignait, que Hoche entrait à Francfort et que Moreau gagnait la Bavière. Mais Bonaparte voulait déjà que tout dépendît de lui seul; de là, les préliminaires de paix de Léoben conclus le 17 avril, acceptés si légèrement par la majorité des membres du Directoire.

Des fautes alors commises, nulle ne restera plus inexplicable que l'autorisation accordée à Bonaparte de traiter définitivement là et au congrès de Rastadt la paix de Campo-Formio. Cette faute appartient à Barras, dont *le nom mérite toutes les flétrissures.* On allait y livrer la république de Venise à l'Autriche, l'installer en Italie malgré Carnot et Talleyrand, lui rendre enfin en population, en territoire et revenus l'équivalent de ses pertes après huit années de défaites! Vainement protesta-t-on au conseil des Cinq-Cents le 23 juin contre tout; les soucis du 18 fructidor en germe firent rejeter les doctrines justes en droit public des protestataires: on ne voulut rien entendre. Un coup d'État au profit de Barras s'accomplit en septembre, et Carnot, voué aux poignards de ses sicaires, dut s'enfuir en Suisse, proscrit de son pays après l'avoir tant de fois sauvé! Quant à Barras, devenu chef de parti, il allait perdre par un pouvoir omnipotent la France et la République[1], préoccupé toujours de trouver des millions dans les crises politiques de sa patrie!

1. On devra lire sur tous ces points l'*Histoire de Napoléon* par Lanfrey, au tome I, les chapitres VII, VIII, IX; ce qu'en a écrit Thiers en 1823 et sous l'Empire ne supporte pas l'examen.

CHAPITRE XII

CARNOT, L'ORGANISATEUR DE LA VICTOIRE

SOMMAIRE

Œuvre militaire de l'Organisateur de la victoire. — Entrée au Comité de Salut public le 23 août 1793. — Wattignies. — Campagne sur le Rhin par Hoche. — Instructions et esprit de la campagne de 1794. — Il sort du Comité victime de dénonciations. — Campagnes de 1796 et de 1797. — Exilé jusqu'en 1800 après fructidor. — Empire. — Ministre aux Cent-jours. — Exil et mort.

Le génie et la gloire, les services rendus devant l'ennemi, la victoire organisée contre une coalition sans exemple jusqu'alors en Europe, n'ont pu couvrir ou défendre contre la haine des partis, à certaines heures de notre histoire, le sauveur de la France durant l'épopée militaire de la Révolution. Cette haine, nul ne l'a plus éprouvée que Carnot.

Le moment est venu enfin, à la veille du *centenaire* de 1789, de dire quelle fut son œuvre propre : la part prépondérante qu'il prit au salut de notre patrie, les moyens qu'il employa pour y parvenir, la situation dans laquelle il la trouva ; les instructions principales qu'il rédigea pour les généraux en chef de nos armées ; le parti qu'il tira des volontaires ou des levées en masse de la Convention, après qu'il eut fait accepter par les troupes la déchéance du gouvernement royal, proclamée par l'Assemblée législative, où il avait siégé ; son rôle incomparable au Comité de Salut public et les conditions de son exercice.

Il eut, en effet, l'honneur de sauver trois fois la France : en 1793, en 1794, en 1796.

De Wattignies et de Reichshoffen à Campo-Formio, partout on retrouve ses conceptions stratégiques, ses plans et ses *instructions,* du nord à l'est, au sud des frontières, du Tagliamento à Neuwied ou à Lichstenau, du Rhin aux Alpes, de l'Italie à l'Allemagne.

Partout, on verra des généraux à peu près inconnus jusqu'à lui, choisis par son intuition, appelés aux commandements les plus considérables; partout on lira des *plans d'opérations* qui excitèrent l'admiration de nos ennemis et que l'on étudie aujourd'hui encore, à part certaines critiques, comme des modèles; partout, on constatera un génie militaire rare et qui n'a de *rivaux* en stratégie que Frédéric II ou Napoléon!

Les généraux qu'il formera, ce dernier en héritera par une

Lazare Carnot.

injustice contre laquelle on n'a pas assez protesté. On a vu nos historiens, comme Thiers en particulier, passer sous silence pour l'Empereur tout ce qu'il a dû à la Révolution d'hommes de génie ou d'institutions admirables. On a accepté que tout datait de l'ère impériale, ce que les faits démentent absolument. De Maistre et Jomini le constatent avec nous.

Notre patrie a fourni, dans l'art militaire, les hommes les plus considérables, si l'on étudie l'histoire du quatorzième au dix-huitième siècle. Ils se sont manifestés à l'étranger comme étant des exceptions; chez nous, ils se sont produits comme par le fait de la nature, ou mieux comme étant le résultat de notre génie national. C'est pour cela qu'on nous a toujours redoutés et, diplomatiquement, surveillés. Jamais, dans nos abaissements passagers, nous n'avons désespéré; jamais les tendances à un relèvement nécessaire ne nous ont fait défaut; jamais notre tempérament belliqueux traditionnel depuis Jules César n'a disparu. C'est parce qu'il crut tout cela que Carnot put tenir tête à l'Europe conjurée contre nos réformes intérieures et sauver l'indépendance comme l'intégrité du sol français.

Né en 1753, à Nolay, dans l'ancienne province de Bourgogne, Lazare Carnot sortait du tiers état. Envoyé à l'école de Mézières après un brillant concours, il prit du service dans l'arme de son choix, le génie. Ses premiers grades le confirmèrent dans l'étude des fortifications, et il eut le bonheur de vivre dans l'œuvre de Vauban au nord, dès le début de sa carrière. Il en reçut une empreinte qui resta ineffaçable. En août 1788, il adressa au comte de Brienne, chef suprême de l'armée, un *mémoire* sur les places fortes. Il y exposait qu'un pays dénué de places de guerre était à la discrétion de ses voisins. Il attestait dans notre passé les services rendus par Calais et par Orléans contre les Anglais, par Metz et par Strasbourg contre les Impériaux; au dernier siècle, la guerre de la Succession d'Espagne n'avait pris fin que grâce au concours que retira Villars des places de Flandre et d'Alsace. Ne faut-il pas unir les forces mobiles des armées en campagne aux pivôts des opérations ou aux points d'appui sagement préparés et combinés?

« En vain, ajoutait-il en militaire hostile aux idées prussiennes, essayera-t-on de courber le Français sous le joug de la discipline du Nord; on étouffera son *génie particulier* pour l'affubler d'un caractère factice. »

Appelé en 1791 à siéger comme député pour le département du Pas-de-Calais, il entra au comité militaire de l'Assemblée législative et y défendit les théories qui lui étaient chères.

La guerre de Sept Ans avait abaissé l'armée française à tel point que Jomini a pu écrire sans être contredit qu'elle était devenue *un objet de ridicule*. Vaincue, ses chefs lui avaient imposé le pas oblique et ses accessoires comme le génie même du vainqueur. La fougue de Henri IV et l'enthousiasme vigoureux de Condé, les combinaisons hautes de Turenne, devenu si audacieux avec l'âge, la constance de Villars, si savant dans la retraite et si redoutable dans l'offensive, la gloire de Belle-Isle et les exemples de Maurice de Saxe, tout cela avait sombré depuis Rosbach. C'est ce que l'on a flétri depuis d'un mot : *ce scandale national.*

La réaction commencée par le comte de Guibert en 1772, dans son *Essai de tactique,* et plus tard dans sa *Défense du système de guerre moderne,* fut continuée par le comité militaire dès 1789. On en a étudié les origines et le personnel; les vœux émis par le corps des officiers et par celui des sous-officiers, le mouvement libéral qui se manifesta dans l'ensemble de l'armée, le jugement sévère du maréchal de Broglie sur le corps des officiers, émanant d'un témoin peu suspect politiquement, des abus tels qu'on ne les croirait pas vraisemblables si les témoignages des ministres ou des généraux ne s'affirmaient pas par des actes officiels; tout cela devra être lu avec soin si on veut comprendre ce que notre héros et ses lieutenants ont accompli de grand. On raisonnera de même sur l'œuvre des ministres de la guerre de 1789 à 1792.

Lorsque la Législative eut proclamé la *déchéance de la royauté,* le 10 août, réponse immédiate au *manifeste de Brunswick* du 25 juillet, elle choisit parmi ses membres des mandataires pour apprendre aux armées sa volonté souveraine. La *Nation* et la *Loi* étaient désormais tout. Carnot fut chargé de le redire à l'armée du Rhin, et son frère Feulins à l'armée de la Moselle. Leurs dépêches reproduisent les péripéties du drame qui allait commencer, dépêches ignorées aujourd'hui et qui appartiennent à l'histoire intime de l'armée.

Au lendemain de Jemmapes, la première victoire de la Révolution en *bataille rangée* et dont l'effet fut tellement important qu'on doit la comparer à Rocroy, pour l'Europe du moins, la Convention se mit en mesure de répondre à la coalition. Il fallait pour cela modifier l'appel des troupes; elle le fit en substituant aux décrets-lois sur les volontaires la *levée en masse,* soit en février 1793, soit en août de la même année, sous le titre de réquisitionnaires cette fois. Elle réforma aussi le commandement quant à la responsabilité des généraux et des généralissimes ; circulaires des ministres et textes des discussions législatives qui doivent être médités si on veut sortir des généralités ou de la phraséologie.

La guerre ne sévit pas, en 1793, qu'aux frontières ; les dissensions civiles qui avaient éclaté dès 1790 prirent corps officiellement en mars par la levée en masse dans les provinces de l'ouest. Le décret proposé aussitôt par Cambacérès et adopté, qui prononçait la mise *hors de la loi* des rebelles, devait aller en s'aggravant. Merlin de Thionville, confident de Carnot, nous a fait connaître par ses protestations le sentiment de ce dernier depuis son entrée au Comité de Salut public, le 23 août, et la part de direction suprême qui revient à Robespierre dans la guerre au dedans.

On ne pouvait passer sous silence la trahison de Dumouriez, ses causes et ses effets. Carnot fut un des commissaires envoyés à l'armée de Belgique pour sonder le général victorieux, dans lequel tout annonçait un aventurier dans ses triomphes et bientôt un traître. Une série de dépêches émanées de lui constatent l'immensité du péril que courut à cette période notre patrie et qu'elle a malheureusement revu depuis.

La campagne de 1793 comprend deux périodes ; la première, à laquelle notre héros resta étranger, fournit l'expédition de Hollande, terminée par la défaite de Nerwinde, et, pour la coalition, une invasion en France ; à l'est, la retraite de Custine terminée par la capitulation de Mayence ; au sud, l'incapacité du général Brunet et l'occupation de Toulon ; Lyon en armes, la Vendée victorieuse ; enfin, sur les Pyrénées, des désastres. Tout paraissait donc perdu, lorsque Carnot fut appelé au Comité de Salut public pour y diriger les opérations militaires.

Le résultat des instructions données par lui fut immédiat. La barrière du Rhin fut recouvrée ; Hoche y releva notre fortune comme un nouveau Turenne. Au nord, la victoire de Hondschoote, Dunkerque débloqué, apprirent aux coalisés qu'ils abandonneraient bientôt le sol français. Wattignies, où Carnot conduisit les troupes au combat, a mérité que Napoléon lui-même déclarât que c'était *le plus beau fait d'armes de la Révolution !* Pour célébrer cette délivrance, qui se terminait à Toulon et sur le Var par la défaite des Anglais ici, des Sardes aux Alpes-Maritimes, Jourdan et Carnot furent dénoncés par les séides des triumvirs et promis à l'échafaud. On ne put cependant obtenir leurs têtes, au désespoir de Saint-Just.

Les triumvirs, disons-nous! ils redoutaient la guerre et portaient la main sur les généraux ou sur les officiers qui sauvaient la patrie. La trahison de Dumouriez eut, en effet, ce résultat inattendu : *faire dévier la Révolution*. On vit, depuis, la trahison partout, dans les états-majors aussi sûrement que dans les intrigues de l'émigration; ce fut un immense malheur, et on ne saurait trop le répéter : cet état d'esprit faillit perdre le pays, grâce à Robespierre, à Saint-Just notamment. Hoche ne put être respecté malgré ses triomphes; un mandat d'arrêt le traîna dans les prisons. L'art de Carnot consista à paraître souscrire aux volontés de Robespierre dictateur, afin de sauver par l'oubli le vainqueur du Rhin. L'auteur a été assez heureux pour découvrir aux *Archives nationales* les preuves de ce qu'il avance, et il les publie au chapitre qui traite des relations de son héros avec les triumvirs.

Il faut remonter au siège de Dunkerque pour connaître la protection dont Carnot couvrit Hoche à ses débuts; on le suivra ainsi jusqu'au moment de ses succès, de ses douleurs et de sa délivrance. Des actes officiels établiront que, jusqu'à ce jour, on s'est trompé sur cette question comme sur tant d'autres. L'esprit de parti a fait le reste; mais que peut l'esprit de parti contre les écrits des acteurs et des témoins de la Révolution, émanant, les uns des Archives de l'État, les autres de leur propre volonté ou du respect de la vérité historique.

Ceux qui défendirent les *frontières naturelles* de la France ou qui s'efforçaient de les acquérir, ne crurent guère à l'esprit de parti. Il serait bon de les imiter.

Les frontières naturelles! Tous les hommes de premier ordre de la Révolution s'en sont préoccupés. Seuls, les triumvirs eurent d'autres vues qu'explique leur scélératesse : *Dicunt scelus, faciuntque*. De Dumouriez à Danton, de Vergniaud à Brissot, de Merlin de Thionville à Carnot, de Cambon à Prieur de la Côte-d'Or, de Phélipeaux à Moreau, de Kléber à Lecourbe, partout et toujours on retrouve dans leurs dépêches la pensée prédominante de Turenne, de Vauban et de Villars : *le pré carré*. Les *Mémoires* de Dumouriez le prouvent, les négociations de Danton l'établissent, les discours des girondins le confirment; ce qu'on pourra lire de Merlin, le plus grand des représentants en mission aux armées, et de Carnot, l'attestera à nouveau. Quant aux généraux vainqueurs, leur correspondance est le *commentaire perpétuel* de ce plan, qu'il s'agisse encore de d'Agobert ou de Moncey aux Pyrénées, de Jourdan ou de Hoche sur la Moselle, de Desaix ou de Gouvion-Saint-Cyr sur le Rhin, de Masséna ou de Soult sur les Alpes et le Var.

Napoléon seul refusa de lui rester fidèle et prouva ainsi qu'il fut aussi secondaire en diplomatie qu'il était incomparable sur un champ de bataille.

Au milieu des trahisons et des discordes, les dirigeants de la Convention cherchèrent toujours la *paix*. On en a les preuves les plus certaines aujourd'hui, les historiens étrangers l'avouent, et M. de Sybel, notre adversaire systématique de Berlin, le confirme dans son *Histoire de l'Europe pendant la Révolution française,* à chaque page. Provoquée, la France se défendait, et, en dehors de Robespierre, elle déclarait à la tribune de son assemblée souveraine qu'elle n'interviendrait pas dans la constitution interne des autres États. Les *triumvirs* la firent dévier de cette ligne durant leur *règne;* mais après le 9 thermidor, on revint aux décrets de 1792 et de 1793. Carnot l'a écrit, ce serait préparer une *guerre interminable* que de *réunir à la France tout l'ancien territoire des Gaules.*

Le but de la coalition pour la campagne de 1794, battue précédemment, d'août à décembre, avec tant d'éclat, fut de concentrer ses coups sur le nord. Mack conseillait ses états-majors; il fit ordonner de porter le gros des troupes sur la Sambre ou sur la Meuse, de vaincre à tout prix, de passer sur la ceinture de fer de Vauban, de marcher droit sur Paris et d'y écraser à la fois toutes les résistances. Un démembrement général au nord, à l'est, au sud, devait en être la suite. Mais Carnot veillait; il devina, comme le fera plus tard Napoléon, les desseins de ses adversaires, et, retournant avec souplesse ses moyens d'action, substitua à la défense par le Rhin un système de défense par le nord. Dumouriez avait commis la plus grave des fautes stratégiques en 1793 par l'expédition de Hollande; son continuateur nous sauva en 1794 en la combinant, parce qu'il la devina nécessaire, cette fois.

Mais on ajoutera, pour être complet, que si nos armées

dépassaient, par un mouvement excentrique à gauche, leur ligne concentrique de bataille contre l'Allemagne, la faute poli-

Lazare Carnot, en costume de général.

tique incombe à la coalition. On prie les historiens étrangers de ne pas l'oublier et de l'imputer à Mack, son véritable auteur. Montesquieu, en effet, a écrit : *On se trompe si l'on croit qu'un peuple en révolution est disposé à être conquis; il est prêt à conquérir les autres.* Voilà pourquoi nous marchâmes sur les Pays-Bas maritimes; en outre, nous cherchâmes à frapper l'Angleterre au cœur sur le continent; enfin, comme Barrère avait inauguré un système de *politique commerciale* désastreux par la doctrine du blocus continental avec la complicité des triumvirs, on pensa qu'elle serait acceptée au nord scandinave; bien plus, on se donna pour but de l'imposer aux villes hanséatiques. Cette double folie appartient à Barrère seul. Jean-Bon Saint-André était autrement pratique en affirmant, à la tribune de la Convention, la *liberté des mers,* à l'exemple de Grotius.

Carnot écrivit, le 11 mars 1794, son magnifique *Système général des opérations,* suivi d'un plan spécial à l'armée du Nord. Le lecteur devra le méditer pour comprendre cette campagne, où Pichegru parut un grand homme avec le génie de Carnot et la coopération de Moreau, de Macdonald et de Vandamme, les exécuteurs réels des instructions reçues, comme l'était, en Belgique, Jourdan.

L'*offensive* partout, mais décisive sur quelques points déterminés, y était-il dit. Du Texel à Cologne, du Petit-Saint-Bernard à la rivière de Gênes, d'Urgel à la Bidassoa, nous l'emportâmes partout. Aussi Fox s'écriait-il au parlement anglais : *Nous ne pouvons sortir trop tôt d'une guerre aussi ruineuse!* En 1822, Jomini déclarait cette série d'opérations *sans exemple.*

Napoléon n'a eu le même bonheur qu'en 1806, d'Iéna à Friedland.

Rendue à son tempérament, l'armée du Rhin fit des prodiges dans l'offensive. Gouvion-Saint-Cyr a écrit que cette campagne fut la source des fortunes militaires ultérieures; nos diverses armées acquirent des qualités qui les mirent *au niveau des meilleures de l'Europe.* Depuis 1829 que cette appréciation a été formulée par lui en ses *Mémoires,* il ne s'est pas trouvé un seul contradicteur. Et cependant, ces armées où se formèrent les futurs maréchaux de Napoléon étaient composées d'un million d'hommes; les quatre cinquièmes étaient des *volontaires* de 1791, de 1792, des appelés de la *levée en masse* de février 1793 et des *réquisitionnaires* d'août suivant. Pourquoi l'a-t-on oublié chez nos publicistes de parti?

Ce que firent ces hommes improvisés, le voici, d'après le président de la Convention, parlant au fauteuil, le 21 octobre 1794 :

« Vingt-sept victoires, dont huit en bataille rangée, cent vingt combats, quatre-vingt-dix mille prisonniers, cent seize villes ou places prises, deux cent trente forts ou redoutes enlevées, trois mille huit cents bouches à feu, soixante-dix mille fusils, dix-neuf cents milliers de poudre, quatre-vingt-dix drapeaux tombés entre nos mains. »

Pendant que nos armées combattaient, la Convention n'avait cessé d'être décimée par les triumvirs. Le 9 thermidor en délivra le pays. Carnot fut chargé de le lui apprendre. On y lit, entre autres : « D'infâmes *tyrans,* qui avaient usurpé le nom de patriotes, voulaient *désorganiser la victoire*... Les *traîtres* ont reçu le prix de leurs *forfaits*... Robespierre et ses complices ne sont plus. » On sait, par les écrits de Masséna, de Soult et de leurs collègues, avec quels transports d'enthousiasme les troupes saluèrent la chute de ceux que Carnot appelait de *modernes Catilinas!* Il eut cependant à se défendre un jour lui-même contre des dénonciations condamnables et sur le récit desquelles nous appelons l'attention des esprits impartiaux[1].

Il put se rendre, à la tribune, cette justice, bien rare dans cette période : *Ma conscience, à moi, ne me reproche rien.*

C'est dans l'une de ces séances orageuses que fut prononcée l'apostrophe célèbre : *Oseriez-vous porter la main sur celui qui a organisé la victoire des armées?*

Éloigné pendant une partie de l'année 1795 du service du Comité, les malheurs militaires l'y firent rentrer pour préparer la merveilleuse campagne de 1796.

La France cependant cherchait la paix, que le 9 thermidor *seul* rendit possible. Danton en avait compris l'importance et l'avait toujours voulue. Par Maret à Naples et Sémonville à Constantinople, nos négociateurs y avaient promis la conser-

1. Nous insistons sur ce point, dont on parle dans les *partis* avec une ignorance à peu près absolue des documents officiels ou des aveux des Mémoires politiques. Aussi avons-nous consacré un chapitre spécial aux dénonciations de Lecointre, plus tard de Tallien et de Fréron, les proconsuls sanguinaires de Bordeaux et de Marseille, dans notre ouvrage sur *Carnot*. Lord Macaulay a oublié en ceci ses devoirs d'historien dans ses *Essays*.

vation des jours de Marie-Antoinette au début de 1793, acte à retenir et qu'atteste Mallet du Pan, dont nul ne peut contester l'autorité. L'Autriche refusa et voulut la continuation violente de la guerre en invoquant le droit des monarchies, moyen spécieux de cacher le but réel : l'*Alsace-Lorraine*. Que Thugut, son vice-chancelier, pensionné secrètement par Louis XV, porte en ceci sa part des responsabilités dans le meurtre de Marie-Antoinette. Danton se montra plus clairvoyant et surtout plus généreux que le dignitaire autrichien. Le refus du cabinet de Vienne avait eu pour résultat de fortifier le parti des dictateurs.

La Convention déclarait, par un rapport lu à la tribune, qu'elle détestait la guerre sans la craindre et avertissait l'Europe qu'elle était prête à en faire cesser les horreurs lorsqu'on nous offrirait une paix conforme à notre dignité ! Mais elle n'entendait pas qu'on paralysât ses armes ni qu'on suspendît ses triomphes par des négociations fausses ou insignifiantes. Ses armées prouveraient que, loin d'être épuisés par trois années de luttes, nous avions accru nos ressources, fortifié nos points menacés et que nos généraux avaient acquis une expérience qui serait funeste à nos ennemis. La garantie d'une paix durable, c'étaient les *frontières naturelles,* du Rhin aux Alpes, de la mer du Nord aux Pyrénées.

Sur le gouvernement elle disait : *Notre gouvernement est le plénipotentiaire nommé par la totalité du peuple français pour terminer en son nom la Révolution et la guerre.* Pour donner à ces paroles leur signification, Carnot, s'inspirant de la paix de Bâle, qui venait d'arracher la Prusse à la coalition, s'assigna un double but : *accabler l'Empereur, affranchir l'Italie.*

Des instructions reçues, les historiens ont dit que leur dessein était le plus colossal dans sa conception que l'on eût vu dans l'art militaire. Le théâtre de la guerre allait se déployer en effet de la Hollande à Rome, avec Vienne pour terme ; nous devions y marcher à la fois par l'Allemagne du Sud et par la Lombardie[1]. Le Directoire envisageait l'occupation de l'Italie comme un gage de paix afin d'arriver au *système des compensations territoriales* pour l'Empereur, théorie

1. Aux *pièces justificatives* trois dépêches relatives à l'exécution du plan de Carnot.

funeste que l'on accepte sans la discuter et qui autorisa le vainqueur à traiter avec le vaincu à égalité! Par Barras, l'Italie devait solder un jour la frontière du Rhin, acquise au prix de notre sang et de huit années de luttes, et celle des Pays-Bas.

La république de Venise fut le prix du sang, par la *servitu forestiera*.

Inconnu alors, Bonaparte avait été confirmé général depuis Toulon, pour services rendus contre les émeutes des sectionnaires. Ceci, il le dut à Barras, que ses collègues avaient nommé général en chef de la force armée de Paris avec le grade de « général de brigade », en 1795, comme ils l'avaient fait déjà en 1793 contre la Commune[1]. Fécond en plans de toute sorte, le confident de Robespierre avait été sauvé par Carnot; sa protection et celle de Pontécoulant, directeur du cabinet topographique, lui avaient octroyé le commandement en chef de l'armée d'Italie. On sait quel parti il en tira. Mais ce qu'on ne devrait pas oublier, c'est la part de notre héros dans cette œuvre dont il a été dit : *Jamais aucun dessein ne fut conduit plus heureusement dans sa conception.* A chaque succès, à chaque triomphe, Carnot répondait invariablement à son protégé : *La France, l'Europe entière, ont les yeux sur vous.* Notre récit détaillé racontera, avec des papiers inédits, ce qu'il importe de reconnaître ici.

Que répondait Bonaparte à Carnot? « Je mériterai votre estime et vous prie de me continuer votre amitié. » Ou bien : « J'ai adopté, en entrant dans la carrière publique, pour principe : *Tout à la patrie.* » Thiers a constamment passé sous silence ces témoignages de fidélité répétés prodigués à Carnot et aux institutions du pays. Nous n'insisterons pas davantage.

L'armée du Rhin s'immortalisait de son côté dans cette campagne. A la démoralisation de 1795, voulue par Pichegru, avait succédé la sage fermeté de Moreau. La retraite de Jourdan entraînait à son heure celle de son nouveau collègue, devenue célèbre par ses résultats en 1797.

Sorti de prison, Hoche avait été replacé sur le Rhin, après la Vendée, par son protecteur. L'esprit des instructions était,

1. Le 18 vendémiaire (4 octobre), Fréron avait dit à la tribune : « Je demande que la Convention confirme la nomination de Bonaparte à la place de général en second de l'armée de l'intérieur. » Le décret avait été voté séance tenante.

comme en 1794 et en 1796, de reprendre l'offensive partout. A la tête de l'armée de Sambre-et-Meuse, Hoche se rua sur l'Allemagne et entra à Francfort en quelques jours. Secondé par Desaix, Moreau l'imitait; tout promettait l'entrée à Vienne aux deux armées, lorsqu'un courrier arriva aux deux quartiers généraux porteur des préliminaires de paix de Judembourg et de Léoben, qu'il faut condamner[1].

Jaloux de ses rivaux en gloire, Bonaparte livrait en réalité l'Italie à l'Empereur, afin de conclure *seul* la paix, au mépris de ses instructions. Ceci prouve que les généraux ignorent d'ordinaire l'art des choses diplomatiques et perdent par incapacité ou par ambition les résultats de leurs victoires.

Bonaparte ne se contenta pas de désobéir au Directoire, d'accord secrètement avec Barras, qui remplaçait l'honneur et la gloire par l'argent; il insulta ses frères d'armes. *Il faut, s'écria-t-il, que les armées du Rhin n'aient point de sang dans les veines.* Par l'injure, il en imposa au Directoire et lui imposa surtout une paix que Thiers a malheureusement célébrée.

Victime en fructidor des partis qui divisaient la France, Carnot dut fuir à l'étranger et y échappa aux poignards des sicaires de Barras. Il y resta jusqu'en 1800, où il redevint ministre de la guerre pour six mois.

Membre du Tribunat et bientôt simple propriétaire, l'Organisateur de la victoire vit s'écouler l'Empire dans la solitude de ses champs; les désastres de 1813 le rappelèrent à l'activité.

Il écrivit à Napoléon vaincu une lettre incomparable, comme patriotisme vrai. Nommé par lui à Anvers, il y soutint l'honneur du nom français jusqu'au moment où, béni par les habitants, il se retira à la tête de sa garnison avec les honneurs de la guerre. Un monument pieusement entretenu y rappelle aujourd'hui encore la reconnaissance publique.

Il devint ministre de l'intérieur durant les Cent-jours.

Avant de quitter la France, Napoléon avait enfin compris la grandeur d'âme de son ministre, son premier protecteur

1. Un rapport du comte d'Antraigues, si connu pour son rôle dans l'émigration et adressé en Russie à M. Movikinoff, porte en septembre cette appréciation admirable de pénétration : « Cet homme est toujours occupé de ses projets, et cela sans distraction... Cet homme veut maîtriser la France et, par la France, l'Europe. » (Aux *Arch. des aff. étrang.*, septembre 1797, sur le coup d'État de fructidor.)

et son rival en génie militaire. Il le lui témoigna en chargeant un de ses familiers de la Malmaison de lui répéter ceci : *Surtout, dites bien à Carnot qu'il est un homme adorable.* L'histoire a le droit de consigner cette attestation, féconde en enseignements pour qui sait échapper à la violence de l'esprit de parti.

En quelques jours, le sort de la France fut réglé par nos ennemis. Conseillés par Fouché, les ministres de la seconde Restauration condamnèrent Carnot à l'exil. Le sauveur de notre patrie en 1793, en 1794, en 1796, dut fuir, et s'enfuir déguisé. Hors des frontières, il fut salué par les généraux qu'il avait vaincus tant de fois, revanche inattendue de ses malheurs et de sa gloire. Blucher lui-même vint s'incliner devant lui et porta sur Waterloo cette appréciation instructive : *Nous avons peut-être été plus heureux qu'habiles.*

Retiré à Magdebourg, Carnot salua avant de mourir l'armée française victorieuse en Espagne. Le héros de Wattignies, l'Organisateur de la victoire, ne parut avoir prolongé son existence que pour s'éteindre dans un triomphe militaire de sa patrie !

CHAPITRE XIII

ARMÉE D'ÉGYPTE. — DESAIX ET KLÉBER

SOMMAIRE

Origines de l'expédition. — Magallon, Desaix et Bonaparte. — Armée d'Angleterre.

I. Armée d'Orient. — Bataille des Pyramides. — Conquête de la Moyenne et de la Haute-Égypte par Desaix. — Bataille de Sédiman. — Mourad-Bey vaincu se retire dans le désert. — Bonaparte abandonne l'Égypte après sa défaite de Syrie.

II. Convention d'évacuation d'El-Arisch. — Kléber. — Son ordre du jour à l'armée. — Enthousiasme des troupes. — Bataille d'Héliopolis. — L'Égypte reconquise en trois jours. — Assassinat de Kléber. — Au départ, le général Belliard rapporte son corps, sur le vœu de l'armée.

L'Égypte, conquise sur les Mameluks au commencement du seizième siècle, était retombée en leur pouvoir en 1746 et leur appartint définitivement en 1780. La France en convoitait la possession, pour sa richesse propre et parce qu'elle nous eût frayé la voie vers les Indes Orientales. Dès le règne de Louis XVI, on conçut le projet de s'y établir ; les événements d'Amérique en détournèrent le gouvernement. Notre consul au Caire, *Magallon,* revint à cette idée en 1795, afin d'affranchir nos négociants des caprices des beys ; il exposa que, privés d'infanterie et d'artillerie, les mameluks briseraient l'impétuosité de leur cavalerie contre notre tactique et notre discipline ; quant aux Égyptiens, ils étaient réduits en esclavage, et il n'était pas probable qu'ils se soulèveraient pour de tels maîtres. Le chef de bataillon *Lazowsky,* du génie, ayant été chargé d'une mission dans l'Empire ottoman, déclara, de son côté, que la Porte ne pourrait opposer à une expédition aucun obstacle, et qu'en présence de sa faiblesse le mieux était de lui prendre un pays qui avait échappé déjà à sa domination.

Aussitôt qu'il eut conclu sa paix avec le Saint-Empire, le Directoire se prépara à punir l'Angleterre de ses perfidies et décréta, le 26 octobre 1797, la formation « sur les côtes de l'Océan » d'une armée réunie dans ce but. Il l'appela publiquement *armée d'Angleterre* et en nomma général en chef Bonaparte, son plénipotentiaire à Radstadt, avec Desaix pour principal lieutenant. On sait ce qu'avait tenté la Convention en 1796, avec Hoche : le nouveau gouvernement l'imitait. Le 7 février 1798, Bonaparte consacra un voyage de douze jours à visiter les côtes de l'Océan, y prépara des corsaires, moyen sûr d'intéresser les habitants de ces parages à une entreprise qui flattait leurs intérêts et leur gloire maritime ; interpella la Hollande, dont il réchauffa les haines, afin d'en obtenir une flotte de bâtiments plats et de chaloupes canonnières. Le corps de débarquement fut fixé par lui à cinquante mille hommes ; Dunkerque fut assigné comme point de ralliement, et la limite d'arrivée fixée à vingt jours au plus[1].

Le 23 février, Bonaparte jugea les difficultés de l'entreprise comme insurmontables, parla de la renvoyer à l'année suivante, puis la donna comme impraticable et offrit de la remplacer par une *expédition dans le Levant* qui menacerait le commerce des Indes. Le 5 mars, enfin, heureux d'éviter pour lui-même un fructidor de la part des jaloux de sa gloire, il prononça le mot d'Égypte : vingt-cinq mille hommes d'infanterie et trois mille de cavalerie devaient suffire à la conquérir. L'expédition contre l'Angleterre avait vécu.

Le 12 janvier 1798, son cabinet, alarmé de tant de préparatifs, ordonna à son amirauté de prendre l'offensive contre nous sur la Hogue et Cherbourg ; elle couvrit les côtes de la Normandie de ses cutters, poursuivit avec succès nos bateaux de Dieppe et menaça l'embouchure de la Seine. Nous tenions, en effet, cent cinquante mille hommes sur les côtes de la Manche, menace constante d'invasion ; l'avenir égyptien ne s'opposait pas à ce que trente mille hommes embarqués à Brest opérassent une descente en Irlande.

I

Bonaparte s'était chargé de diriger les préparatifs de l'expédition du Levant sur terre et sur mer ; il a eu soin de le dire lui-même à Sainte-Hélène[2]. Conçue subitement, la cam-

1. Voir, aux *pièces justificatives,* la composition de cette armée, qui fut régulièrement constituée.

2. Pour confirmer les apparences, le ministre de la guerre avait enjoint

pagne d'Égypte fut préparée avec une rapidité qui déconcerta l'Angleterre. La vigilance de Nelson devait être de vingt-cinq jours en retard, car notre flotte fut prête dans les cinq ports différents où s'embarquèrent les troupes, Toulon, Marseille, Corse, Gênes et Civita-Vecchia, le 15 avril. Les généraux Caffarelli à Toulon, Reynier à Marseille, Baraguey-d'Hilliers à Gênes, Vaubois en Corse et Desaix à Civita-Vecchia avaient été les coopérateurs militaires. Berthier était l'interprète autorisé du général en chef. Ministre des relations extérieures, Talleyrand avait obtenu de nos agents à l'étranger des renseignements sur l'ordre de Malte qui doublaient le désir de Bonaparte de s'emparer de cette île ; ce soin fut confié à Desaix, la tentative de surprise par le contre-amiral Brueys ayant échoué.

Le 9 mai, la flotte appareillait à Toulon, traversait heureusement le détroit de Messine, ralliait Desaix dans les eaux de Malte, s'emparait de l'île en vingt-quatre heures et repartait pour Alexandrie, trompant deux fois Nelson. Le corps expéditionnaire comprenait parmi ses généraux Berthier, Desaix, Kléber, Murat, Friant, Davout, Belliard, Lannes, Leclerc, Dommartin, Junot et Caffarelli ; son effectif montait à trente-sept mille deux cents hommes ; et si on y joint les garnisons de Malte, de Corfou, il s'élevait à quarante-quatre mille cent vingt. Notre flotte arriva le 1er juillet devant Alexandrie ; le 2 nous débarquions à une heure du matin, avec quelque difficulté, et marchions aussitôt sur cette ville, Desaix toujours en avant-garde.

Un corps de trois mille neuf cents hommes se porta sur Alexandrie en trois colonnes : Menou à la gauche, Kléber au centre, Bon à la droite. L'assaut donné le 2 juillet réussit, moitié par force, moitié par proposition d'accommodement. La continuation du combat, dit notre plénipotentiaire, « le capitaine de la caravelle turque », entraînerait la destruction de la ville. Les négociations réussirent après une nuit d'explications. Koraïm, commandant de la ville, se rendit et seconda les premiers efforts de la conquête, d'accord avec le chef religieux El-Messiri[1]. Kléber, blessé, commanda Alexandrie, base de

à Bonaparte, le 2 avril, de se rendre à Brest pour y prendre la direction des forces de terre et de mer destinées à l'expédition contre l'Angleterre.

1. Desaix reçut l'ordre, le 3 juillet, de protéger le culte musulman. Il fut interdit à nos troupes d'entrer dans les mosquées et de se rassembler devant les temples.

nos opérations, avec une garnison de neuf mille hommes; l'armée se mit en marche sur le Caire avec vingt et un mille soldats de toutes armes, partagés en cinq divisions.

Entrée des Français à Malte.

D'après une ancienne tradition qui avait cours chez les Musulmans, la prise de leur capitale devait assurer au vainqueur la possession de tout le pays. Le succès de l'expédition exigeait que l'on prévînt les préparatifs de l'ennemi, que l'on frappât l'imagination d'un peuple superstitieux et que l'on profitât de l'enthousiasme des troupes dès le début. Aussi le général en chef, oubliant les difficultés, prit-il le chemin le plus court, et, laissant la route de Rosette, dont il s'emparait le 6 juillet, il fit suivre à l'armée celle qui passe par Damanhour. Il lui apprenait par là le désert avec ses mirages et un système de combats inconnus pour elle.

Desaix partit d'Alexandrie dans la nuit du 3 au 4, en tête de l'armée. Son corps comprenait quatre mille six cents hommes. Les autres colonnes le rejoignirent à El-Rahmânyeh le 9. On s'y reposa durant trois jours; le 13, à huit heures du matin, nous trouvâmes devant nous Mourad-Bey, accouru avec dix-huit mille cavaliers pour nous couper. Il nous offrit la bataille à Chobrâkhyt; elle fut acceptée.

Notre gauche s'appuyait à un village près du Nil, la droite à un autre près du désert. Desaix formait la droite; il fit barricader ce village, qu'il occupa par un bataillon et trois pièces de canon; il rangea sa division en un seul carré de cent cinquante toises de front sur vingt-cinq de flanc : ce système fut suivi par les généraux ses collègues. On s'observa mutuellement pendant plusieurs heures. Une charge de cavalerie lancée à fond précéda l'attaque générale; l'arrivée de notre flottille fut le signal convenu. Brueys ayant donné au milieu de la ligne ennemie, il fallut venir à son secours; notre gauche aborda le village, démonta les batteries turques, tourna les janissaires et vit s'enfuir ces derniers, qui craignaient d'être enveloppés. Le combat naval changea de face. Brueys reprit l'avantage; les marins turcs virèrent de bord ou brûlèrent les navires, impuissants à refouler le courant: Mourad-Bey, découragé, regagna le Caire. Les vainqueurs campèrent à Châbour. Leur ennemi désespéra désormais de son salut.

Du 14 au 19, on se remit en marche à petites journées, de concert avec la flottille, qui transportait les malades et les traînards. Le 13, on aperçut les *pyramides* d'Omm-Dynâr; on s'y reposa le 20; le 21 Bonaparte annonça l'action militaire par la magnifique proclamation que l'on sait.

L'ennemi s'était placé sur la rive gauche du Nil, entre Embâbeh et les Pyramides. Il ne se présentait pas cette fois qu'avec de la cavalerie, et nos généraux purent s'assurer de ses forces en infanterie et en artillerie. Sa flottille protégeait son camp. Parties à huit heures du matin, nos troupes se trouvèrent en face du Caire à neuf heures. Un camp retranché défendu par quarante pièces de canon, vingt mille janissaires, douze mille mameluks, les milices, formant en tout,

Les Pyramides et le grand sphinx.

avec huit mille Arabes Bédouins, une armée de cinquante mille combattants, répandue sur un front de trois lieues, telles étaient les forces de Mourad-Bey. Pour l'animer, la population du Caire était accourue sur les remparts de la ville, car de sa défaite elle attendait l'esclavage.

Desaix engagea la bataille. Marchant en tête par la droite, il passa à deux portées de canon du camp ennemi et se porta sur le centre des mameluks, suivi par ses collègues des autres divisions. Son adversaire, devinant son projet, se précipita entre sa division et celle du général Reynier à la tête de sept à huit mille chevaux. La rapidité de ce mouvement fut telle qu'on ne put l'empêcher. L'infanterie accueillit les premiers cavaliers par une succession de décharges qui modéra l'élan des autres. Bonaparte fut inquiet sur l'issue de cette manœuvre, l'artillerie de Desaix s'étant embarrassée dans un bois de palmiers. Grâce au sang-froid de son chef, l'infanterie s'était formée en carré et rompait l'assaut par une fusillade nourrie. Les canonniers à leur tour prirent position, tirèrent à mitraille sur les masses profondes des mameluks et donnèrent à Reynier le temps d'entrer en ligne. La division Dugua, modifiant sa direction, coupa l'ennemi de son camp, par ordre de Bonaparte, et le prit en queue. Mourad-Bey abandonna alors le terrain; il s'enfuit dans la Haute-Égypte avec trois mille des siens. Une partie de sa cavalerie s'était jetée dans le Nil et y avait péri. Son camp ne présenta aucune résistance; son infanterie disparut sans combattre, et à la nuit sa flotte fut incendiée. Mourad perdit sept mille mameluks, quatre cents chameaux, cinquante canons, et fut blessé lui-même.

Le général en chef se rendit au Caire, y prononça des harangues utiles, célébra l'anniversaire de la naissance du prophète, fit rompre en sa présence la digue qui contenait le Nil, fut, par des populations enthousiastes et sincères, acclamé l'*envoyé de Dieu;* la ville entière illumina. Le 24, Bonaparte créa une commission administrative pour organiser ce qui ressortait de l'ancien gouvernement. Le 2 août, les lettres, les sciences et les arts étaient l'objet d'un arrêté spécial; Berthollet, Monge et Cafarelli avaient mission d'organiser une imprimerie, un laboratoire de chimie, un cabinet de physique, une bibliothèque et un observatoire. L'Institut d'Égypte était créé.

Le 25, le vainqueur entra au Caire, qui s'était soumis malgré Ibrahim-Bey, général sans milices. Les ulémas et les cheicks acceptaient une domination qui leur promettait le respect de leur culte, de leurs propriétés, de leurs personnes et de leurs coutumes. Notre habileté s'était portée, en effet, sur des traditions chères aux musulmans : le respect des femmes. Touché de compassion pour les femmes des beys et des mameluks, qui erraient aux environs du Caire et y devenaient la proie des Arabes, Bonaparte les autorisa à rentrer dans leur domicile personnel, dès le 25 juillet. Cet acte rendit bientôt les Français populaires. La constitution d'un divan dans chaque province porta la régularité dans les affaires publiques. Cette assemblée dut se réunir tous les jours, car trois de ses membres constituèrent une commission permanente. Il lui fut adjoint une garde française et une garde turque. La conquête allait paraître, à ces populations abêties par un gouvernement impitoyable, une satisfaction due à leurs souffrances.

Si nous étions maîtres de la Basse-Égypte, Mourad-Bey n'entendait pas nous livrer le reste du pays ni nous laisser en paix dans notre victoire. Après dix jours de repos au Caire, notre général en chef apprit que son rival des Pyramides se réorganisait dans la Haute-Égypte et qu'Ibrahim-Bey commandait encore à Damiette et dans une partie du delta. Il importait « de le chasser au delà du désert ». La mission de le surveiller fut donnée au brave Leclerc. Le combat d'El-Khângah, dans lequel se distinguèrent Reynier et Murat, rejeta Ibrahim sur Belbeys. Bonaparte accourut et le chassa. La révolte du Caire n'ébranla en rien notre situation, et la défaite navale d'Aboukir apporta à l'Angleterre une consolation relative. La Porte se décida alors à nous déclarer la guerre.

Nous étonnâmes l'Europe, et Jomini a pu s'écrier que nos soldats avaient tout bravé, *tant étaient grands chez eux l'amour de la gloire et la confiance dans leur chef!*

Cantonné à Giseh, Desaix reçut la mission de conquérir la Moyenne et la Haute-Égypte; nul n'y était plus apte que lui, Napoléon l'a constaté dans ses récits militaires. Il s'ébranla le 25 août avec cinq mille hommes, dont six cents cavaliers et trois cents artilleurs ou sapeurs, une escadrille de huit bâtiments, partit du Caire et le suivit en se maintenant à sa hauteur ; Denon l'accompagna dans l'intérêt des arts. En quatre mois il accomplit son œuvre.

Dès le 31 août nous revîmes les mameluks, pour les battre et prendre la flottille du Bahr-Yusef.

Desaix n'entendait pas se prêter aux combinaisons d'un adversaire qui cherchait à l'épuiser et à le détruire avec le concours du climat. Aussi, délaissant le Fayoum, qui était à quatre lieues sur sa droite, il préféra remonter le Nil pour gagner la ville de Darout-El-Chérif, où est la prise d'eau du canal de Joseph ; il se proposa d'y enfermer la flottille de

Mourad et crut conquérir la province du Fayoum par ce coup hardi, les richesses des beys étant sur leurs navires.

Mourad, doué d'une perspicacité qui étonna Bonaparte lui-même dans le cours de l'expédition, pressentit le but de son adversaire ; il fit passer sa flotte dans le Nil, avec ordre de mouiller vis-à-vis de Syout, et resta immobile dans le Fayoum, maître de la rive gauche du canal de Joseph. Après un court séjour à Abou-Girgeh, Desaix remonta de nouveau le Nil et se porta à Syout, où il parvint le 14 septembre ; la flottille de Mourad remonta de son côté le fleuve jusqu'à Girgeh. Ce fut le moment choisi par le bey pour couper nos communications avec le Caire, en insurgeant deux provinces. Il échoua. Le 7 octobre, la bataille de Sédiman fut encore une victoire, qui nous vengea, après six siècles, de la Mansourah perdue par saint Louis.

A la tête de huit mille Arabes et de quatre mille mameluks, Mourad-Bey, toujours intrépide, vint offrir le combat. Desaix l'accepta avec joie. La cavalerie ennemie couvrait la plaine, et le village était défendu par des retranchements ; contre les mameluks, le général français organisa des carrés de deux cents hommes, destinés à arrêter leur élan. A leur vue, les séides de Mourad se précipitèrent avec furie sur les carrés, les chargeant sur toutes leurs faces. L'artillerie et la précision de nos feux les arrêtèrent ; mais ils combattirent jusqu'à la mort. A droite ils pénétrèrent dans un carré ébranlé, ne purent l'écraser et le virent se replier sur sa division sans pouvoir l'en empêcher.

Mourad, reconnaissant son impuissance, démasqua alors de l'artillerie, dont tous les coups portèrent sur des rangs épais. Devant un tel danger, son adversaire fit battre la charge et mena droit sur la batterie. Par une conversion, les cavaliers se jetèrent sur nos blessés et les massacrèrent ; cette nouvelle, courant de rang en rang, transporta les troupes de rage : elles se précipitèrent sur les canons et ne firent plus de quartier. Épouvantés, les mameluks regagnèrent le désert ; Mourad était désormais sans armée.

Desaix résolut de ne plus rien tenter sans renfort et s'appliqua à organiser les provinces conquises, à faire rentrer l'impôt, à s'approvisionner et à payer ses soldats. L'insurrection du Caire fut balayée à coups de canon.

Instruit des difficultés qu'éprouvaient les brigades Belliard[1], Davout et Friant[2], Bonaparte prescrivit à son lieutenant d'abandonner le Fayoum, de se concentrer à Beni-Soueyf pour se préparer à une résistance que l'insurrection allait rendre périlleuse. Desaix exécuta les ordres donnés et se rendit au Caire en descendant le Nil; il entendait conférer directement avec son chef et surveiller par lui-même le départ des troupes destinées à le renforcer. Celui-ci l'accueillit avec tous les égards qui étaient dus au général qui avait arraché au prince Charles des témoignages d'admiration et qui était le véritable vainqueur de l'Égypte. Depuis la bataille des Pyramides, les succès de Desaix avaient maintenu le moral de l'armée et honoraient en Europe notre expédition.

Le moment était venu de reprendre les hostilités contre Mourad-Bey[3], de l'expulser de Saïd et de conquérir la Haute-Égypte. Le 16 décembre il rentra en campagne, traversa la province de Syout sur les traces des mameluks, et entra le 29 dans Girgeh, l'une des routes commerciales de l'Éthiopie, arrachant à l'intrépide Mourad ce cri de désespoir : *Ne pourrai-je donc jamais battre ces petits hommes!* Victorieux à Souâqy et à Tahta, Desaix permit à son chef de croire qu'après cette série de succès Bonaparte attaquerait l'Angleterre dans les Indes, et il se proposa de lui en donner les moyens. Lecteur assidu de l'ouvrage de Raynal sur les Indes, il aspira à franchir la mer Rouge et à longer les côtes sud de l'Arabie, pour renouveler les exploits de Dupleix. Maître du pays, il s'occupa de l'administration provinciale et locale.

De là les compositions de divans propres à chaque province,

1. Né à Fontenay-le-Comte, en Poitou, s'enrôla le premier de son pays dans le 1er bataillon des volontaires de la Vendée, élu capitaine, aide de camp de Dumouriez, disgracié comme adjudant général colonel, s'engagea soldat au 3e chasseurs à cheval, rétabli en 95, suivit Hoche en Vendée, s'était distingué partout en Italie, où Bonaparte l'avait nommé général à Arcole, commandait aux Pyramides une brigade d'infanterie qui reçut le choc des mameluks.

2. Né à Morlincourt (Lorraine), servit aux gardes-françaises, instructeur pendant sept ans, en sortit découragé, adjudant-major et chef de bataillon de volontaires, combattit sur le Rhin et en Sambre-et-Meuse, général en 94, divisionnaire par la signature de Kléber, combattit sous Marceau et avec Bernadotte.

3. Mourad, né en Circassie, acheté par un des vingt-quatre beys de l'Égypte, contribua à la chute d'Ali-Bey et partagea par les armes la domination du pays avec Ibrahim après une lutte qui avait duré de 1776 à 1787.

formés de cheicks et des notables de la contrée; de là une répartition de la justice dont ces pays n'avaient aucune idée. Imitant leur chef, nos généraux gouverneurs avaient prouvé aux ulémas et aux chérifs que tout fellah trouverait un appui dans nos tribunaux, sans distinction de caste sociale ou d'importance personnelle. La conquête du Fayoum prouva que Desaix avait lui aussi les qualités d'un administrateur. Ce fut de Kéneh, point où aboutissaient les lignes commerciales et stratégiques de la Haute-Égypte, que notre héros, devenu populaire parmi les chefs turcs, envoya des officiers en mission auprès des cheicks et des chérifs de l'Arabie. S'il fit valoir la puissance de son gouvernement, il rappela les exactions de mameluks, leurs violences à la Mecque, moyen sûr de raviver le fanatisme; la décadence du commerce arabique sur le golfe sous les beys, les intérêts des Anglais contraires à ceux des indigènes. Habile à persuader, il montra les conquérants comme des protecteurs qui voulaient une possession paisible dans l'intérêt des habitants. Les Francs n'en veulent, disait-il, ni au Grand-Seigneur ni à Mahomet, mais ils combattront pour détruire en Orient l'oppression des mameluks et le monopole des Anglais. Desaix revenait toujours à la question des Indes, dont l'étude le passionnait à tel point qu'il a consigné dans un travail personnel les ressources fournies par chaque branche de commerce, les abus des dominateurs et les vices de leurs systèmes. Son analyse a porté sur l'œuvre particulière à chaque puissance : Espagne, Portugal, Hollande, France et Angleterre; sa conclusion était celle d'un esprit supérieur : la liberté du commerce.

Le commandement de Syène fut attribué à Belliard, avec mission de surveiller le Nil; puis nous combattîmes à nouveau devant Thèbes, la ville aux cent portes, et à Quench. Là on apprenait que la Mecque fournissait deux mille hommes; notre ennemi fanatisé soulevait les fellahs, et les chérifs lui promettaient la victoire; nos troupes sans solde ne levaient plus le miri à raison de ce fanatisme et commençaient à manquer de cartouches; Hassan était chassé du pays par la famine et venait succomber devant nos armes.

A la nouvelle du départ de Bonaparte pour l'Asie, son adversaire résolut de marcher sur le Caire et de laisser hardiment Desaix derrière lui sans s'en inquiéter. Elfy-Bey dut se porter sur Syout, et Hassan, à la tête des chérifs, se proposa de l'y rejoindre par la rive droite du Nil. Informé par ses émissaires, Desaix pénétra leur dessein, manda à Belliard de quitter Syène avec toutes ses forces pour contenir le Sayd, à Friant de se rendre à marches forcées sur Syout, et à sa flottille de suivre ce dernier général. Arrivé le 5 à Souâmah, Friant y fut reçu à coups de fusil par quatre mille paysans qui s'étaient insurgés. Il passa sur eux en battant la charge le 5 mars, et opéra sa jonction avec Desaix. Mourad et Elfy s'étaient rejoints de leur côté; mais en apprenant la chute d'El-A'rych, dont Bonaparte venait de s'emparer, et sachant Desaix à deux journées de marche, ils craignirent d'être pris en queue par celui-ci, tandis que la division du général Dugua, qui commandait le Caire et l'Égypte à ce moment, les recevrait en tête. Mourad se jeta alors dans la grande oasis, Elfy dans la petite, et les mameluks se dissimulèrent comme ils purent sous des habits de fellahs.

Hassan et les chérifs réunis à Keneh attaquèrent vigoureusement la flottille française, que des vents contraires retenaient à El-Bâroud. Montée par des hommes incapables, les assaillants, que secondaient dix mille habitants, en eurent raison. Belliard, instruit de sa marche, le suivit pour nous venger et rencontra à Coptos ce vainqueur d'un jour. Il le battit, lui prit son artillerie, et le bonheur voulut que Hassan se fît tuer; une défaite nous eût obligés à reconquérir toute cette partie de l'Égypte. S'il le félicita noblement, le général en chef n'en écrivit pas moins à Bonaparte le 21 mars, en ces temes : *Nous sommes bien les maîtres de l'Égypte, mais les mameluks ne sont pas détruits*. Le 1er avril il ajoutait que le chef des Meckins voulait descendre jusqu'au Caire, d'après notre service d'éclaireurs, et les rencontrait lui-même à la tête de pillards.

Les chérifs de Yambo, au mépris des ordres du chérif de la Mecque, avaient appelé les fellahs aux armes contre les conquérants; nous connaissons leur fidélité à la cause de Mourad. Vaincus avec lui, ils se jetèrent sur la rive gauche du Nil, entrèrent à Girgeh pour piller, le 6 avril. Le colonel Morand les y atteignit et en passa la plupart au fil de l'épée, avec le colonel Lassalle du 22e chasseurs. Sur quatre mille, c'est à peine si le quart put repasser en Arabie. Le chérif de la Mecque écrivit au général en chef au Caire, mais d'abord à Desaix directement, pour l'assurer que pareil fait ne se renouvellerait plus; il reçut en retour nos promesses pour le respect de son culte et des caravanes religieuses qui gagnaient périodiquement l'Afrique. Quelques jours plus tard, Mourad était à nouveau vaincu, et le 10 avril il s'enfuyait n'ayant pour le suivre au désert que deux cents des siens. Les indigènes de Qoséyr, de Yambo et de Geden, ayant signé la paix avec nous, promettaient un terme à nos expéditions. Pour mieux l'imposer, on leur infligea la responsabilité pécuniaire des communes. En mai nous occupions enfin le triangle compris entre Alexandrie, Syène et Saint-Jean-d'Acre, c'est-à-dire trois cents lieues de côté sur trente mille lieues carrées de surface. Le 29 mai, Belliard occupait Qoséyr. Le 20 mai, Bonaparte rentrait de Syrie au Caire, où il entrait le 14 juin en vaincu. Étonné des récits du général Dugua et de son état-major sur ce qu'avait fait l'armée de la Haute-Égypte pendant son absence, il en demandait une *relation spéciale,* honneur bien dû à ses lieutenants et à leurs admirables soldats!

II

En août, Bonaparte apprit le triomphe des armées austro-russes en Italie et sur la frontière des Alpes. Vaincu devant Saint-Jean-d'Acre, où les conseils d'un ancien officier français traître à son pays, Phélippaux, avaient fait succomber notre fortune militaire au profit des Anglais[1], il résolut de rentrer en France, et s'embarqua le 24 août à Alexandrie. Kléber reçut le commandement de ses mains avec ses instructions : *Se borner à conserver l'Égypte, à en perfectionner l'administration, à en accroître les moyens de défense*[2]. En apprenant ces faits, un parti se forma parmi les officiers qui réclama l'*évacuation;* fort du départ de Bonaparte, que des lettres intimes de son gouvernement autorisaient à rentrer lorsqu'il le jugerait utile et possible, le commodore Sidney-Smith s'interposa au Caire comme négociateur[3].

1. Émigré en 91, rentré en 95 pour conspirer, incarcéré, il rencontra dans sa prison Sidney-Smith, s'évada et reçut de lui le commandement du pachalick. Il y mourut de la peste.

2. Bonaparte n'osa pas avouer à son successeur que le trésor était en déficit de six millions. La contribution du Caire produisit onze millions après Héliopolis.

3. Aux *pièces justificatives* la lettre et la réponse de Kléber.

Le Caire vu du Nil.

Kléber eut le tort de se laisser émouvoir; il ordonna à Desaix et à l'ordonnateur Poussielgue de se rendre à Damiette pour y conclure en son nom, 30 octobre, une convention d'évacuation basée sur les pourparlers de son prédécesseur du 17 août. Les négociations durèrent plus de deux mois; Kléber y avait inséré comme clause principale la *dissolution de la triple alliance contre la France* et une nouvelle reconnaissance de l'*intégrité de l'Empire ottoman*. Comment supposer que Sidney-Smith[1] pouvait obtenir un tel résultat ou le signer à titre de promesse ferme à l'égard des cabinets coalisés et en leur nom! Desaix, qui le comprenait, écrivit à Kléber pour protester contre l'évacuation en janvier et en février, puis à Bonaparte, et quitta le pays où il s'était acquis tant de gloire, sur son ordre, le 3 mars 1800[2].

Les ministres anglais éprouvaient à cette époque des craintes absolues pour la possession de l'Inde; ils avaient redouté moins notre possession en Égypte que la possibilité de porter secours avec le temps à Tippoo-Saeb, l'adversaire qui les faisait trembler sur l'Indus! Aussi cherchèrent-ils notre évacuation à tout prix et parvinrent-ils à nous faire déclarer la guerre à Constantinople.

Kléber, il est important de le constater, avait voulu se faire élire au corps législatif par la ville de Strasbourg aux élections de l'an IV, avait échoué, s'était retiré alors à Chaillot et y avait été mis en demi-solde. Rappelé, il s'était rendu célèbre aux armées, mais avait conservé des prédilections secrètes pour la politique, à l'égal de Moreau et de Hoche, différant en ceci de Desaix, de Marceau et de Saint-Cyr; c'est ce qui explique sa ténacité à vouloir évacuer l'Égypte, qu'il appelait trop facilement une *expédition romanesque,* oubliant la question de l'Inde. Il s'y consacrait et avait abandonné la rive orientale du Nil pour tout accumuler soit à Rosette soit à Alexandrie en vue du départ, lorsqu'un secrétaire du commodore vint lui annoncer que le gouvernement anglais refu-

1. Le 26 octobre 1799 Smith avait osé écrire : « J'ai engagé le général Bonaparte, en lui laissant le passage libre, d'aller prendre le commandement de l'armée d'Italie, *qui n'existait déjà plus*. Son arrivée sans un passeport de moi sera une de ces chances heureuses que la fortune pourra bien lui refuser. »

2. Aux *pièces justificatives* on lira des pièces relatives à l'évacuation; ce dernier acte avait été signé le 24 janvier et ratifié le 28.

sait à ses troupes leur retour en France. Une de ses lettres surprises avait appris à ce dernier toute la vérité sur l'état moral et matériel. Au parlement, sir Dundas s'était écrié aussitôt qu'il fallait détruire notre armée pour *servir d'exemple* au monde. L'amiral Keith, interprète exact des passions de l'Angleterre, écrivit alors cette lettre connue de tous qui assure à son auteur l'immortalité par la réplique de Kléber.

On y lisait qu'aucune *capitulation* n'était autorisée, que l'armée se rendrait *prisonnière de guerre,* qu'en tous cas on ne permettrait à aucune troupe de retourner en France sans être *échangée,* que ceux qu'on rencontrerait en mer seraient retenus comme *prisonniers,* à titre de *prise !*

A ce délire Kléber répondit en publiant la lettre de Keith le 17 mars au soir, qu'il fit lire à l'ordre du jour de l'armée. Il y ajouta seulement cette souscription : *Soldats, on ne répond à de telles insolences que par des victoires; préparez-vous à combattre.* Des rangs il ne sortit qu'un cri de vengeance : *Ces armes qu'ils veulent avoir, qu'ils viennent les chercher !* Le grand vizir Yusuf s'était approché du Caire, et, malgré l'extermination d'un de ses corps à Damiette par le général Verdier, refusait de reculer. Kléber appela aussitôt en conseil de guerre ses généraux, leur lut l'acte de Keith et leur demanda leur avis : *Nous battre,* répondirent-ils; *c'est là notre devoir et le vôtre.* Kléber, se levant, s'écria : *Partons, tout est prêt, on n'attend plus que nous.*

Le 20 mars, l'armée salua avec transport ses généraux; ils avaient partagé ses souffrances; leurs blessures redisaient leur courage; elle voulut se maintenir au niveau de leur gloire et jura de s'ensevelir à Héliopolis plutôt que de reculer d'un pas. Inspiré, Kléber parcourut les rangs, dit la vérité entière : *Vous ne possédez plus en Égypte que le terrain sous vos pieds !* et cela à des hommes que son nom seul fanatisait; il leur parla de la patrie absente, des Pyramides, de Sédiman, du mont Thabor, de leur passé sur le Rhin et en Sambre-et-Meuse, de leur gloire en Europe, et ici de la perfidie anglaise depuis Aboukir! Sur toute la ligne, les quinze mille hommes poussèrent un seul cri : *Partons !* et ils s'ébranlèrent comme une muraille de fer, drapeaux déployés. Ils avaient en eux l'âme de la France !

La droite était commandée par Friant, la gauche par Reynier, la cavalerie formait le centre sous Leclerc[1], Rampon l'arrière-garde. Le vizir ayant refusé de retourner en Syrie, Kléber allait l'y contraindre, quoique seul en face de cinquante mille adversaires.

Le général Friant s'avança le premier sur Matarieh, pendant que le général Reynier se dirigeait sur les ruines d'Héliopolis, dont cette poignée de braves allaient graver le nom dans les fastes du monde. On aurait ainsi séparé l'armée turque de sa cavalerie. Six mille janissaires sortant de Matarieh se précipitèrent sur les carrés de Belliard et de Donzelot; leur furie vint se briser devant notre tactique : ils se firent tailler en pièces par les nôtres, qui entrèrent dans leurs ouvrages et les immolèrent sans quartier. A cette vue, désespéré, le grand vizir se porta à la rencontre de nos divisions; nous le heurtâmes à la hauteur des villages de Périkout et d'El-Marek. Prompt à le rejeter dans le désert, Kléber poussa notre gauche en avant. Il ordonna sa principale attaque dans ce but sur El-Marek, quartier général des Turcs, dont les tentes resplendissaient au milieu d'un faisceau de drapeaux sur une éminence. Yusuf lança des nuées de cavaliers contre notre infanterie toujours en carrés; on laissa approcher à portée de pistolet, et par des décharges successives on les coucha à terre. L'artillerie ottomane fut démontée, et les tentatives renouvelées du fond de la plaine par des mameluks caracolant sur les flancs ou sur les derrières aboutirent à un irréparable désastre. La grandeur du péril avait appris à Kléber ce que pouvait son génie!

L'armée française marcha sur El-Hanqua pour y recueillir le camp des Turcs : les vivres y étaient en abondance. On allait s'arrêter et s'y reposer, lorsque le bruit du canon avertit Kléber des chemins qu'avait pris le pacha. Le vaincu avait pénétré au Caire; il envoya la brigade Lagrange au secours des généraux Verdier et Zayonchek, qui en occupaient les forts avec deux mille hommes, et on se porta la nuit sur Belbeys : la garnison effrayée se rendit. Le 13, nous nous portions sur Salanieh, lorsque Kléber fut prévenu que Yusuf s'était enfui avec une escorte dans le désert, et que ses soldats l'imitaient,

1. Né à Pontoise, volontaire de 91, capitaine à Toulon, se lia avec Bonaparte, général en 96, se distingua à Mantoue et à Rivoli, épousa Pauline Bonaparte en 97, intervint en faveur du 18 brumaire.

abandonnant artillerie, vivres et bagages. La Porte expia par une perte totale la *duplicité* anglaise. Nassyf ne put tenir le Caire. Nous nous alliâmes à Mourad-Bey, ennemi des Turcs, et le fîmes prince gouverneur des provinces de Girgeh, d'Assuan; il promit d'expulser nos ennemis de la Haute-Égypte. Le 18, Boulaq fut pris d'assaut et livré aux flammes : cet exemple amena la capitale à capituler; Nassyf repartit pour le désert, les Anglais perdirent le port de Suez; le 27 avril, Kléber entra au Caire en trimphateur, maître une seconde fois de l'Égypte ! Il l'avait reconquise en trois jours.

Il s'y installa avec des pensées d'établissement définitif, salua le Consulat comme une ère réparatrice et se promettait la reprise de grands desseins contre l'Angleterre, lorsque le poignard d'un fanatique payé par l'aga disgracié des janissaires et trois cheiks du Caire le frappa. C'était le 14 juin, le jour de Marengo. Desaix, son rival et son ami, tombait à cinq heures du soir sur ce champ de bataille, où son sang affermit par la victoire le nouveau pouvoir de Bonaparte.

La mort du vainqueur d'Héliopolis devait entraîner la perte de notre conquête.

Successeur incapable, le général Menou tenta de briser ou de déshonorer ses égaux; lorsque les Anglais débarquèrent à Aboukir, il ne sut ni les chasser ni les combattre; il laissa assiéger la capitale, qui se rendit honteusement, par sa seule faute[1]. Que sa mémoire soit flétrie[2]! Nous dûmes rembarquer.

1. Gouverneur du Caire, le général Belliard rédigea une convention d'après laquelle sa garnison se retira avec armes et bagages, marcha intacte entre les Anglais, les Turcs, les mameluks, et fut rapatriée aux *frais de la coalition*, en juin 1801.

2. Les troupes exhumèrent le corps de Kléber au bruit du canon; Anglais et Turcs y répondirent; transporté à Marseille, il fut placé au fort la Garde. Louis XVIII le rendit à ses compatriotes. Il repose à Strasbourg sur la place d'Armes, sous sa statue.

CHAPITRE XIV

CAMPAGNES DE LA DEUXIÈME COALITION. — ALLEMAGNE, HELVÉTIE, ITALIE, HOLLANDE.

(1799)

SOMMAIRE

Préliminaires de la deuxième coalition organisée par l'Angleterre. — Affaires de Rome et de Naples.

I. *Plan* désastreux du Directoire. — Opérations sur le Rhin, du 1er mars à la défaite de *Stockach*. — Jourdan injustement disgracié. — Positions de Masséna, son successeur. — Évacuation des *Grisons*. — Les Autrichiens passent le Rhin. — Évacuation de *Zurich*. — Rapports de Masséna. — L'Italie. — Schérer vaincu par sa faute à *Magnano*, près Vérone. — Son rapport. — Moreau lui succède. — Suwarow, l'Adda, notre retraite sur le Pô. — Victoire de Marengo par Victor. — Moreau se jette dans l'Apennin. — Sa proclamation aux Génois. — Macdonald et la *bataille de la Trebbia*.

II. Sieyès fait donner le commandement à Joubert. — L'armée d'Helvétie reprend par Lecourbe le Saint-Gothard, par Turreau le Simplon. — L'archiduc sur le Rhin-Inférieur. — *Bataille de Novi*. — Retraite sur l'Apennin. — L'armée des Alpes. — Masséna et la bataille de Zurich. — Défaite de Championnet à l'armée d'Italie. — Souffrances atroces de cette armée. — Sa révolte. — Mort de Championnet.

III. Brune et ses victoires en Hollande contre le duc d'York, généralissime des armées anglo-bataves.

Quelle cause jetait donc l'Europe sur la France et favorisait l'empire maritime de l'Angleterre au point de rompre l'équilibre?

La nouvelle de la destruction de l'escadre française à Aboukir se répandit en Europe dans le mois de septembre. Ce fut l'étincelle électrique qui alluma cet incendie dont le continent fut bientôt embrasé. Le roi de Naples reçut Nelson en triomphe; la Porte déclara la guerre à la République. L'Angleterre, l'Autriche, la Russie et Naples formèrent la deuxième coalition. Au mois de novembre 1798, une division autrichienne prit possession de Rheinthal, sous le prétexte de protéger les ligues grises. Mack, général autrichien, prit le commandement de l'armée napolitaine, qui fut campée et mise sur le pied de guerre. Le gouvernement français vit l'orage qui se formait et se prépara à lui résister... Tout retentit en

Europe du cliquetis des armes. Cependant on espérait quelques résultats heureux des négociations de l'hiver[1].

Il n'en fut rien. L'année 1799 vit éclater la seconde coalition.

Le successeur de Catherine avait hérité à Saint-Pétersbourg de son aversion pour la République et de sa haine pour la Révolution. Le roi d'Angleterre se sentait menacé dans ses possessions allemandes de Hanovre et voulait rétablir le stathoudérat, pour mieux affirmer l'asservissement de la Hollande et sa subordination sur les mers. La séparation des colonies d'Amérique, œuvre dernière de la monarchie française, avait ravivé les vieilles antipathies de la race anglo-saxonne, attestées à Pillnitz par l'influence de Pitt. Les succès et les victoires remportés par la France depuis le 20 avril 1792 n'avaient servi qu'à enflammer les colères du parti tory. Ni la paix de Bâle ni la paix de Campo-Formio n'avaient pu désarmer le cabinet de Londres. L'expédition d'Orient avait suffi pour être la base d'une argumentation tout anglaise; mais l'habileté de la diplomatie britannique avait consisté à montrer la balance européenne violée par notre présence au Caire. Les recherches de l'isthme de Suez avaient stimulé nos implacables adversaires; et s'ils ne croyaient plus sur les côtes de l'Océan à une invasion des Iles Britanniques, ils redoutaient celle des Indes.

L'expédition de Syrie, quoique avortée, avait prouvé notre dessein d'arriver aux Indes par le golfe Arabique. Donc, du moment où la sécurité des possessions anglaises était menacée, l'Europe ne pouvait rester indifférente[2] et devait se coaliser contre la France.

Le 19 août 1798, un traité d'alliance offensive avait été signé à Paris au nom du gouvernement helvétique. La Suisse, attachant ses destinées aux nôtres, devait nous fournir un contingent, établir deux routes militaires à notre usage, l'une pour descendre en Italie, l'autre pour pénétrer en Souabe, recevoir en retour le Fricktal; nous devions surtout l'évacuer.

Des discordes civiles ayant éclaté, les Grisons appelèrent les Autrichiens, et une de leurs divisions entra à Coire le

1. *Précis des événements militaires arrivés pendant l'année 1798.* Correspondance de Napoléon, t. XXX, p. 279.

2. Convention entre l'Angleterre et la Russie, le 22 juin (11) 1799, confirmative du traité conclu entre les deux cours le 18 décembre 1798.

19 octobre. C'était la guerre; l'Autriche y contraignit ses alliés du sud allemand, qui voulaient la paix[1].

La cour de Naples accepta avec enthousiasme la nouvelle coalition. Se voyant menacée par l'existence de la république romaine, la reine crut à un rôle actif pour sa couronne et poussa le roi autant que l'ambassadeur anglais Acton à entrer en ligne. L'arrivée du bouillant Nelson l'entraîna à prendre l'offensive. Le général Mélas fut envoyé par le cabinet de Vienne pour prendre le commandement des troupes; le Directoire en fut instruit et envoya Championnet à Rome avec instruction de se retirer sur Joubert au besoin, c'est-à-dire sur la Cisalpine. Il y avait dix-huit mille hommes éparpillés sur soixante lieues. Nous dûmes évacuer Rome devant les Napolitains, la leur reprendre dix-sept jours plus tard, ce qui amena l'envahissement du royaume vaincu. Son roi, Ferdinand, était parti à toutes voiles pour la Sicile; mais le pays se souleva à notre apparition. Cette situation trouva Championnet très ferme, et le prince Pignatelli, désespérant du salut, proposa un armistice, que nous acceptâmes. Il fut rendu inutile par le soulèvement des lazzaroni; nous nous avançâmes alors sur la capitale, quelques petits combats amenèrent sa reddition et la proclamation de la *république parthénopéenne*.

Le Directoire avait eu le tort de s'immobiliser à Rome, il commit une faute autrement grave en s'installant à Naples. Créer partout des républiques, c'était s'engager et s'obliger à les soutenir et entretenir la coalition; d'accidentelle, la rendre permanente! Sur cent dix mille hommes que nous avions en Italie, il ne s'en présenta que cinquante mille sur les champs de bataille! On annulait les triomphes précédents par l'immensité même de l'échiquier.

Quel était le *plan général* de nos opérations?

I

Masséna eut pour mission : de franchir le Rhin près de Brégenz, de s'emparer d'Inspruck, pendant que sa droite,

1. On en a la preuve dans le vote de la Bavière émis le 29 août 1798. Voir le texte aux *pièces justificatives*.

partant de Bormio, marcherait sur Glurenz, afin de se rendre maître de la vallée du haut Adige et descendrait sur Botzen pour le tourner. Ceci était la part de l'armée d'opérations d'Helvétie avec trente mille hommes opposés à quatre-vingt mille !

Sur le Rhin, Bernadotte, mis à la tête d'un corps d'observation de quarante-huit mille hommes une fois complet, devait bloquer Manheim et Philipsbourg, organiser les garnisons de toutes les places et se livrer à des démonstrations sur les fleuves de ces contrées, afin d'appuyer l'armée d'Allemagne. Jourdan commanda en chef ces deux lieutenants d'un rare mérite.

L'armée d'Italie marcherait par la gauche sur Trente, pendant que son centre et sa droite franchiraient l'Adige vers Vérone, afin de rejeter les Impériaux au delà de la Brenta et de la Piave. Le ministre Schérer en eut le commandement.

Macdonald fut chargé d'achever la conquête du royaume de Naples, pendant que Brune défendrait la Hollande avec quinze mille combattants. Il eût fallu pour un tel plan Bonaparte ou Carnot et trois cent cinquante mille soldats. On s'engagea avec cent soixante-dix mille, avec des généraux trompés sur leurs opérations, sans crédit et sans ressources, guidés par un corrompu et un incapable qui tranchait du stratégiste, le directeur Barras, envieux de Bonaparte et de Carnot. Par ses conseils funestes, *on transportait le théâtre de la guerre dans les montagnes du Tyrol, au lieu de le laisser dans les plaines du Danube,* ce qui n'assurait de communication à nos armées d'Italie et d'Helvétie que par le Splugen! La France devait être mise à deux doigts de sa perte. Si enfin nous n'avions plus devant nous la Prusse, nous rencontrions les armées russes, intrépides et toujours fermes, conduites par un général que précédait chez nous une réputation méritée, et dont le nom fanatisait ses troupes, par lui toujours habituées à vaincre, Suwarow!

Partager nos forces en cinq corps, c'était courir au-devant de cinq désastres ; le recrutement de 1798 n'ayant donné que quarante mille soldats au lieu de deux cent mille, il y avait prudence à agir sur les données des plans antérieurs ; on n'en fit rien.

L'Autriche nous opposait en Allemagne le célèbre archiduc Charles avec soixante-dix-huit mille hommes pourvus de tout et ardents à venger les années 1796-1797. L'armée du Tyrol en comprenait quarante-six mille six cents, l'armée d'Italie quatre-vingt-cinq mille, dont onze mille de cavalerie. Ajoutées aux soixante mille Russes, ces forces représentaient trois cent mille combattants. Quel avenir pour notre gloire de 92, de 94 et de 96 !

Jourdan ouvrit la campagne précédé par une proclamation de Bernadotte au peuple de la Germanie[1] où se retrouvent toutes les colères de l'époque contre la maison d'Autriche. Nos troupes d'Helvétie avaient les mêmes rancunes.

Il passa le Rhin le 1er mars 1799, sur un ordre formel du Directoire qui avait exigé à Vienne le renvoi des Russes, traversa les ponts de Kehl et de Bâle, pénétra en Souabe sur quatre colonnes, dépassa la forêt Noire le 6 par Saint-Cyr, qui formait son extrême gauche, pendant que Bernadotte occupait vivement Manheim et bloquait Philipsbourg. L'archiduc, à son tour, passa le Lech. En Suisse, Masséna s'était ébranlé le 5 mars, avait envahi les Grisons, Oudinot s'était élancé sur Feldkirch, à l'entrée du Vorarlberg, et Lecourbe dans l'Engadine : débuts brillants, qu'allaient attrister de cruels et successifs revers.

Après Ostrach, Luciensteig et la bataille de Stockach, malgré les avantages partiels de Lecourbe et de Soult, de Vandamme et de Jourdan, il fallut reculer. Saint-Cyr accomplit, en gagnant Sigmarigen pour y franchir le Danube par surprise, une retraite heureuse : il sauva l'aile gauche de l'armée. Notre cavalerie n'avait pas agi à temps sur Neuhans pour y rejeter les renforts impériaux, et Jourdan avait vu sa voix méconnue, entraîné lui-même dans le désordre des fuyards. Solides dans leur ensemble, nos troupes avaient *partagé* le champ de bataille avec l'ennemi la nuit, et repartirent sans qu'il pût les entamer, au jour. Le courage personnel de Jourdan nous préserva d'un désastre ; mais il fallut battre en retraite le 26. Disgracié injurieusement, Jourdan céda le commandement à Masséna ; ce fut notre seule compensation.

Le corps de Bernadotte dut revenir sur la rive gauche du Rhin ; les fautes de notre adversaire, toujours la lenteur du Conseil aulique, allaient nous permettre de reprendre haleine.

1. Le texte aux *pièces justificatives*, et une Allocution d'un délégué de l'armée d'Helvétie.

Le massacre de nos plénipotentiaires dans la ville neutre de Rastadt retentit douloureusement en Europe ; la France y puisa une énergie nouvelle, et le Directoire en usa pour compléter ses levées, nos armées, et s'adresser au crédit public. Ce crime déshonora le cabinet de Vienne ; on l'égala dans nos haines aux perfidies britanniques[1].

Général en chef, Masséna attira à lui une partie de l'armée de Jourdan par l'Alsace et lui fit prendre position en Suisse.

Aile droite, Lecourbe dans l'Engadine, Ménard dans les Grisons, Lorges dans le Rheintal, formant quatre divisions et en plus un corps suisse vers Arbon, de douze mille hommes environ, avec un général incapable pour chef. — Sur le Rhin, Oudinot avec Vandamme et Tharreau, Soult en réserve, la grosse cavalerie de Klein à Bâle. — L'aile gauche avait trois divisions, ainsi réparties : Souham à Bâle et Huningue, Legrand couvrant Vieux-Brisach et Kehl, Collaud devant Manheim. — Baraguey d'Hilliers gouverneur de Mayence, Dufour établi dans les quatre départements du Rhin inférieur, Nouvion dans les garnisons et l'intérieur de la Suisse, complétaient cette réorganisation, dont l'effectif était de cent mille combattants.

Le lecteur ne saurait nous demander un exposé détaillé des batailles que nous livrâmes successivement; nous n'en avons ni l'intention ni le droit. Les grandes lignes suffiront à son instruction et à son patriotisme.

Le 30 avril, Lecourbe reculait devant Hotze et Bellegarde ; retiré à Lenz, il s'avançait sur Bellinzona. Les insurgés suisses nous inquiétaient; leur soumission ne nous aidait guère contre un vaillant comme l'archiduc, qui envoyait des renforts à Hotze. Son lieutenant nous battait le 14 mai à Lenz et nous rejetait dans la vallée du Rhin postérieur. La division Ménard, défenseur de la vallée du Rhin, était coupée ; Suchet brûlait les ponts du fleuve, notre centre était forcé. La division de Lorges dut abandonner ses positions ; les Grisons au pouvoir de l'ennemi, Masséna eut son système ruiné ; il craignit de voir l'archiduc pénétrer en Suisse et résolut de réunir son armée derrière la Thur, afin d'y occuper une position centrale

1. Le Directoire protesta par l'insertion de la narration de Debry au *Moniteur*, par une série de proclamations et par une fête funèbre.

qui lui permettrait d'empêcher la jonction des armées impériales. Il abandonna donc la ligne du Rhin le 20 mai et couvrit Zurich, poursuivi par Hotze.

Des proclamations de l'archiduc précédèrent la marche de ses troupes, qui passèrent bientôt le Rhin vers Schaffhausen. Masséna livra les combats de Frauenfeld et de Winterthur, et Soult réoccupa le camp retranché de Zurich. A droite, Lecourbe fut contraint d'abandonner le Saint-Gothard; Xaintrailles chercha à regagner la communication du Simplon sur laquelle nous avons appelé l'attention et qui nous reliait avec la Lombardie. L'archiduc, prêt à nous accabler le 3 juin, se jeta sur Zurich, où Masséna s'était concentré; sa vigoureuse défense et l'énergie des troupes rendirent cette journée meurtrière pour les Autrichiens, obligés d'agir sous un feu plongeant de notre artillerie. Masséna jugea prudent de ne pas essuyer une nouvelle bataille et quitta de nuit, en y perdant cent cinquante canons, le lieu qu'il croyait propice à remporter une victoire. Ce poste lui parut problématique à soutenir devant une telle supériorité numérique chez son adversaire à cette époque : sa conduite a trouvé d'illustres apologistes, ne nous arrêtons pas aux reproches des esprits inquiets.

Le glorieux vaincu de Zurich raconta dans deux dépêches adressées à son gouvernement les combats qu'il avait successivement livrés, en ces termes :

L'ennemi m'a attaqué, hier, en force sur ma droite; ce mouvement me faisant présager une attaque générale de sa part pour le lendemain, j'ai fait, en conséquence, toutes mes dispositions pour le recevoir.

En effet, l'ennemi a commencé aujourd'hui, à la pointe du jour, son attaque sur toute la ligne; après quelques heures de combat, ses principales forces et ses efforts se sont dirigés sur ma droite, sur la division commandée par le général Soult : j'y étais en personne. L'ennemi voulait s'emparer de toutes les positions qui couvrent Zurich; il s'est porté avec acharnement sur les villages de Vittikon, Zolikon et Riespach; il les a enlevés plusieurs fois, et autant de fois ils ont été repris par nos troupes, la baïonnette en avant.

L'ennemi recommençait ses attaques avec une audace toujours croissante; j'ai alors ordonné un mouvement général sur toute la ligne, et je l'ai fait charger sur tous les points. Il était environ cinq heures du soir; l'ennemi a soutenu notre choc avec opiniâtreté, et ce n'est qu'à une heure avant la nuit qu'il nous a cédé le champ de bataille, et qu'il a abandonné nos positions, qui ont été de suite occupées par nos troupes.

Nous avons fait à l'ennemi cinq cents prisonniers environ ; sa perte en morts et blessés est très considérable ; il vous est facile d'en juger, citoyens directeurs, d'après la longueur de l'action et l'acharnement avec lequel l'ennemi s'est présenté à notre feu. Nous avons à regretter cinq cents hommes, tant tués que blessés et faits prisonniers.

Je ne puis donner assez d'éloges au général Soult pour les sages dispositions qu'il a faites ; il s'est conduit avec un sang-froid et un courage rares. Toutes les troupes ont fait leur devoir, mais je dois faire une mention particulière du zèle et du dévouement avec lesquels les sous-officiers supérieurs et ceux des états-majors se sont portés à conduire nos soldats à l'ennemi.

Le général de division Chérin, chef de l'état-major général, a été très dangereusement blessé d'un coup de feu. La réputation de bravoure de ce militaire distingué est faite. Je regrette, avec toute l'armée, que sa blessure nous prive de ses services. Puisse-t-elle ne pas l'enlever à son pays ! L'adjudant général Debilly a aussi été blessé; il était, d'après vos ordres, rendu de la veille à l'armée.

Depuis le 24 du mois passé, il n'est pas de jours où l'armée n'ait reçu ou livré de bataille générale ou des combats partiels.

L'ennemi m'a de nouveau livré bataille ce matin à la pointe du jour ; il avait reçu des renforts, car il nous a opposé des troupes fraîches, et bien supérieures en nombre à celles de l'attaque d'hier.

L'ennemi s'est porté avec impétuosité sur toutes mes positions, et a donné en même temps sur toute l'étendue de la ligne. Son front était hérissé de cinquante bouches à feu : partout il a été reçu avec intrépidité.

Je l'ai fait attaquer : il a résisté avec opiniâtreté, mais ses efforts ont été vains; il a fallu céder à la bravoure et à l'audace de nos soldats.

Jamais affaire n'a été plus meurtrière : le champ de bataille était jonché de cadavres. On se battait encore avec la même rage et le même acharnement lorsque la nuit est arrivée.

Nous avons fait à l'ennemi douze cents prisonniers environ, parmi lesquels beaucoup d'officiers pris au milieu de leurs tirailleurs. Sa perte en morts ou blessés doit être au moins de trois mille hommes. La nôtre s'élève en tout à cinq cents hommes. Le général Humbert a été légèrement atteint d'une balle.

Les rapports des prisonniers et de quelques déserteurs s'accordent tous sur ce point, que le prince Charles dirigeait lui-même l'affaire ; que le général Hotze, Suisse, a été dangereusement blessé, et qu'un autre général dont on ne dit pas le nom a été tué du côté de la droite, où l'ennemi avait concentré ses forces, et où je commandais en personne.

Toutes nos troupes ont fait des prodiges de valeur, et ont bravé mille fois la mort; elles en recevaient l'exemple des généraux et des officiers de tous grades.

Le gouvernement suisse, de son côté, abandonna la ville de Berne; ses milices furent malheureusement dissoutes, plusieurs cantons s'insurgèrent, la première moitié de la campagne paraissait presque irréparable du Danube au Rhin! Ceci est indubitable, mais la faute émanait du Directoire seul.

En Italie, la campagne avait commencé vingt jours plus tard. A l'occupation de Naples Schérer joignit la faute dont il est seul responsable: le défaut de concentration. Il résolut de marcher sur Vérone, fut battu par l'intrépide Kray à Legnano; imitateur de Bonaparte à Arcole, Schérer tenta de traverser l'Adige par son centre, se concentra devant Vérone sur le conseil de Moreau, afin d'offrir bataille à son adversaire à Magnano. Moreau y fut admirable, ainsi que le centre; la droite y éprouva une déroute entière. Les succès de Serrurier et de ses brigadiers devinrent inutiles; Schérer ne sut pas tirer parti de leurs efforts tout-puissants; sa conduite fut telle que nous dûmes battre en retraite à six heures du soir. Les pertes des deux armées furent égales; nos prisonniers atteignirent quatre mille, ceux des Autrichiens deux mille; mais sept drapeaux et huit canons ne furent pas le moindre témoignage de la victoire pour eux! Tout l'honneur en revint à Kray, le plus illustre des généraux autrichiens après son prince; en pesant une sur aile il avait décidé un échec grave. Nous nous retirâmes sur l'Oglio, et les Autrichiens, établis derrière le Mincio, virent arriver vingt-six mille Russes aux ordres de Suwarow.

Schérer écrivit ainsi qu'il suit le récit de sa défaite dans sa dépêche du 6 avril:

Citoyens directeurs, mes dernières dépêches ont dû vous faire pressentir que sous peu de temps je serais obligé d'en venir à une seconde bataille avec l'ennemi, pour l'obliger à quitter la rive droite de l'Adige, et l'empêcher de me prendre en flanc et à revers au moment du passage. Cette bataille a eu lieu hier. L'engagement s'est étendu dans un instant sur toute la ligne. Les généraux Victor et Grenier côtoyaient les bords de l'Adige au-dessous de Vérone, pour emporter le village de Saint-Jacques. Le général Delmas, avec son avant-garde, devait percer par Dossobono, et protéger l'attaque de ces deux divisions. Le général Moreau, avec les divisions Hatry et Montrichard, était chargé de combattre tout ce qui se trouvait d'ennemis entre Villa-Franca et Vérone. Enfin, le général Serrurier, chargé de l'attaque de Villa-Franca même, après avoir emporté cette petite ville, devait poursuivre l'ennemi et le jeter dans l'Adige.

J'ignore si les ennemis étaient avertis de mon dessein : quoi qu'il en soit, le général Serrurier, après avoir été repoussé à l'attaque de Villa-Franca, parvint cependant à s'en emparer par une charge vigoureuse, et leur fit plus de neuf cents prisonniers. Le général Moreau avec ses deux divisions, ayant forcé les ennemis qui étaient dans la plaine à se replier, marcha droit sur Vérone. Le général Delmas, malgré sa blessure, rouverte la nuit par une chute de cheval, voulut commander sa division.

Je pris mon poste à cette attaque, comme étant le point central, et aussi pour le suppléer en cas de besoin. Le combat dura depuis onze heures du matin jusqu'à quatre heures du soir. Les quatre divisions de gauche avaient eu un avantage marqué sur l'ennemi, malgré son immense supériorité.

Les généraux Victor et Grenier, qui d'abord avaient eu quelque avantage par l'impétuosité de leurs troupes, se virent forcés, vers les quatre heures, de ralentir d'abord leur attaque; et comme les ennemis recevaient continuellement des renforts de Vérone, ils furent obligés vers les six heures du soir d'ordonner la retraite.

La division Delmas soutint plusieurs charges sans jamais se laisser enfoncer. Les nombreuses troupes que l'ennemi avait portées vers ce centre lui permettant de déborder le flanc de la division, le général Delmas manœuvra avec une habileté rare et le força enfin à se replier. D'après ces différents événements, à cinq heures du soir, le général Serrurier était maître de Villa-Franca, le général Moreau combattait presque sous les murs de Vérone, le camp de l'ennemi; le général Delmas était resté maître de son champ de bataille; mais, la retraite des deux divisions de droite laissant mon flanc droit découvert, j'ordonnai aux autres divisions de conserver leur terrain jusqu'à la nuit tombante, et d'effectuer ensuite leur retraite sur les positions qu'elles occupaient avant la bataille.

Tel est, citoyens directeurs, le résultat de l'affaire : deux mille prisonniers faits sur l'ennemi, sept pièces de canon prises, et le champ de bataille jonché de plus de quatre mille morts, car on a combattu pendant sept heures avec un acharnement terrible.

Ma perte va à près de trois millehommes tués, blessés ou pris : j'ai perdu aussi quatre pièces d'artillerie.

Le 17 avril nos adversaires s'ébranlèrent ; l'assaut à Brescia était le vœu du maréchal le 20 ; il n'en fut pas besoin : nous abandonnâmes la ville et par faiblesse la citadelle ; le 21 nous passâmes derrière l'Adda. Schérer commandait à une armée de vingt-huit mille soldats répandus de la Valteline à Plaisance, en face de cinquante mille où le généralissime annonçait que toute plainte entraînerait la perte du commandement, les souffrances étant le lot des soldats, et la guerre l'ordre du tout-puissant empereur !

Abreuvé de dégoût, Schérer se retira en donnant à Moreau le commandement qu'il n'aurait jamais dû exercer. Du 25 au 28 avril, combats ; Moreau, réunissant la majeure partie de son armée, couvrit Milan, mais en vain. Serrurier, battu après son collègue Grenier, dut capituler à Verderio, malgré une belle résistance. Le même jour Suwarow entrait à Milan et y recevait un accueil égal à celui de Bonaparte.

Nos troupes se retirèrent sur le Tessin. Moreau apprit alors l'étendue de nos malheurs ; il dut songer à recueillir l'armée de Naples, couvrir Turin, occuper Alexandrie, ne pas oublier Gênes, ordonner à Montrichard, qui gouvernait la Toscane, de garder les débouchés de l'Apennin en pays ferrarais et modenois ; enfin, il pressa Macdonald d'arriver au plus tôt à Bologne pour sauver les parcs ! Pour qui connaît bien l'Italie, l'auteur ne craint pas d'avancer qu'une telle suite d'opérations était impossible, car elle ne pouvait réussir matériellement. Telle était la situation du général français le 7 mai ; il eut l'intention de défendre le Pô et la Bormida. Son ennemi s'avançait sur Tortone, le Piémont se soulevait, et les Russes franchissaient le fleuve à Bassignano. Nous leur tînmes tête vigoureusement ; mais Suwarow continua à nous accabler par le nombre ; le 16 mai, Moreau ayant débouché de la Bormida, Victor se battit à Marengo et gagna la bataille ; ses troupes ne voulaient plus continuer leur retraite, et les historiens étrangers eux-mêmes constatent cet enthousiasme.

Exaspéré de notre victoire, le maréchal russe se précipita sur Turin pour y étouffer le résultat moral de notre fortune et se dirigea par la rive gauche du Pô. De son côté, Moreau attribuait à l'effet de l'artillerie russe la portée du gros des forces austro-russes et se jetait par Asti sur Turin et Coni à la tête de huit mille hommes qui lui restaient ! Victor se dirigeait vers Gênes. Suwarow suivait Moreau à la piste ; un de ses généraux entrait dans la capitale sarde, où il trouvait deux cent soixante et un canons, quatre-vingts mortiers et soixante mille fusils.

A Milan la citadelle se rendait, Moreau n'eut plus qu'à se jeter dans l'Apennin.

Grouchy, son chef d'état-major[1], ne put prendre Céva; il fallut s'ouvrir un passage au col Saint-Bernard. Turin exaltait son nouveau maître, l'appelant son libérateur; Pignerol se rendit; Bagration escalada Suze; le 21 mai, Bellegarde, arrivant du Tyrol, se jetait au-devant de Macdonald[2], des insurrections et des brigands dévastateurs. Quelle situation pour les vainqueurs d'Arcole et de Rivoli!

Avant de quitter l'Italie, Moreau adressa au peuple ligurien, à la date du 16 juin, une proclamation habile pour le remercier d'être resté fidèle à notre amitié.

Le général en chef ne veut point quitter Gènes sans donner un témoignage de satisfaction et de reconnaissance au peuple ligurien. L'armée en a reçu l'accueil le plus hospitalier.

Le général en chef l'a vu, calme au milieu des insurrections qui l'environnaient, partager ses subsistances avec l'armée française, se mêler dans les bataillons et combattre pour repousser l'ennemi commun. Il a reconnu les enfants de ces Génois qui se montrèrent plus d'une fois les amis des Français et les ennemis redoutables des Autrichiens.

Le général en chef s'empresse de rendre compte au gouvernement français de la conduite loyale et courageuse d'un aussi fidèle allié, et assure le peuple ligurien que l'armée couvrira son territoire avec la même opiniâtreté que si elle avait à défendre sa propre patrie; que la République française, le regardant comme

1. Grouchy, né à Paris, à quinze ans lieutenant d'artillerie, capitaine de cavalerie au Royal-Étranger, sous-lieutenant aux gardes du corps, adhéra à la Révolution, colonel en 1791, général en 92, s'était opposé à l'émigration de son régiment, marquis d'origine, servit aux Alpes, en Vendée, disgracié comme noble, réintégré après thermidor, divisionnaire en 95 sous Hoche, rembarqua désastreusement à Bantry malgré Chérin, qui voulait attendre le général en chef, passa en Italie, superbe à Novi, protesta contre brumaire; ami de Moreau, devait se distinguer à Hohenlinden.

2. Macdonald, Irlandais d'origine, servit dans ce régiment comme sous-lieutenant en 89 et résista seul à sa désertion totale, fut colonel à Jemmapes pour sa conduite, général en 93, divisionnaire en 95, terrible à la Trebbia, avec vingt-huit mille hommes lutta contre cinquante mille Russes et fit dire à Suwarow : *Encore un semblable succès, et nous aurons perdu la péninsule!*

frère, partagera entre elle et lui ses ressources en tout genre comme il a su partager ses dangers. Déjà des ports de la République partent des convois nombreux de grains, qui serviront à nourrir le peuple et l'armée. Si les désordres inséparables d'une marche pénible et difficile ont causé des dommages particuliers, que les réclamations soient apportées au gouvernement, qui les fera connaître au général en chef, et ils seront aussitôt réparés : il en a déjà été donné un exemple.

Le général en chef recommande au peuple ligurien l'accord et l'harmonie entre tous les citoyens. Que tout esprit de division s'évanouisse devant les dangers de la patrie ; qu'un sentiment commun les anime, celui de repousser l'ennemi et de sauver leur pays.

Macdonald reçut enfin de son gouvernement l'ordre de renforcer Moreau en Lombardie, non sans avoir laissé des garnisons dans les places. Laissant toute une division à Naples, il marcha sur Rome le 7 mai pour y consolider le général Grenier, y parvint le 16, traversa l'Ombrie par Pérouse et entra à Florence le 25, y rallia deux divisionnaires et se porta le 29 à Lucques ; ses communications étaient enfin rétablies avec son général en chef. On se *concerta par correspondance* pour reprendre la Lombardie, car on pouvait réunir cinquante mille combattants ; des militaires tels que Moreau et Macdonald entendirent relever la fortune de nos armes.

Le 9 juin, Macdonald s'ébranla, le prince Hohenzollern fut battu le 12 ; Modène libre, on marcha sur Parme ; mais le prudent Suwarow avait l'œil un peu partout, et Kray dut lever le *siège* de Mantoue pour venir nous écraser. Moreau tenta une *diversion* sur la Bormida, et Macdonald s'élança sur Plaisance : Suwarow, intervenant, nous rejeta sur la Trebbia ; le 18, il y eut *bataille* malgré nous, et nous éprouvâmes deux échecs. Le 19 nous prévînmes notre adversaire russe.

Macdonald se proposa de tourner ses deux ailes, espérant voir Moreau déboucher le 20 sur les derrières des troupes austro-russes ; à dix heures du matin, nous franchîmes la Trebbia et fûmes d'abord vainqueurs par le général Victor ; mais Montrichard était battu au centre, son collègue Ollivier accablé, et Watrin, obligé de rétrograder en plein succès, eut ordre de se replier derrière le fleuve. Suwarow eut pour lui toute la rive gauche.

Ces actions successives avaient duré trois jours ; on avait

perdu, des deux parts, douze mille hommes. Macdonald fort maltraité, presque tous ses généraux hors de combat, sans nouvelles de son chef, privé de ressources ; ayant appris qu'on lui avait repris Modène, Reggio et Parme, il hâta sa retraite définitive. Suwarow, qu'éclairait son intérêt, se précipita à l'aube sur notre arrière-garde et connut par une *dépêche* du vaincu l'étendue de nos malheurs, jusqu'à la *direction de la retraite*. Victor battu, Moreau intervint à temps pour mettre fin à ce qui menaçait de devenir une déroute ; nous contraignîmes Bellegarde à rentrer dans Alexandrie, mais *les deux armées n'avaient pu opérer leur jonction !*

Le gouvernement fit insérer au *Moniteur* l'exposé qu'on va lire, réservant pour lui-même les Rapports militaires de cette action.

On n'a jamais eu d'exemple d'une bataille aussi longue et aussi sanglante que celle de la Trebbia. Elle a commencé dans la matinée du 29 prairial et n'a fini que dans la nuit du 1er au 2 messidor. Jamais on n'a vu tant d'acharnement, et si les Français eussent su se maintenir un quart d'heure de plus sur la rive gauche, c'en était fait des armées austro-russes; mais, par une bien grande fatalité, au moment où la victoire était achetée, un mouvement rétrograde se manifeste dans la division Montrichard, et peu à peu ce mouvement se communique au restant de l'armée, qui reprit son champ de bataille sur la rive droite.

On évalue à plus de quinze mille les morts ou blessés des deux partis : personne ne peut se vanter du gain de la bataille. Les Français ont perdu tous leurs généraux et une immense quantité d'officiers, tant ils se sont dévoués pour le triomphe de leurs armes. Il n'existe à l'armée de Naples que trois ou quatre généraux. Cette armée, faute de munitions, a été dans la nécessité de regagner les Apennins pour venir opérer sa jonction avec Moreau par la rivière de Gênes. Dans sa marche rétrograde, qu'on ne peut pas même appeler retraite, et qui doit immortaliser à jamais le général Macdonald, cette armée a fait de bien grandes choses : elle a battu les ennemis qui voulaient la presser ; elle a fait prisonniers ceux qui voulaient barrer le passage, et écarté avec grande perte ceux qui l'inquiétaient sur ses flancs.

Reggio a été pris de vive force par l'adjudant général Lacroix. Sa même division s'est emparée de Sassuolo, poste de la plus haute importance, par où les ennemis voulaient gagner les premiers les débouchés des Apennins ; cette attaque est trop intéressante dans ses résultats pour ne pas être mentionnée.

A l'entrée de la nuit du 6, on apprend que les ennemis viennent

Vue de Florence.

d'entrer à Sassuolo, ville enveloppée d'une très haute muraille, et qu'ils défendent la porte par de l'artillerie : l'adjudant général P. Lacroix marche sur-le-champ à eux avec la 78e demi-brigade. Arrivé près de la ville, le général autrichien l'envoie sommer de se rendre, sinon qu'il n'y aurait plus de quartier pour lui. Notre général répond en grenadier : « Allez vous faire f....., et retirez-vous, parce que dans deux minutes je vous envoie des brevets de mort subite. » Aussitôt on marche ou, pour mieux dire, on court sur les ennemis ; la nuit ne peut le dérober à nos coups ; trois cents périssent en un instant : six cents sont obligés d'implorer notre générosité ; deux pièces de canon, deux drapeaux, plusieurs caissons, cinquante chevaux, sont le fruit de la victoire. Ainsi l'armée signale par une grande victoire sa rentrée dans les Apennins, et elle continue sa marche sans avoir d'autres obstacles à vaincre.

Le Directoire, n'osant contester le courage et la mâle hardiesse de Macdonald, contesta sottement ses qualités stratégiques, lui opposant un ordre de Schérer du 8 avril, astuce détestable d'un Barras. Il lui ôta son commandement !

Au début de juillet, le glorieux vaincu rallia ses divisions, et le 17 son quartier général était à *Gênes,* après avoir marché par la Corniche. Les troupes étaient presque nues, la moitié des armes hors d'usage, la cavalerie et les chevaux de transport sur leurs boulets. Le Directoire aurait dû s'estimer heureux de retrouver le noyau de deux armées éprouvées, propres à en former de nouvelles ; il fut inique dans ses reproches ; l'histoire a le devoir de le lui reprocher.

II

L'opinion publique n'était pas d'accord avec lui : c'est ce qui favorisa des projets de réaction contre lui-même. Sieyès prit la tête du mouvement, dès qu'il fut entré au Directoire, et organisa un parti contre la *majorité.* Une adresse au Conseil demanda des comptes sur le déficit et sur la situation ; celui-ci garda le silence ; on le remplaça, les ministres furent changés, et le cabinet topographique de la Guerre traça un plan d'opérations défectueux, qu'on adopta.

Rejetant à tort les opérations par la *trouée entre le Jura et les Vosges,* Clarke, son directeur, lui préféra la Suisse et les Alpes Cottiennes, ce qui entraînait de couvrir les deux Saint-

Bernard, le Simplon, le mont Cenis, le mont Genèvre et le col de l'Argentière. Quant à l'armée d'Italie, elle aurait à reprendre l'offensive par Coni ou culbuter les assiégeants de Mantoue dans le Mincio. Le rôle de l'armée d'Helvétie consistait en une simple diversion sur la Limmat.

Joubert[1] dut commander en Italie, malgré le mérite dont son chef venait de donner les preuves; Masséna en Suisse, Moreau sur le Rhin.

La deuxième partie de la campagne de 1798, la voilà : officielle.

Si les généraux français et autrichiens restaient dans l'inaction, leurs gouvernements respectifs abondaient en plans assez fautifs ou irréalisables. Le noble Conseil aulique voulait changer le théâtre de la guerre et la porter à nouveau sur le Rhin avec l'archiduc pour chef. On va voir ce qui advint de ces plans solennels.

Le 3 juillet, Lecourbe entra en ligne, poussé par Masséna, que le Directoire était impatient de trouver circonspect. Il s'empara des petits cantons, du Grimsel et du Saint-Gothard, ce dernier commandant la Lombardie. Thurreau occupait à son tour le Simplon. L'archiduc projetait de franchir l'Aar, la Limmat et la Reuss et avait tout organisé dans ce but. Des fautes d'exécution le firent échouer. Le Bas-Rhin lui fut imposé au même moment comme avenir d'opération : il obéit.

Le confident de Sieyès se précipita de son côté en Lombardie, dans l'ignorance où il était de la reddition de Mantoue. Moreau s'offrit généreusement à lui pour le conseiller; Joubert accepta avec joie, et on choisit de concert Novi pour lieu de la bataille.

Le 9 août nous nous concentrâmes, le 10 nous partîmes, le 12 nous débouchions de l'Apennin, le 14 les deux armées ennemies étaient en présence. La reddition de Mantoue nous

1. Joubert, né à Pont-de-Vaux (Bresse), étudiant en droit en 1789, soldat en 91, lieutenant en 93, protestataire contre les terroristes en Savoie, adjudant général en 94, général à Loano sur le champ de bataille, mis à l'ordre pour ses connaissances militaires par Bonaparte en 96, prit Milan, Vérone, se distingua à Castiglione, divisionnaire en 97, victorieux à la deuxième bataille de Rivoli, sauva l'armée et fit débloquer Mantoue, sépara l'archiduc de Laudon, força les gorges d'Inspruck et rejoignit l'armée avec une rapidité foudroyante, accompagna son chef à Paris, général en chef en 98 après avoir commandé la capitale, destiné par Sieyès au Consulat contre Bonaparte, déjà menaçant.

fut alors connue! Il était trop tard pour reculer : l'intrépide Kray nous chargeait avec sa vigueur proverbiale. Le malheur voulut que, dès les premiers coups, Joubert fût tué en accourant sur le plateau pour rétablir le combat; c'était le 15 août. on avait commencé la bataille à cinq heures du matin, Moreau, intervenant, rétablit l'action; Grouchy culbuta Bellegarde: Saint-Cyr se maintenait, lorsque le prince Bagration, vivement pressé de combattre par Kray, qui se voyait perdu, se lança contre Saint-Cyr; repoussé, accablé, le prince était perdu comme son collègue. Suwarow ordonna alors une attaque générale et la réitéra avec sa ténacité connue. Mélas tourna notre droite, et nous l'aurions emporté si le généralissime russe n'avait persisté à renouveler son effort, malgré les règles de la prudence stratégique. Moreau jugea la situation et, d'accord avec Saint-Cyr, se disposa à la retraite. Suwarow entra dans Novi, notre gauche fut écrasée, Pérignon et Grouchy prisonniers ; le valeureux Colli, fidèle à notre cause, vit sa division décimée. Nous perdîmes quinze cents hommes, trois mille prisonniers, cinq mille blessés, quatre drapeaux et six batteries! Pitt triomphait encore!

Le Directoire annonça solennellement sa défaite par un Message aux deux Conseils et en appela au pays pour continuer la lutte :

Le général Joubert vient d'être enlevé à la patrie. Le général Suchet, chef de l'état-major général, qui nous transmet cette douloureuse nouvelle, s'exprime en ces termes :

« Après avoir, dès le premier jour de son arrivée, reconnu la position des troupes et réglé les dispositions, le général Joubert s'est déterminé à tenter un effort vigoureux pour débloquer Tortone et faire entrer l'armée dans la plaine. Il avait fortement et amicalement invité le général Moreau à ne point le quitter sans l'avoir aidé à combattre et à vaincre.

« Le général Moreau s'empressa de répondre à cette confiance par un dévouement également généreux.

« Le général Joubert, à la tête d'une partie de l'armée formant l'aile gauche, s'est porté de Savone par les montagnes du Montferrat et la vallée d'Acqui vers Capriata et Novi, tandis que le général Saint-Cyr, qui commandait la droite, débouchait par la Bocchetta pour se joindre au même point. Le général Moreau et le général Dessoles marchaient avec cette colonne. Quelques reconnaissances et des combats assez vifs précédèrent, les 26 et 27, la bataille qui devait avoir lieu entre les deux armées toutes réunies en présence. Le 27 au soir arriva au camp ennemi la plus grande partie des troupes autrichiennes, occupées jusqu'alors au blocus de Mantoue, si prématurément rendu. Ainsi donc, dans un moment si décisif, l'armée austro-russe acquit une supériorité de forces qui ne permettait plus d'attaquer.

« Le 28, dès la pointe du jour, a commencé la bataille de Novi; l'ennemi a attaqué en force et avec impétuosité notre gauche. L'affaire s'engageait à peine, lorsque le général Joubert s'est précipité pour animer de sa présence une charge à la baïonnette. Il guidait nos soldats à cheval au milieu des officiers de son état-major, en criant : *En avant, en avant!* lorsqu'une balle l'a frappé au flanc droit et a pénétré jusqu'au cœur. Il est tombé en faisant signe de la main, et criant encore : *Marchez toujours!* Il a survécu à peine un instant. On a continué à se battre jusqu'au soir : à six heures du matin il avait cessé de vivre.

« Le général Moreau commandait, se livrait au danger, avait un cheval tué sous lui. Une balle perçait ses habits, effleurait son flanc gauche, et les cris des soldats ne pouvaient le retenir. »

A nouveau, il fallut revenir à l'Apennin. Suwarow négligea, comme après la Trebbia, de nous poursuivre l'épée dans les reins, et nous laissa nos communications avec la France, avec l'armée des Alpes et Gênes, en notre pouvoir. Un ordre de sa cour lui imposa de se rendre en Suisse; Mélas lui succéda en Italie. Notre revanche approchait : Masséna en sera l'épée vengeresse!

Que valait une défaite ou une victoire dans le royaume de Naples en présence d'une pareille situation? Nous l'évacuâmes, après une convention discutée sagement par Garnier; mais le Directoire avait traité le digne Pie VI, un vieillard inoffensif, avec une dureté impitoyable. Le pape mourait à Valence le 29 août, âgé de quatre-vingt-deux ans, après une persécution aussi inutile et aussi dangereuse que coupable. Pie VII lui succédait peu après, élu à Venise.

Jaloux du général russe, le cabinet de Vienne favorisa à ce moment l'expédition que méditait l'Angleterre contre la Hollande; le secret de l'envoi de l'archiduc sur le Rhin, le voilà : *donner la main à l'armée anglo-russe* par le Rhin inférieur. Nos ennemis ne virent pas que cette faute allait nous sauver avec des généraux rares et avec une nation prompte à tous les sacrifices comme la nôtre. L'archiduc a écrit en ses *Mémoires* : « La cour de Vienne ordonna le secret et la prompte exécution de ses volontés, sans aucune objection. »

Il laissa vingt-deux mille Autrichiens en Suisse avec Hotze, qui était de cette nation.

Sous l'impulsion de Bernadotte[1], devenu ministre de la guerre, nos effectifs parvinrent à cinq cent soixante-six mille hommes, au lieu de trois cent quatre-vingt-dix-huit mille. Le nouveau plan d'opérations avait pour caractère l'*offensive* imposée à nos généraux en chef, surtout pour l'Helvétie. On supposait que l'archiduc envoyait des renforts en Italie et s'y rendait lui-même, ce qui était le contraire de l'exactitude; on commit, en outre, la faute d'enlever à Bernadotte le portefeuille de la guerre pour le confier à Dubois de Crancé, l'inspirateur des lois de 1794 sur l'amalgame et leur réalisateur. Ce colonel n'avait jamais fait la guerre et devait échouer dans l'œuvre dont *Carnot* seul se serait tiré avec avantage.

Le général en chef qui remplaçait Moreau sur le Rhin agit sans attendre son arrivée, le 29 août, bombarda Philipsbourg après avoir franchi le fleuve, s'élança contre Manheim et dut l'abandonner le 17 septembre : Muller était vaincu. Pendant ce temps, les armées principales des Austro-Russes se préparaient à nous accabler en Suisse; ils y furent battus par Masséna. Voyons comment.

Suwarow partit par Lugano pour nous détruire. Ses forces s'élevaient à quatre-vingt mille hommes, les nôtres à soixante et onze mille, et six mille Helvétiques. Notre champ de bataille allait du Saint-Gothard à Bâle.

Averti par Suchet, chef d'état-major de l'armée d'Italie, du départ de son adversaire, Masséna résolut d'attaquer un jour plus tôt son lieutenant Korsakof, afin de battre les généraux alliés successivement dès le 26 septembre pour le grand combat. Dans la nuit du 24 au 25, le secret ayant été bien gardé, nous couvrîmes Fahr de notre artillerie, commandée par le colonel Foy[2]; nous dirigeant sur Hongg, nous y battîmes

1. Bernadotte, né à Pau, engagé dans Royal-Marine à dix-sept ans, sergent-major en 1789, sauva la vie à son colonel dans une émeute à Marseille, colonel en 92, servit sous Custine, nommé général par Kléber. — Passant la revue des conscrits à Courbevoie, il leur dit : *Il y a parmi vous de grands capitaines. C'est vous qui devez donner la paix à l'Europe.*

2. Foy, né à Ham, lieutenant d'artillerie en 1789, capitaine en 93, antiterroriste contre Lebon d'Arras, emprisonné, délivré par thermidor, servit sur le Rhin en 95, 96 et 97, chef d'escadron, refusa d'être aide de camp de Bonaparte, républicain.

Korsakof par Oudinot : les Russes n'eurent plus qu'à gagner *Zurich*. Masséna le somma d'évacuer la ville ; son vaillant adversaire refusa même de lui répondre et, en tête de son infanterie, s'ouvrit un passage ; le désordre de ses troupes fut extrême, et, prises en queue, elles perdirent cent pièces de canon, les équipages et le trésor de l'armée.

Vainqueurs sur la Limmath, nous l'étions sur la Linth par Soult[1], lieutenant que Napoléon appellera un jour *le premier manœuvrier de l'armée*. Son entreprise, en date du 25, avait été aussi difficile à accomplir que celle de son général en chef. Toutefois, a dit Jomini, la précision des mesures arrêtées par lui n'en contribua pas moins à assurer son succès. Hotze et son chef d'état-major furent tués, et les Autrichiens s'enfuirent à l'état de débris, repassant à la hâte la Thur, puis le Rhin. Une avant-garde composée de deux cents hommes avait passé la Linth à la nage, le sabre aux dents, la pique à main, et avait égorgé les postes ennemis terrorisés.

Le 11 septembre, Suwarow se mit en route pour la Suisse ; le 21, il atteignit le Saint-Gothard et se trouva en présence de Gudin[2]. Arrêté par lui, il se coucha dans un fossé, déclarant à ses soldats qu'*il voulait être enterré là où ses enfants reculaient pour la première fois,* puis chercha un chemin pour tourner Lecourbe[3] au-dessus du pont du Diable et y réussit. Celui-ci se fraya alors un passage l'épée à la main, se retira derrière la Reuss à la tête de six mille hommes qui lui res-

1. Soult, né à Saint-Amans-de-la-Bastide (Tarn), artilleur à seize ans, caporal en 89, sous-officier en 90, adjudant-major d'infanterie en 92, chef de brigade en 94, chef d'état-major de Lefebvre en 95, général en 96, accomplissant partout des actions d'éclat.

2. Gudin, né à Montargis, condisciple de Bonaparte, sous-lieutenant dans Artois-infanterie en 1784 et breveté en 91, campagne de Saint-Domingue, aide de camp et démissionnaire en 93, retenu par l'illustre Gérard, adjudant général aussitôt, chef de brigade en 95, nommé chef d'état-major, servit sur le Rhin à ce titre près de Gouvion-Saint-Cyr, général en 99, rivalisa de gloire avec les plus illustres généraux.

3. Lecourbe, né à Lons-le-Saulnier, fils d'un ancien officier d'infanterie, engagé dans Aquitaine, où il resta huit ans soldat, chef de bataillon de volontaires du Jura, servit sur le Rhin, entra le premier dans les lignes de Wattignies, chef de brigade à Fleurus, y soutint avec trois bataillons le choc de dix mille Autrichiens pendant sept heures, passa à Sambre-et-Meuse, Rhin-et-Moselle, Danube. En 95 contint l'ennemi par sa contenance à Mayence durant vingt-quatre heures, et, enveloppé, écrasa ses adversaires pour rejoindre, divisionnaire en 96, ennemi constant de Bonaparte.

Le pont du Diable.

taient et harcela l'arrière-garde du maréchal, que la valeur calme de ses troupes sauva d'un désastre. Jellachich et Linken, ses deux lieutenants, furent mis dans l'impossibilité de le rejoindre, étant partout battus[1].

Masséna, apprenant son arrivée et nos succès réitérés, marcha contre lui, après s'être concerté avec Lecourbe, nommé au commandement de l'armée du Rhin. Le 28, Suwarow, réunissant son armée à Mutten, se décida à se mettre en retraite avec ses soldats sur les Grisons, effrayé trop tard des défaites des Autrichiens, de celles de ses généraux et de notre activité. Le 2 octobre commença une retraite cruelle, qui dura jusqu'au 10 avec des fatigues inouïes; des historiens illustres ont écrit que nous l'avions rendue *horrible* pour le vaincu.

Vainement Korsakof s'efforça-t-il de se reporter en avant afin de secourir son maréchal: il fut vaincu, les Autrichiens rejetés de leur côté dans les Grisons, la Suisse rendue à elle-même[2].

Ce triomphe ne fut pas égalé par l'armée d'Italie. Championnet[3], s'étant obstiné, par ordre du Directoire, à pénétrer en Piémont par tous les débouchés des Alpes et de l'Apennin fut absolument battu à Genola, à raison de l'éparpillement de ses forces, quoiqu'il n'eût que Mélas pour adversaire et des généraux comme Grenier et Saint-Cyr pour exécuter ses ordres. Saint-Cyr avait même vengé Joubert à Novi : inutile succès ! Le terrible Kray nous imposa la retraite dans la rivière de Gênes; nous y revenions pour la troisième fois! Monnier capitulait à Ancône, après s'y être magnifiquement défendu, obtenait les honneurs de la guerre, sans engagement de ne pas servir. Mais si l'honneur était intact, nous y étions frappés dans nos approvisionnements : les Autrichiens recueillirent cinq cent quatre-vingt-cinq bouches à feu, sept mille fusils, dix bâtiments de guerre et dix-huit navires.

L'armée d'Italie était sans solde depuis cinq mois; en rentrant à Gênes, elle ne trouva ni habits, ni souliers, ni bois

1. Rapports de Lecourbe des 14, 15, 16 août sur Schwitz, Muttenthal, Brunnen, Serdof, Attinghausen, Fluelen, Altorf, Mayenthal, Guechenen, pont du Diable, Grimsel, Oberwald, Obergues-Chenen, Oberalp.

2. Rapport de Masséna sur Zurich, aux *pièces justificatives*.

3. Championnet, né à Valence, fils naturel, engagé dans les gardes wallones, chef de bataillon de volontaires, servit avec Hoche, colonel en 1793, divisionnaire à Fleurus, général en chef à Naples, destitué, emprisonné, rappelé par les nouveaux directeurs indignés de l'accusation fausse portée contre lui par Faypoult pour concussion; le vrai était l'accusateur!

pour ses bivouacs; dans les hôpitaux, le typhus; sur les routes de l'Apennin, les soldats expirant de faim ou y mourant de froid; bientôt la désertion. Cette page est une tache pour la mémoire de Dubois-Crancé, administrateur nul ou impuissant. Championnet malheureux s'honora en se prodiguant des camps aux hôpitaux, relevant ses compagnons d'armes par ses paroles, par sa présence constante, par ses larmes. Atteint de l'épidémie qui dévorait ses soldats, il vint mourir à Nice, estimé de ses collègues, pleuré par ceux qui l'avaient vu noble et généreux pour leurs souffrances. L'armée, loin de lui reprocher sa défaite, s'en prit au gouvernement, et, désertant devant son cercueil, jura de voler dans la capitale pour y punir les auteurs de tant de maux! Ce spectacle ne s'était jamais vu!

Gouvion-Saint-Cyr, se prodiguant à Gênes, arrêta les corps qui annonçaient hautement retourner d'eux-mêmes à Marseille, et par une parole éloquente ramena sous les drapeaux des hommes exaspérés par trop de malheurs.

A Paris, on dansait chez Barras, dont les sicaires poursuivaient Carnot pour l'*assassiner*.

En quittant son portefeuille, Bernadotte avait écrit au Directoire une lettre qui l'honore. Portant le débat devant l'opinion, il avait dit : « Vous acceptez la démission que je n'ai pas donnée. Plusieurs fois, je vous ai mis sous les yeux la cruelle situation de mes frères d'armes. Profondément affligé de l'impuissance des moyens mis à la disposition du département de la guerre, j'éprouvai le désir de me soustraire à cette impuissance. » Quel acte d'accusation! Par une série de proclamations, il avait relevé le moral des troupes; mais la politique intérieure l'avait paralysé, et on lui reprochait à tort la franchise de son rapport du 14 août au Directoire.

Sur le Rhin, Lecourbe ne réussit pas. Pendant que Suwarow gagnait la Bavière le 30 octobre, par Lindau, sur le lac de Constance, l'adversaire de l'archiduc franchissait le fleuve, investissait par deux fois Philipsbourg, et, battu à Wisloch, regagnait ses cantonnements grâce à un armistice; hardiment interprété par lui, il y trouvait le salut des siens.

Vaincus en Italie, refoulés sur le Rhin, nous relevions l'éclat de nos armes en Hollande par Brune[1].

1. Né à Brives, ami de Danton, garde national, adjudant aux volon-

III

Le cabinet britannique, impuissant à rappeler la Prusse dans la coalition, s'était retourné en mai vers la Russie et avait montré à Paul Ier que la délivrance était facile et nécessaire aux puissances du Nord. On créait une diversion du Rhin à l'Italie, on rétablissait le sthatoudérat de la maison d'Orange et on reconduisait les armées françaises du Helder à Lille! La Russie avait accepté ces vues et par un traité, 22 juin, avait promis dix-sept mille hommes de troupes auxiliaires à l'Angleterre, qui organisait une armée de trente mille hommes, secondée par une flotte imposante. On ne comprit pas à Pétersbourg que le relèvement de la Hollande par l'influence française l'autoriserait à reconstituer sa puissance et à redevenir sur mer la rivale de l'Angleterre.

Le 13 août, la flotte anglaise appareilla à Ramsgate, dirigée par l'amiral Mitchell. Keith et Duncan le renforcèrent bientôt. Le 20 on rallia, le 22 une tempête éloignait de la côte néerlandaise; le 27 on débarquait. Averti par ses adversaires, qui avaient donné à leur expédition un retentissement prémédité, Brune avait concentré l'armée gallo-batave dans la Nord-Hollande. Le général Gouvion était posté dans les environs de Harlem; le général Daendels, à la tête de dix mille hommes, eut pour mission d'attaquer les envahisseurs dès leurs premières opérations. Le pays où l'officier hollandais devait agir était dénué de fortifications, ses compatriotes ayant toujours compté sur leurs forts maritimes pour y interdire une agression. Il se proposa donc d'intervenir sur le flanc des Anglais par les dunes et se mit en *front oblique* à la côte, mais sur trop d'étendue.

Dès l'aube, ceux-ci débarquèrent deux mille cinq cents hommes, le 27, sous la direction du général Pulteney, et se

taires de la Seine, puis à ceux de l'Intérieur, colonel en 92, suivit Dumouriez avec bravoure, rallia les troupes après la trahison, général en 93, se distingua à Hondschoote, disgracié, réhabilité après thermidor, écrasa les royalistes en vendémiaire, les babouvistes bientôt après, passa en Italie, y dirigea l'avant-garde de Masséna (fin 96 et en 97), d'un courage à toute épreuve, divisionnaire en 98, général en chef en Helvétie, y fit de la politique par ordre, 99 Hollande.

lancèrent au pas de charge ; rompu, refoulé, Daendels battit en retraite, après avoir perdu quatorze cents des siens. De son côté, la flotte hollandaise, dont les amiraux avaient négligé ou refusé de couler de vieux bâtiments à l'entrée du Texel pour le couler, s'insurgea et se rendit à nos adversaires. Désormais le Zuyderzée leur appartenait. Lord Abercrombie s'avança alors, 1er septembre, dans le Zyp, afin d'y remplacer la flotte rebelle, s'y cantonna et organisa un camp formidable par ses retranchements. Il attendit pour l'action l'arrivée des Russes, oubliant que Brune se concentrerait sans peine devant lui, ce qui advint. Des renforts arrivant de Belgique, ce dernier entra en ligne le 8 septembre, avec vingt et un mille combattants contre dix-sept mille, puissants par leur artillerie, secondés par leurs fortifications et par d'innombrables canaux qui les couvraient. Le 10, l'attaque fut générale. A l'aube, Vandamme ouvrit le feu ; parvenus au canal de la grande digue et du Slaperdyk, ses grenadiers, n'ayant pu le traverser à gué, y furent tués ou pris par les brigades des gardes. Dumonceau ne fut pas plus heureux à Krabbendam, et Daendels échoua à Saint-Martens, à raison de l'échec de son brigadier Bonhomme. La défensive nous était imposée.

Du 12 au 15 septembre, les Anglais, 2e division, du duc d'York débarquèrent, et les Russes à leur suite ; le 19 on se battit à nouveau.

Les Russes ouvrirent le feu à trois heures du matin, traversèrent le canal et assaillirent nos ouvrages au Slaperdyk, enlevèrent deux villages et s'avancèrent sur les dunes ; nous reculâmes en ordre et prîmes les assaillants de flanc, en les inondant de feux meurtriers. L'adjudant général Rostolland reforma l'avant-garde, qui se replia sur Gouvion, et on tint ferme. Brune appela alors sa réserve d'Alkmaar, accourut au secours de Vandamme, en dégagea ladivision, et celui-ci, mis à la tête du centre de l'armée, reprit une offensive violente, ce qui était conforme à son tempérament[1]. Malgré le feu des

1. Vandamme, né à Cassel (Nord), élevé par le maréchal de Biron à l'École militaire, engagé dans un régiment colonial à la Martinique, soldat en congé définitif en 1788, chef de bataillon de corps franc levé par lui en 92, général en 93, brillant partout, accusé de rigueurs politiques et digracié, réintégré en 94, servit en Hollande en 95, magnifique d'intrépidité à Friedberg en 96 et au passage du Rhin, divisionnaire, chef de l'aile gauche sous Jourdan, rejoignit Brune, heureusement pour celui-ci.

Le Zuyderzée.

Russes, nos troupes exécutèrent leurs mouvements avec précision, tournèrent Bergen par la droite, les chargèrent à la baïonnette, les rejetant sur les dunes, où ils trouvèrent Rostolland, qui les tailla en pièces. Leur général, Jerptoff, y fut tué.

Le général Dumonceau était battu au même moment par une division anglaise. Le duc d'York apprit la retraite et le malheur des Russes ; il s'élança pour les venger et fut repoussé. Dundas dut se retirer comme lui, de peur d'être coupé. Les alliés étaient accablés à droite. Daendels était refoulé dans son camp ; à gauche, on le battait sans espoir. Devant notre succès, dû à Vandamme, Russes et Anglais regagnèrent leurs camps. Ils perdaient cinq mille hommes, sept drapeaux, vingt-six canons et plusieurs équipages.

Le 2 octobre, un aide de camp de notre général en chef remit au Directoire les trophées de Bergen. Sa harangue redit nos succès en ces termes :

Citoyens directeurs, les armées française et batave viennent de montrer à l'Europe ce que peuvent la valeur et le patriotisme réunis. Elles ont vu sortir enfin de leurs retranchements les nombreuses phalanges destinées à l'envahissement de la Hollande. Elles les ont vaincues.

Les Anglais, malgré leur supériorité, n'avaient pas osé se montrer ; ils attendaient que le Russe vienne leur ouvrir le chemin de la république batave, ou leur servir de plastron. C'est ce qu'attendait aussi la brave armée du Nord.

La malveillance, qui croyait nous épouvanter en exagérant la valeur des Russes, vient encore de mentir ; sans doute ils sont braves, ils savent affronter la mort ; mais les Français ont l'intrépidité de l'homme fier de sa liberté.

Vingt-cinq pièces de canon enlevées à la baïonnette, plus de trois mille morts et blessés restés sur le champ de bataille, le général en chef russe, dix-sept cents de ses grenadiers faits prisonniers, sept drapeaux, enfin, que j'ai l'honneur de vous présenter, tout atteste que la victoire de Bergen a été complète.

Peut-être regarderez-vous comme moins importants les succès obtenus contre les troupes anglaises, commandées par le duc d'York et le prince d'Orange : ils croyaient, sans doute, la bataille gagnée, lorsqu'ils s'avançaient derrière leurs alliés ; ils venaient partager leur triomphe, ils n'ont partagé que leur défaite. Les nombreux prisonniers que nous avons faits sont presque tous du régiment des gardes du roi d'Angleterre.

Les troupes que les armées française et batave ont eu à combattre étaient beaucoup plus fortes ; mais que fait le nombre lorsqu'on peut compter dans les rangs beaucoup d'hommes tels que ceux dont je dois vous rapporter les traits de bravoure et de générosité ?

Rentrées dans leurs positions respectives, les deux armées conservèrent une inaction de douze jours ; ce qui s'explique chez Brune ne l'a jamais été chez ses adversaires. Il fortifia ses lignes, fit inonder la campagne, ne gardant que les passages, reçut de Dunkerque une flottille de soixante canonnières, avec laquelle il compléta la défense d'Amsterdam, remplit les vides avec des renforts et se disposa à combattre. Le 2 octobre, Abercrombie commença une nouvelle action à Egmont et parvint à forcer notre gauche ; la débordant, il la coupa en deux ; Brune se replia alors sur Alkmaar et y choisit un place supérieure à celle qu'il quittait. Renforcé immédiatement, il déclara à ses généraux qu'il fallait combattre.

Le 6 s'engagea le combat de Kastrikum, où les Anglais obligèrent nos avant-postes à se rejeter vers cette ville. Brune informé envoya la division Gouvion pour les contenir, et Boudet contre les Russes afin de les arrêter s'ils tentaient d'accourir. Pacthod tint vigoureusement avec trois bataillons postés dans Kastrikum, et secourus par Brune, on vit les nôtres fondre à la baïonnette en colonnes serrées ; cette charge balaya les alentours. Elle eût décidé de la journée si un régiment de dragons qui marchait sans éclaireurs n'avait été rompu par la cavalerie britannique, et n'eût mis en désordre notre colonne. Épuisés et sans munitions, les Gallo-Bataves eussent été écrasés si Brune n'eût accouru en personne à la tête des hussards hollandais pour rétablir le combat. A notre gauche, Gouvion accablait les Anglais, devinait leurs mouvements pour les maltraiter, déjouait partout leurs attaques réitérées. Notre droite restait à couvert derrière les inondations et servait de corps d'observation. Le général Pulteney envoya pendant la journée un de ses brigadiers en parlementaire et porteur d'une *proclamation* appelant les Hollandais à la *défection,* — souvenir des guerres de Vendée ! Daendels l'envoya au général en chef, qui l'expédia en poste dans la citadelle de Lille.

Vaincu et découragé, le duc d'York regagna le Zyp. Il y

connut la victoire de Masséna à Zurich. Brune le suivit aussitôt; Daendels chassa devant lui le duc de Glocester, et les Hollandais arrivèrent à temps pour arrêter l'incendie de leurs établissements maritimes, auxquels les Anglais avaient mis le feu.

Réduit à vingt mille combattants sur trente-six, le duc d'York négocia pour rentrer à Ramsgate[1], Brune l'y autorisa en fixant le 1er décembre comme délai; mais il dut rétablir les fortifications du Helder avant d'embarquer avec toute son artillerie. L'Angleterre avait perdu l'élite de ses troupes en trois mois, et la défensive avait consumé ses forces. Brune acquit dans ces opérations une réputation méritée; sa prudence y avait égalé sa valeur.

Cette *triple campagne,* Danube, Helvétie, Italie, dont une expédition redoutable fut un incident douloureux pour la coalition, surpassa par son importance celles qui l'avaient précédée. La France y perdit deux cent mille hommes, une artillerie nombreuse et la moitié de ses conquêtes. Un plan funeste par son immensité, issu d'un cerveau de professeur nul dans l'art pratique de la guerre, en fut la cause décisive. Et cependant, Masséna, Moreau, Macdonald et Lecourbe avaient été, comme Jourdan, admirables, leurs soldats héroïques, nos généraux de second rang dignes de leurs commandants en chef.

Ce fut l'accumulation des fautes du Directoire qui permit à Bonaparte[2] de tromper aussi facilement qu'il le fit l'opinion après le 18 brumaire et d'établir à son profit exclusif le *Consulat*[3].

1. Le texte de cette capitulation, aux *pièces justificatives*.

2. Le général Desaix a raconté au général Mathieu Dumas, qui l'a redit dans ses *Mémoires*, que Bonaparte avait préparé le renversement du Directoire à la veille de son départ pour l'Égypte, et qu'il avait été au moment d'exécuter son dessein par un coup de main.

3. Après un mois, le pouvoir fut ainsi constitué : Bonaparte; Cambacérès, ancien membre du Comité de Sûreté générale; Lebrun, autrefois secrétaire du chancelier Maupeou; — Ministres : Abrial, à la justice; Berthier, à la guerre; Gaudin, aux finances; Forfait, à la marine; Lucien Bonaparte, à l'intérieur, où il succéda bientôt au savant Laplace; Talleyrand, aux affaires étrangères.

PIÈCES JUSTIFICATIVES

CHAPITRE PREMIER

Extrait du registre des délibérations du Conseil Exécutif provisoire du 5 décembre 1792, l'an Ier de la République.

La discussion s'est ouverte sur les propositions faites par le général Dumouriez, par ses dépêches adressées tant au ministre de la guerre qu'au ministre des affaires étrangères, lesdites propositions ayant pour objet une *expédition en Hollande,* destinée à favoriser les dispositions que le peuple batave a déjà montrées pour recouvrer la liberté.

Le Conseil, après avoir délibéré avec toute l'étendue nécessaire sur cette proposition, sans rejeter le projet de seconder par l'entrée des troupes françaises en Hollande une révolution conforme à la liberté, arrête qu'il convient quant à présent d'employer toutes les forces de la République contre les ennemis qui l'ont attaquée les premiers, et de continuer à poursuivre les Autrichiens, les chasser au delà du Rhin, suivant le plan précédemment arrêté ; qu'en conséquence le ministre de la guerre fera connaître au général Dumouriez les intentions du Conseil à cet égard.

Pour ampliation conforme au registre,

GROUVELLE, *Secrétaire du Conseil.*

TRAHISON DE DUMOURIEZ

DÉPARTEMENT DE LA MOSELLE

Proclamation du général de division Aboville.

Sarrelouis, 12 avril, l'an II de la République.

Le génie tutélaire de la liberté plane sur toute la surface de la France, et la garantit de tous les conspirateurs et des traîtres.

Dumouriez, ce général perfide et insidieux, si longtemps l'idole de la nation entière et d'une armée qu'il avait conduite à la victoire, a traîtreusement abandonné le drapeau de la liberté, qu'il avait juré de défendre jusqu'à la mort, pour s'enrôler sous les bannières des despotes ; quelques jours il a pu égarer une partie de l'armée qu'il avait sous ses ordres, et il a eu l'espoir féroce de déchirer le sein de la patrie par ceux mêmes à qui elle avait remis des armes pour la défense de la liberté.

L'audacieux et traître Dumouriez n'eut jamais les vertus d'un républicain. L'ambition dévorait son cœur, et l'égoïsme en fit un partisan de la Révolution ; il chercha à tourner à son avantage les succès des troupes qu'il commandait; il fut trompé dans son espoir, et dès lors il résolut de trahir sa patrie. Il chercha à ôter la confiance aux corps constitués et aux représentants du peuple souverain ; il sema l'esprit de discorde entre les troupes de ligne et les volontaires nationaux, comme si des frères d'armes devaient connaître d'autre rivalité que celle de la bravoure ; il dissémina en cantonnements étendus son armée, affaiblie par sa folle entreprise de la conquête de la Hollande, et ménagea par ce moyen des certitudes de succès à l'ennemi. Les yeux des représentants du peuple n'étaient pas encore dessillés ; il fut rappelé à la tête de l'armée de la Belgique, et, après plusieurs combats où les troupes républicaines montrèrent un courage vraiment héroïque, et où les succès étaient à peu près balancés, il évacua le pays de Liège et la Belgique. Ses calomnies contre la Convention nationale redoublèrent à proportion de sa trahison, et il finit par lever ouvertement le masque, et se montrer conspirateur. Il porta sa sacrilège audace jusqu'à faire arrêter quatre commissaires de la Convention nationale et le ministre de la guerre Beurnonville, qu'il livra sur-le-champ à l'ennemi. Une presse à ses ordres inondait chaque jour son camp de proclamations séditieuses, et la plus tyrannique contrainte était employée pour détourner des troupes tout papier français ; mais le tyran se dévoila à son armée ; il s'entoura d'une garde étrangère étant au milieu des Français. Dès cet instant, on a reconnu un astucieux scélérat ; il a été contraint de s'évader pour échapper à la juste vengeance des troupes, qui l'auraient immolé à leur ressentiment. Ses complices l'ont suivi; ils sont partis couverts de l'exécration publique et de l'infamie attachée au nom des traîtres.

Dans ce moment de crise où chaque bon citoyen descend au fond de sa conscience pour y scruter son cœur, et le vivifier par de nouveaux sentiments de civisme et d'ardeur républicaine, où la sévérité de la loi appelait des généraux de cette armée, pour leur faire rendre compte de leurs opérations militaires, où la méfiance allait planant sur la surface de la France, et menaçait de désorganiser nos armées, le général a à s'applaudir d'avoir trouvé celle de la Moselle avec le sang-froid et le courage de vrais républicains, animée par le seul désir de combattre pour la patrie, incapable de se livrer aux excès de la licence ou de la méfiance, et de servir les coupables projets d'un ambitieux. Il la félicite sincèrement du bon esprit qui la dirige ; il ne peut qu'applaudir à son zèle, à son ardeur républicaine ; il compte que par sa bravoure elle répondra à l'espoir qu'elle a donné

Dumouriez et les commissaires de la Convention.

à la patrie dans la journée du 20 septembre, et dans diverses occasions entre Sarre et Moselle.

Et vous, citoyens belliqueux, que l'amour brûlant de la patrie fait voler au milieu de nos valeureux guerriers, suivez les traces de nos frères d'armes, vous participerez à la moisson de lauriers qui leur est destinée; donnez l'exemple de l'exacte discipline, de la subordination à vos chefs, ils vous donneront celui de vous tracer le chemin de la gloire.

Signé : F.-M. ABOVILLE.

EXPULSION DE DUMOURIEZ DE L'ANGLETERRE

Lettre du général Dumouriez à lord Grenville, le 15 juin.

Mylord,

J'ai chargé M. Lacoste, négociant à Bruxelles, de délivrer cette lettre à V. E., ainsi que deux passeports de l'archiduc Charles, l'un sous le nom de Charles Peralta, l'autre sous mon véritable nom. J'aurais trouvé de grands inconvénients à voyager en Allemagne sans cette précaution ; et ç'a été de l'avis de MM. de Metternich et de Mercy, ainsi que de leurs amis, que j'ai pris un nom italien.

Mon intention n'est point de séjourner à Londres, où je suis trop connu pour y jouir d'une situation agréable. Je cherche une maison, à quelque distance de Londres, où je puisse demeurer tranquille et attendre la fin des troubles de mon infortunée patrie. Si les plus grands hommes d'État de l'Europe, M. Pitt, et vous, Mylord, voulez bien y consentir, je demeurerai dans la plus parfaite retraite, qui d'ailleurs est si nécessaire à ma sûreté et à mon repos.

Mylord Auckland pourra informer V. E. de ce que le chevalier Maulde lui a fait connaître dans la dernière négociation; mylord Grower lui rendra compte aussi de ma conduite à l'égard de l'Angleterre, dans le cours de mon ministère ; mais ce n'est point en ces considérations que je réclame la générosité de la nation britannique.

Votre seigneurie verra que la nécessité seule m'a engagé à changer de nom, quand je vins chercher un asile en Angleterre. Je respecte les lois. Mon déguisement, quand je vins à Douvres, ne fut occasionné que par des circonstances locales, et je m'empressai de le réparer par une déclaration véritable.

Si l'objet de ma demande peut m'être accordé, je me conformerai à tout ce que la sagesse du ministère pourra exiger de moi.

J'ai l'honneur, etc.

Réponse de lord Grenville.

J'ai reçu ce matin, Monsieur, la lettre que vous m'avez fait l'honneur de m'adresser. C'est au secrétaire d'État pour les affaires de l'intérieur à prendre les ordres de S. M. concernant la résidence des étrangers dans ce royaume, et à les leur motiver officiellement ;

mais comme c'est à moi que vous vous êtes adressé à cette occasion, je n'ai pu que communiquer la teneur de votre lettre, et vous répondre sur la demande qu'elle contient.

Votre séjour en Angleterre serait sujet à trop d'inconvénients pour que le gouvernement puisse le permettre. Je ne puis que regretter que vous n'ayez pas pris des informations à ce sujet avant votre arrivée en Angleterre. Si votre dessein m'eût été connu avant que vous entreprissiez ce voyage, je vous aurais informé avec franchise qu'il serait inutile. Il ne me reste maintenant qu'à vous déclarer que vous devez vous conformer sans délai à cette décision, que je me suis chargé de vous communiquer par cette lettre.

J'ai l'honneur, etc.

CHAPITRE III

MARCHE DE L'ARMÉE DU RHIN SUR MAYENCE

Le citoyen Alexandre Beauharnais, général en chef de l'armée du Rhin, aux citoyens représentants du peuple près la Convention nationale.

Au quartier général de Landau, 23 juillet 1793.

J'annonce avec plaisir à la Convention nationale un nouveau succès. Hier 22, j'ai fait marcher une partie de l'armée sur trois colonnes, et j'ai fait attaquer les Prussiens retranchés sur les hauteurs de la Chapelle-Sainte-Anne, où ils étaient dans une espèce de fort, et d'un accès difficile par les ouvrages que l'art avait ajoutés à une fortification naturelle. Ces montagnes ont été escaladées et tournées par les hauteurs de la manière la plus étonnante et la plus courageuse. La brigade du 67e régiment, dirigée par le général Meynier, défenseur de Kœnigstein, de concert avec des bataillons d'infanterie légère conduits par le jeune Delmas, d'une valeur distinguée, ont emporté, la baïonnette au bout du fusil, ce poste important, malgré le feu des redoutes. Les ennemis ont ensuite été forcés de villages en villages au pied des Vosges par notre infanterie; tandis que l'avant-garde, aux ordres de Landremont, repoussait l'ennemi dans la plaine, une division d'infanterie et la cavalerie occupaient pendant ce temps-là les Autrichiens et les émigrés du côté de la forêt de Bornheim et des hauteurs d'Essengen. De toute part le feu a été très vif, et l'on s'est battu à peu près partout depuis neuf heures du matin jusqu'à plus d'une demi-heure après le coucher du soleil. Il est résulté de cette journée que nous nous sommes considérablement étendus le long des montagnes, que nous avons fait des prisonniers, emporté plusieurs redoutes et retranchements des ennemis, particulièrement la montagne Sainte-Anne et Weger, quartier général d'un des généraux prussiens; que nous avons forcé les Prussiens à quitter leur position d'Educkossen, et que nous leur avons fait perdre un monde considérable.

Je dois un éloge particulier à deux bataillons qui, après une décharge de la cavalerie autrichienne, qui avait repoussé notre cavalerie, ont résisté au choc des ennemis et empêché les suites funestes qu'un désordre momentané aurait pu occasionner. Ces deux bataillons sont le 1er bataillon du 46e régiment d'infanterie et du 3e régiment. Les bataillons du 3e d'Indre-et-Loire, les chasseurs du Rhin, le 1er du Jura, le 1er de la Haute-Saône, le 2e de Lot-et-Garonne, le 1er de la Corrèze, le 6e d'infanterie légère, ainsi que tous les corps de l'avant-garde, méritent les plus grands éloges, et je n'ai à leur reprocher qu'un excès d'ardeur. La perte des Autrichiens a été très forte lorsque la cavalerie a été chargée par une partie de la brigade du 9e régiment de la cavalerie aux ordres du général Beaurevoir. Les Autrichiens, Prussiens et émigrés peuvent avoir eu, tant tués que blessés, de douze à quinze cents hommes; il ne m'est pas possible de présenter qu'en aperçu nos pertes. J'évalue cependant que nous pouvons avoir eu cent cinquante hommes tués et quatre cents hommes blessés, dans le nombre desquels il y a beaucoup d'officiers. Le citoyen Keller, lieutenant au 22e régiment de cavalerie, a été tué; Grien, chef de brigade, et Armont, sous-lieutenant, ont eu leurs chevaux tués sous eux; Guet, Blanchard, Chouard et Bornut, aussi officiers du 9e de cavalerie, ont été blessés, ainsi que Giraud, aide de camp du général Beaurevoir. Bouche, sous-lieutenant au 8e régiment des chasseurs; Chabert, adjudant-major du 67e régiment d'infanterie; Cherhau, capitaine au 3e bataillon d'Indre-et-Loire, ont été blessés. Guéret, maréchal des logis, portant l'étendard du 9e de cavalerie, a été sommé par quatre ennemis de se rendre. Sa réponse a été d'en tuer deux, blesser un troisième; il a été renversé par le quatrième, mais il s'est débarrassé de son cheval et a rapporté à son corps son étendard fracassé.

Parmi ceux des braves républicains dont l'intelligence et l'activité ont servi brillamment la République dans cette journée, je ne dois laisser ignorer l'adjudant général Bailly-Abatucci, de l'artillerie volante, et le chirurgien Larrey, dont les infatigables soins dans le pansement des blessés a diminué ce qu'un pareil jour a d'affligeant pour l'humanité, et a servi l'humanité elle-même en contribuant à conserver les braves défenseurs de la patrie.

Si j'avais pu être partout, j'aurais, citoyens représentants, des titres nombreux à la reconnaissance nationale à vous présenter en faveur de mes frères d'armes; j'appellerais l'intérêt public d'une manière plus exacte, si je savais déjà les noms des morts, des blessés, les noms de ceux qui ont rempli leurs saints engagements avec la patrie, qui ne connaît plus que la liberté ou la mort. Mais si les dispositions militaires qui se multiplient si fort quand deux armées sont si rapprochées me le permettent, j'aurai soin de rendre publics même les événements particuliers des journées du 19 et du 22, parce que je sais que tout militaire trouve sa récompense dans la part que ses concitoyens prennent à ses succès, et que rien de ce qui touche un seul soldat de la République n'est maintenant indifférent à une nation sensible à l'honneur de chacun de ses membres, à un peuple qui compose sa majesté de la gloire de tous les citoyens français.

Agréez, citoyens, l'hommage de mon respect et de mes sentiments fraternels.

Le Général en chef de l'armée du Rhin,
ALEXANDRE BEAUHARNAIS.

CAPITULATION DE MAYENCE

Nous soussignés Dominique Mumer, maréchal des camps et armées de la République française, et Anne-René-Joseph Pétigny, commissaire des guerres desdites armées, chargés des pleins pouvoirs du général Custine pour régler les articles de la capitulation de la ville de Mayence, d'une part;

Et Maurice Kallkoff, conseiller intime du prince-évêque de Mayence, et Rodolphe Enkemeyer, major du génie, chargés des pleins pouvoirs de M. Gueynimich, pour procéder à ladite capitulation, réunis à cet effet, avons arrêté les articles suivants :

ARTICLE PREMIER. Les troupes mayençoises et autres troupes du Cercle qui y sont jointes, sans aucune exception, sortiront librement et avec les honneurs de la guerre ; elles pourront se retirer partout où bon leur semblera ; elles emmèneront avec elles leur caisse militaire, leur artillerie, leurs effets et bagages ; il leur sera donné tous les passeports dont elles pourraient avoir besoin.

ARTICLE II. La garnison, étant formée de quatre bataillons, ne pourra emmener plus de quatre pièces de campagne avec les chevaux et caissons nécessaires au service de ces pièces. Il lui sera fourni le nombre de voitures ou bateaux nécessaires pour transporter ses équipages.

ARTICLE III. Lesdites troupes mayençoises et du Cercle s'engagent à ne servir ni contre la République française, ni contre ses alliés pendant l'espace d'une année, à compter de ce jour.

ARTICLE IV. Toute l'artillerie de la place, les plans, les mémoires relatifs aux fortifications, les munitions de guerre et de bouche et autres magasins ou établissements militaires qui peuvent exister dans la ville de Mayence, y seront laissés, et la remise en sera faite aux commissaires que le général de l'armée française proposera à cet effet.

ARTICLE V. Tous les malades qui sont dans les hôpitaux militaires continueront à y être traités aux frais de leurs corps, et leur seront ensuite renvoyés après leur rétablissement, avec passeport et sauf-conduit.

ARTICLE VI. Le général français, immédiatement après la ratification réciproque de la capitulation, fera occuper, par deux compagnies de grenadiers français, la porte du Pont-du-Rhin et Gauthier.

ARTICLE VII. Le ministère, les décastères, le haut et bas clergé et toutes les personnes attachées au service de l'électeur, auront la faculté de se retirer avec leurs effets ; tout habitant de Mayence, absent ou présent, jouira du même droit, et il sera accordé à chacun d'eux les passeports et sauf-conduits qu'ils demanderont.

ARTICLE VIII. Le général français met sous la sauvegarde de la loi les propriétés particulières des individus, et en garantit la sûreté, conformément aux principes fondamentaux de la constitution française.

Fait et arrêté par nous, commissaires susdits, au camp de Mariaborn, sous Mayence, le 21 octobre 1792, l'an Ier de la République française.

Signé : KALLKOFF, *conseiller intime de S. A. E. de Mayence;* A. ENKEMEYER, *ingénieur-major; le citoyen maréchal de camp* MUMER et A. G. PÉTIGNY, *commissaire des guerres.*

Ratifié par moi, gouverneur de la ville de Mayence, le 21 octobre 1792.

Signé : DE GUEYNIMICH; et depuis, CUSTINE.

CHAPITRE V

VICTOIRES DE REISHOFFEN, FRESCHWEILER, WERTH

Lettre des représentants du peuple près les armées du Rhin et de la Moselle, à la Convention nationale, datée du quartier général, à Niderbronn, le 22 décembre 1793.

Les défenseurs de la République, citoyens collègues, viennent de remporter une victoire signalée sur les *Autrichiens :* vous savez que les satellites des rois, comptant plus sur la force de leurs canons que sur leur propre courage, s'étaient retranchés sur les hauteurs de *Reishoffen, Gondershoffen, Freschweiler* et *Werth,* en avant de *Haguenau,* et avaient formé des redoutes à triple étage, non moins formidables que celles de *Jemmapes;* la tête de leur retranchement a été attaquée ce matin avec le plus grand succès. Les soldats de la République ont pris seize pièces de canon aux ennemis, vingt caissons, fait plus de cinq cents prisonniers, dans le nombre desquels se trouve le colonel du 1er régiment de l'Empereur, tout chamarré de croix et de rubans, et huit autres officiers. Le nombre de leurs morts a été très considérable : on ne s'est déterminé à faire des prisonniers que *lorsqu'on a été fatigué de tuer.* Nos pertes ont été peu conséquentes. Il serait trop long de vous détailler les prodiges de valeur de nos braves soldats : leurs succès en parlent mieux que tout ce que nous pourrions en dire; les généraux, d'ailleurs, s'empresseront de vous communiquer tous les détails militaires. Cette victoire est d'autant plus importante que c'est l'ouverture qui doit nous conduire à *Landau.* Nous avons été toute la journée sur le champ de bataille au milieu de nos frères d'armes : nous avons tiré nous-mêmes le canon sur l'ennemi; et il ne dépendra pas de nous que le cours de cette victoire ne soit suivi sans relâche et avec la plus grande ardeur.

Salut et fraternité.

Signé : J.-B. LACOSTE: M.-A. BAUDOT.

Lettre des mêmes représentants à la Convention nationale, datée de Germersheim, le 9 nivôse an II (29 décembre 1793).

Les succès des armées de la Moselle et du Rhin, chers collègues, sont étonnants, et leur marche des plus rapides. Elles se sont emparées hier matin du poste important de *Germersheim,* qui couvre *Landau,* assure la conservation des lignes de la *Queich,* et ouvre la porte du *Palatinat :* aussi nos intrépides défenseurs sont-ils en ce moment à une lieue de *Spire;* et on nous assure que les troupes légères y sont entrées. On nous assure aussi que les *Prussiens* et les *Autrichiens,* en se séparant, se sont fait leurs adieux, à la sortie de la petite ville de *Bergzabern,* à coups de sabres et de fusils. Les premiers se sont retirés sur *Neustadt* et *Mayence;* les autres ont repassé le *Rhin* sur trois différents ponts, qu'ils avaient eu la bonne précaution d'y faire construire : il était temps, car s'ils n'eussent point fui à toutes jambes pendant plusieurs jours et plusieurs nuits, ils étaient tous exterminés. Les routes sont couvertes de prisonniers et de déserteurs. La courageuse persévérance des armées qui ont délivré *Landau,* et de la garnison qui l'a conservé, doit leur mériter les mêmes honneurs qu'à l'armée qui a fait le siège de *Toulon*. Nous croyons que c'est participer à vos intentions que de le demander expressément.

La bataille de *Keisberg* a prouvé aux ennemis qu'ils n'ont que leur destruction totale à attendre des défenseurs de la République. Pendant plus de quatre heures de pas de charge, sous un feu terrible et continuel, pas un soldat n'a sorti des rangs; et l'on voyait les traîneurs courir à toutes jambes pour aller partager la gloire de leurs braves frères; aussi la victoire fut-elle complète et assure le triomphe de la République. L'ennemi nous a laissé des magasins considérables à *Lauterbourg,* et particulièrement un magasin à poudre auquel il avait mis une mèche allumée auparavant d'être sorti de la place : on est parvenu à l'éteindre au moment où elle allait faire sauter la ville et toute la partie de notre armée qui l'occupait. Les Autrichiens ont mis le feu à plusieurs de leurs magasins dans leur fuite : ils nous ont cependant laissé beaucoup de fusils à *Germersheim,* de l'avoine, des légumes secs, des farines, des grains, indépendamment de huit cent mille rations de fourrages et trente mille couvertures. Nous partons demain pour nous rendre à Spire.

Les représentants de la Convention rédigèrent sur le champ de bataille d'Edickoffen la dépêche suivante, en vue d'amener l'intervention immédiate des combattants de Moselle près de Landau.

« Nous pensâmes que notre présence ne pourrait qu'encourager nos frères d'armes. En conséquence, nous nous rendîmes avec le général en chef à la division de droite commandée par le général Ferino.

« ... Le général, qui était auprès de nous, eut un cheval tué sous lui. La retraite ne se fit pas en assez bon ordre, et nous eûmes toutes les peines du monde à rallier la cavalerie pour soutenir l'artillerie volante, à qui nous fîmes prendre position sur une petite hauteur. Là nous ralentîmes la poursuite de l'ennemi, nous le forçâmes même à rétrograder à coups de canons chargés à mitraille, et nous aurions pu tenir en cet endroit si le général ne se fût aperçu qu'une cavalerie très nombreuse voulait nous tourner par la plaine... Nous avons été tranquilles aujourd'hui... Le général ne nous a point encore communiqué le rapport des divisions... Toutefois cette journée est affligeante. Nous ne pouvons pas vous laisser ignorer que la cavalerie ne s'est pas aussi bien comportée qu'à l'affaire du 4... Comme nous ne sommes ici qu'observateurs, nous attendons avec impatience notre collègue Lacoste pour qu'il fasse justice de ceux (officiers) qui n'ont pas bien rempli leur devoir.

« Malgré les mesures que le général a prises contre l'ennemi du côté des gorges, nous regardons cependant la position de cette armée comme très critique, tant que celle de la Moselle se tiendra derrière la Sarre [1]. »

Les représentants qui écrivirent ces plaintes n'étaient pas dans les secrets du Comité de Salut public, qui sacrifiait tout, à ce moment, à ses vues sur le Nord pour y venger la trahison de Dumouriez, et frapper l'Angleterre par la Hollande, conception magnifique de Carnot.

LE COMITÉ DE SALUT PUBLIC A PICHEGRU

I

Nous vous envoyons, général, la copie d'un paragraphe d'une dépêche que nous venons de recevoir du général Jourdan.

Nous imaginons toujours et nous avons lieu de croire qu'au moment où notre lettre vous parviendra, Manheim sera en notre pouvoir ou réduit en cendres, et que, dans l'une et l'autre supposition, vous aurez jeté sur la rive droite du Rhin un assez grand nombre de troupes pour seconder efficacement les opérations du général Jourdan dont nous vous avions fait part.

Si, contre notre juste attente, vous n'avez pas passé le Rhin à Manheim, vous penserez sans doute comme nous qu'il n'y a pas un instant à perdre pour exécuter ce passage.

Si toutefois il y avait, ce que nous ne pouvons croire, une absolue impossibilité à forcer Manheim à ouvrir ses portes très vite, alors il nous a paru que vous devriez suivre le projet de passage à Oppenheim et l'exécuter avec une grande célérité. Vous sentez qu'il est presque impossible que l'armée de Sambre-et-Meuse obtienne, malgré son courage, les succès qui nous sont nécessaires, si, par une diversion aussi forte que prompte, vous n'obligez l'ennemi à diviser son attention et ses forces. Nous sommes si convaincus de la nécessité d'ajouter aux forces du général Jourdan, que nous vous proposons, à moins de circonstance majeure qui s'y opposerait, de tirer de votre gauche et de devant Mayence tout ce qui pourra en être ôté sans danger, de le faire filer promptement vers Neuwied où il passera le Rhin, et ira ou remplacer la partie de l'armée de Sambre-et-Meuse qui garde les bords du Rhin et les derrières, ou celle qui est occupée au siège d'Ehrenbreitstein, ou enfin se mettre en ligne avec la partie de cette armée qui est destinée à vaincre l'ennemi.

Dans la supposition bien plus naturelle de votre passage à Man-

1. Dossier du 29 mai. — Armée du Rhin, Rougemont et Duroy.

heim ou à Oppenheim, alors, général, votre objet doit être d'attirer vers vous une partie de l'attention de l'ennemi, mais en prenant toujours les précautions les plus grandes pour ne pas vous compromettre.

L'objet du Comité est de forcer l'ennemi à évacuer la rive droite du Mein sans passer sur la gauche, afin qu'il nous laisse absolument les maîtres de tout le cours du Rhin, laissant ensuite aux circonstances à décider si nous ne marcherons pas sur lui, quelque direction qu'il prenne.

Comme c'est de l'ensemble qui régnera entre vos opérations et celles du général Jourdan que naîtront les succès, nous vous prions d'entretenir avec lui la correspondance la plus suivie.

Tous deux républicains, vous n'avez pas besoin qu'on vous recommande de faire ce qui peut assurer le bonheur et la gloire de la République.

Le Comité s'en repose absolument sur votre sagesse et vos talents militaires; il lui suffit de vous avoir indiqué ce qu'il croit le plus utile.

Pour copie conforme :
CAMBACÉRÈS, LE TOURNEUR.

II. — INSTRUCTION.

L'armée de Sambre-et-Meuse ayant été forcée par des événements que le Comité de Salut public n'avait pu prévoir et sur lesquels on n'avait pas dû calculer, à se retirer sur la rive gauche du Rhin, le Comité pense que, dans le moment actuel, les généraux Jourdan et Pichegru doivent employer tous les moyens qui sont à leur disposition pour conserver les passages de Düsseldorf, de Neuwied et de Manheim, et pour empêcher l'ennemi de pénétrer par Mayence sur le territoire français.

Il est, pour atteindre ces différents buts, des mesures directes et des mesures indirectes.

Parmi les mesures directes, le Comité place l'approvisionnement de la place de Düsseldorf et celui de la place de Manheim, et ordonne en conséquence que ces deux villes seront approvisionnées sur le pied de siège.

Il confirme l'arrêté pris le 20 vendémiaire par le représentant du peuple Joubert, relatif à une livraison d'une somme de trente mille livres en numéraire et cent mille livres en assignats pour réparer les fortifications de Düsseldorf. Il autorise le même représentant à faire mettre à la disposition du chef du génie les nouvelles sommes qui seront jugées indispensables, tant pour mettre la place de Düsseldorf en état de défense que pour les travaux d'un camp retranché sous ladite place.

Il autorise encore les représentants du peuple en mission près l'armée de Sambre-et-Meuse à faire mettre à la disposition du chef du génie les fonds, tant en numéraire qu'en assignats, qui seront indispensables à l'établissement d'une tête de pont à Neuwied, si cet ouvrage est jugé nécessaire.

Il autorise les représentants du peuple en mission près l'armée de Rhin-et-Moselle à faire faire aux fortifications de la ville de Manheim les travaux qui seront jugés indispensables pour mettre cette ville en état de défense.

De puissantes diversions, faites sans nul délai, sont de tous les moyens indirects le plus prompt et le plus sûr : elles seront exécutées dès cet ordre reçu.

La diversion de l'armée de Rhin-et-Moselle aura lieu vers Huningue ou vers Kehl; le Comité laisse au général Pichegru le choix du point où la diversion aura lieu.

Le général Pichegru se rendra proche du point où il voudra agir; il rassemblera vingt mille hommes au moins; il passera le Rhin, et, par des marches vives et des coups forts, il fixera sur lui l'attention des ennemis. Comme les troupes autrichiennes qui sont sur le haut Rhin ne pourront suffire à faire tête au général Pichegru, surtout s'il développe les talents et l'activité dont il a donné des preuves, il n'est pas douteux que Wurmser ne soit obligé de s'éloigner de Manheim pour se porter vers Kehl ou Huningue, points vers lesquels le général Pichegru doit agir sous le plus court délai possible.

Le général Pichegru, dès qu'il aura reçu la présente instruction, adressera au Comité de Salut public, par un courrier, le détail des projets qu'il se proposera d'exécuter dès qu'il aura passé soit à Kehl, soit à Huningue, et il remettra au citoyen Dufalga, chef de bataillon du génie, porteur de la présente dépêche, une copie de son travail sur les opérations ultérieures, pour être porté au général Jourdan.

Il est infiniment important que le *secret* le plus profond soit gardé sur les opérations dont on vient de parler, et plus particulièrement sur celles dont le détail suit.

Dès la réception de la présente instruction, le général Jourdan choisira dans l'armée de Sambre-et-Meuse un corps de vingt mille hommes, dont seize à dix-huit mille d'infanterie et le reste en cavalerie. Ce corps aura avec lui tous les moyens d'artillerie et de transport, et les munitions de guerre qui lui sont nécessaires. Il se rendra, sous les ordres du général Kléber, sous Manheim. On donnera à cette marche un prétexte quelconque, mais plausible, tel que la nécessité de renforcer le blocus de Mayence, ou même de fortifier le haut Rhin ou tel autre : on mettra assez d'art dans les confidences pour rendre le motif croyable. Ce corps se réunira aux douze mille hommes actuellement sous Manheim pour y exécuter les opérations qui lui seront indiquées.

Dès l'instant où les troupes actuellement sous Manheim auront été jointes par celles de l'armée de Sambre-et-Meuse, elles s'organiseront avec la plus grande célérité en corps d'armée agissant; elles auront pour commandant en chef le général Kléber et pour commandant en second le général Desaix.

Il sera donné à ces troupes une administration particulière formée par le commissaire ordonnateur en chef de l'armée de Sambre-et-Meuse. On recommande à cet administrateur de mettre dans cette opération célérité et secret.

Le général Jourdan préparera un corps de huit mille hommes pour aller tenir garnison dans Manheim. Ce corps n'aura avec lui que ses équipages particuliers, son canon de bataillon et ses effets de campement. Il devra arriver à Manheim au moment où le général Kléber pourra se mettre en campagne.

Le Comité s'est vu obligé de mêler ainsi les armées afin que les généraux Jourdan et Pichegru pussent fournir, le premier aux vingt et quelques mille hommes, et le second aux trente et quelques mille hommes qui vont agir, tout ce qui est nécessaire pour développer une très grande activité.

Le Comité pense que par ces moyens, le général Pichegru agissant avec le général Kléber, Wurmser sera obligé de remonter le Rhin, et que dès l'instant où le général Kléber agira, Clairfayt sera obligé de remonter à son tour.

Le Comité n'indique dans ce moment ni au général Pichegru ni au général Kléber les opérations qu'ils doivent exécuter; il prescrit à ce dernier de l'instruire par un courrier extraordinaire des vues qu'il aurait à cet égard.

En général, le Comité le repète, le but du gouvernement est : 1° d'assurer la conservation de Düsseldorf, Manheim et Neuwied; 2° d'empêcher l'ennemi de pénétrer sur le territoire français; 3° de faire rentrer en deçà du Rhin toutes les denrées qu'il sera possible d'y transporter de la rive droite.

L'armée de Sambre-et-Meuse et celle de Rhin-et-Moselle, fortes au moins de quatre-vingt mille hommes chacune, pourront aisément fournir les corps disponibles qu'on leur demande, d'autant que l'ennemi, occupé sur trois points, songera peu à agir offensivement au delà du Rhin.

Les membres du Comité de Salut public,
LE TOURNEUR, THIBAUDEAU, SIEYÈS, ESCHASSERIAUX,
CAMBACÉRÈS, LOUVET.

CHAPITRE VII

PROCLAMATION DE L'INDÉPENDANCE DE LA HOLLANDE PAR LES REPRÉSENTANTS EN MISSION

La tyrannie, conjurée contre la liberté des peuples, nous déclara la guerre et entreprit de nous opprimer.

Un stathouder revêche s'était rendu votre maître de gouvernement. Il entra dans la coalition pernicieuse des tyrans, et forma avec eux la résolution insensée de subjuguer un grand peuple.

Votre sang, vos trésors, furent prodigués à cette entreprise criminelle.

Le sort des armes a répondu à la justice de notre cause, et nos armées victorieuses sont entrées sur votre territoire.

Bataves, nous sommes bien loin de penser que vous étiez complices de cette entreprise horrible. Nos ennemis sont aussi les vôtres.

Le sang des fondateurs de la République des Provinces-Unies coule encore dans vos veines, et au milieu des horreurs de la guerre nous ne cessions pas de vous considérer comme nos amis et alliés.

C'est sur ce pied-là que nous sommes actuellement au milieu de vous. Nous n'apportons point la terreur, mais la confiance.

Il n'y a que peu d'années qu'un conquérant hautain vous prescrivait des lois; nous vous rendons la liberté.

Nous ne venons pas chez vous pour vous imposer un joug; la nation française respectera votre indépendance.

Les armées de la République française exerceront la plus sévère discipline. Toute insolence, toute extravagance contre les habitants, seront punies sévèrement.

La sûreté des personnes et des biens sera maintenue.

L'exercice libre de la religion ne sera point troublé.

Les lois, coutumes et usages seront encore maintenus.

Le peuple batave, faisant usage de sa souveraineté, pourra seul altérer ou améliorer la constitution de son gouvernement.

A Amsterdam, le 1er pluviôse, l'an III de la République française, une et indivisible (20 janvier 1795, vieux style).

Était signé à l'original :

GILLET, BELLEGARDE, LACOSTE, JOUBERT, PORTIEZ (de l'Oise).

CHAPITRE VIII

VICTOIRE DE KLÉBER A ALTENKIRCHEN

Le succès obtenu sur le Sieg, le 13 de ce mois, par le corps d'armée dont le commandement m'est confié, n'était, mon cher camarade, que le précurseur de plus grands triomphes.

Je t'ai rendu compte, le 14, de la manière dont nous obligeâmes l'ennemi d'abandonner la position d'Ukerath; depuis, il s'était porté dans celle d'Altenkirchen, derrière la Viedbach, position non moins formidable que la première, où le prince de Wurtemberg s'était renforcé de troupes fraîches.

Obligé de séjourner le 15, pour donner du repos à la troupe, et le temps nécessaire aux convois de subsistances d'arriver, je me bornai, ce jour, à faire faire une forte reconnaissance; elle était commandée par le général d'Hautpoult; il chassa l'ennemi de Weyerbusch, et poussant en avant jusqu'aux hauteurs d'Altenkirchen, il découvrit le camp ennemi, que plusieurs habitants du pays lui assurèrent être de vingt mille hommes.

Le 16, à quatre heures du matin, l'avant-garde du général Lefebvre avait ordre de se mettre en mouvement, et de diriger sa marche sur Altenkirchen; il était chargé d'attaquer cette position.

La tête de la deuxième division, aux ordres du général Colaud, devait suivre à une demi-lieue la queue de celle du général Lefebvre, et se mettre en bataille, en seconde ligne, dans la position en avant de Weyerbusch, dès que la première commencerait son attaque, afin de la soutenir.

Le général Lefebvre culbuta d'abord tous les avant-postes de l'ennemi; et dès qu'il eut débouché sur les hauteurs opposées à celle d'Altenkirchen, une canonnade des plus vives s'engagea de part et d'autre. Le général Lefebvre, à qui la position ennemie était parfaitement connue pour y avoir combattu l'année dernière, partage aussitôt sa troupe en trois colonnes, donne le commandement de celle de gauche au général Soult, celui de la droite au chef de la 25e demi-brigade d'infanterie légère (le citoyen Brunet), et de sa personne reste à celle du centre avec le général de brigade Laval.

Les deux colonnes de droite et de gauche avaient ordre de déborder les ailes de l'ennemi, de les tourner; la colonne du centre était chargée de l'attaque du front. Toutes ces dispositions s'exécutèrent avec le plus grand ensemble : partout on entend battre la charge, partout on voit gravir les colonnes sur des hauteurs presque inabordables; partout enfin on voit déployer la plus grande audace et la plus grande intrépidité. L'ennemi oppose à cette attaque la plus vigoureuse résistance; mais enfin la baïonnette triomphe; et des charges de cavalerie, exécutées à propos et avec valeur, achevèrent sa défaite, qui bientôt se change en déroute la plus complète.

Trois mille prisonniers, parmi lesquels se trouvent les trois bataillons du régiment de Jordis en entier, avec leur colonel et tous leurs officiers, quatre drapeaux, douze pièces de canon, quantité de caissons d'artillerie, partie des équipages tombés en notre pouvoir, sont les trophées de cette éclatante journée. Ce combat n'a duré que deux heures, mais il était d'autant plus vif et plus sanglant pour l'ennemi : on ne vit jamais infanterie marcher et attaquer avec plus d'ordre, et jamais cavalerie ne méprisa davantage l'ennemi.

La colonne de gauche était composée de la 96e demi-brigade, d'un bataillon d'infanterie légère de la 25e demi-brigade et d'une compagnie d'infanterie légère commandée par le capitaine Prost.

Celle de droite, d'un bataillon de grenadiers et de deux bataillons de la 25e demi-brigade d'infanterie légère.

Celle du centre, des 83e et 105e demi-brigades.

La cavalerie qui combattait ce jour-là fut les 1er, 6e et 9e régiments de chasseurs. Le général d'Hautpoult, qui les dirigeait toujours sur le chemin de la gloire, fut frappé d'une balle à l'épaule.

Le citoyen Richepanse, chef d'escadron au 1er régiment de chasseurs, donna de nouvelles preuves de valeur, et, partout où il se montra, il sut fixer la victoire. Il reçut un coup de sabre au bras et eut son cheval tué; j'ai cru devoir l'élever provisoirement, sur le champ de bataille, au grade de général de brigade.

Je pense, mon cher camarade, que tu approuveras cette nomination, et que tu détermineras le Directoire exécutif à la confirmer. J'y attache un intérêt d'autant plus vif, que ce paraît être le vœu de tout le corps d'armée, qui a été témoin de ses actions brillantes.

La division du général Colaud, rangée en seconde ligne, n'a pu être témoin que du combat; mais l'ardeur que les troupes manifestaient pour en venir aux mains était le sûr garant qu'elles auraient pareillement triomphé, s'il avait été nécessaire ou prudent de contenter leurs désirs.

Je ne puis rendre compte des morts et des blessés de l'ennemi; mais, de notre côté, je puis affirmer que notre perte n'a pas été considérable.

Le général Cunot, adjoint à l'adjudant général Ormancé, a eu son cheval tué.

Demain, je continue ma marche; j'espère en annoncer le résultat par de nouveaux succès.

Je viens d'apprendre à l'instant qu'on a trouvé à Hachenbourg douze mille rations de pain cuit, quantité de farine et de fourrages.

L'adjudant général Ney, chargé d'attaquer la droite de la division du général Colaud, s'est emparé des magasins de Dierdorff, consistant en six cents sacs d'avoine, et quarante mille rations de fourrages : ces prises arrivent bien à propos dans un pays désert, et où les transports sont de la plus grande difficulté.

Le général de division Bonnard, qui avait ordre de marcher à Lintz, par la route du Rhin, et de se porter de là sur Wilbach, avec deux bataillons et un escadron, vient de m'apprendre qu'après avoir forcé des défilés fort étroits, et malgré la résistance opiniâtre de l'ennemi, il est arrivé à sa destination.

Salut et fraternité. *Signé :* KLÉBER.

RETRAITE DE JOURDAN

Au quartier général, à Schweinfurt, le 14 fructidor an IV.

Citoyens directeurs,

Depuis ma lettre du 7 courant, il m'a été impossible de vous écrire.

Dans la nuit du 7 au 8, j'ai fait ma retraite sur deux colonnes pour me retirer en arrière de Velden, parce que, le général Bernadotte ayant été forcé d'évacuer Nuremberg et d'abandonner Lauff, l'ennemi occupait la position de Lauff avec des forces assez considérables pour m'ôter la possibilité de forcer ce passage, qui était la seule grande route qui m'offrait quelques facilités pour faire voyager l'artillerie et les équipages. J'ai donc été forcé de traverser des pays et de voyager sur des chemins qui ont sans doute paru impraticables jusqu'à ce moment pour une armée. Effectivement, le parc, l'artillerie et les équipages ayant éprouvé les plus grandes difficultés dans leur marche, il m'a été impossible de me rendre jusqu'à Velden, et j'ai été obligé de faire prendre position à l'armée, partie en avant de Velden et partie à Vilseck.

Le général Bernadotte ayant été obligé de se retirer sur Forcheim, et l'ennemi s'étant porté jusqu'en avant d'Erlang, mon flanc droit était découvert, et j'avais même l'ennemi derrière moi. Le parc et les équipages ayant filé pendant la nuit, le corps d'armée qui était campé en avant de Velden vint camper, le 9, à Hilpotzstein et Betzenstein; le général Kléber, qui commandait le corps qui était campé à Vilselk, ne put recevoir l'ordre de se retirer, parce qu'un gros corps de cavalerie qui s'était placé entre lui et moi coupait notre communication. Cependant ce général sentait la nécessité de faire sa retraite, et il fut rencontré, le 9, à Pegnitz par l'adjudant général Ducheiron, qui lui portait l'ordre de se retirer sur Betzenstein, où il ne put arriver qu'à minuit.

Le 11, je fis seulement un mouvement sur ma droite, afin d'y porter les principales forces de l'armée, et je formai le dessein d'attaquer le corps ennemi qui était sur ma droite; mais comme il fallait construire des ponts sur la Rednitz, et que cela ne nous fut pas possible, et comme je fus instruit qu'un gros corps ennemi était déjà à Burg-Eberach et avait poussé des patrouilles dans Bamberg, où le général Ernouf fut fait prisonnier pendant un instant, je crus devoir continuer ma retraite. Je me portai donc, le 12, sur Bamberg; une partie de l'armée passa sur la rive gauche de la Rednitz, l'autre resta sur la rive droite, et je fis construire des ponts sur le Mein ; ce même jour l'ennemi poussa un très gros corps de cavalerie de Burg-Eberach sur Eltman, et coupa la seule route qui m'offrait une communication. Cela lui fut d'autant plus facile, que cette route, qui longe la rive droite du Mein, depuis près de Bamberg jusqu'à Schweinfurt, est un défilé continuel.

Le 13, l'armée s'est mise en mouvement, et par une marche forcée, partie est arrivée aujourd'hui à Schweinfurt, après avoir forcé le passage d'Eltman, et partie à Lanrigen; je resterai là jusqu'à ce que les circonstances me forcent à reculer ou me permettent d'avancer, n'ayant plus derrière moi de défilés aussi horribles que ceux que je viens de traverser, et ayant la facilité de me retirer sur la haute Lahn par Fulde; je vais examiner les mouvements de l'ennemi, et vous pouvez être assurés que, si les circonstances le permettent, je marcherai sur lui, mais non pas dans le pays que je viens de parcourir, à moins que vous ne m'en donniez l'ordre formel; car je croirai toujours très dangereux d'enfoncer une armée dans des défilés semblables, sans avoir un gros corps de réserve qui puisse protéger sa retraite et contenir les habitants du pays. Comme j'ai resté sept jours sans pouvoir communiquer avec personne, je ne sais ce qui se passe vers Mayence ou ailleurs. Je n'ai pu recevoir qu'aujourd'hui une lettre du général Marceau, du 8, qui annonce le succès qu'il a obtenu le 7 sur l'ennemi.

Le général Ernouf, qui avait reçu une dépêche de vous pour moi, a été obligé de la déchirer afin qu'elle ne tombât pas au pouvoir de l'ennemi. Je pense que les succès du général Moreau rappelleront le prince Charles sur le Danube, et je tâcherai d'en profiter.

J'ai l'honneur de vous rendre compte que, malgré les grandes difficultés que j'ai éprouvées dans ma marche, je n'ai pas perdu une seule pièce d'artillerie. Vous apprendrez aussi sans doute avec plaisir que, quoique l'armée ait été obligée de se battre pendant six jours en tête et en queue, les troupes en général n'ont point témoigné d'inquiétude. Je dois les plus grands éloges à tous les généraux; ils ont montré un grand caractère dans ces circonstances difficiles; ils ont su inspirer de la confiance aux troupes.

Je vous écrirai demain, lorsque je me serai procuré des renseignements sur la position de l'ennemi.

Salut et respect. *Signé :* JOURDAN.

CHAPITRE IX.

KELLERMANN RELEVÉ DE SA DESTITUTION APRÈS UN RAPPORT DE DUBOIS-CRANCÉ

Dubois-Crancé fait un rapport, au nom du Comité de Salut public, sur la conduite du général Kellermann. Il rappelle la journée de Valmy, les différents services que ce général a rendus à sa patrie et les calomnies qui en furent la récompense, calomnies qui furent dissipées par le rapport que Barrère fit sur son compte, au nom du Comité de Salut public. Depuis il fut chargé du commandement des armées des Alpes et d'Italie; il dirigea le siège de Lyon, pendant lequel les Piémontais envahirent le mont Blanc. Il rassembla sept mille hommes, purgea le territoire de la République, et repoussa les troupes sardes bien au delà de nos frontières. C'est à l'instant où il venait de sauver la patrie, que le Comité de Salut public l'a fait arrêter et traduire à Paris au tribunal révolutionnaire.

Seize représentants du peuple, appelés en témoignage devant ce tribunal, rendirent hommage aux vertus et aux talents de Kellermann, qui fut acquitté. Depuis ce temps, il s'est présenté aux Comités avec cette fermeté, mais aussi avec cette modestie qui conviennent au véritable ami de la liberté. Il a dit qu'il était prêt à servir la République, si la Convention le voulait; mais qu'il était aussi tout prêt à prendre sa retraite, si la patrie n'avait plus besoin de ses services.

Je déclare ici que nous avons examiné toutes les pièces qui lui sont relatives, et qu'il n'en existe aucune à charge contre lui. Voici en conséquence le projet de décret que le Comité m'a chargé de vous présenter :

La Convention nationale, après avoir entendu son Comité de Salut public, décrète :

Article premier. Le décret du 14 septembre 1793 (vieux style), portant destitution du général Kellermann, est rapporté.

Article II. Sa solde lui sera payée à compter de l'époque de la destitution jusqu'à ce jour, conformément aux dispositions de l'article IX du titre IV de la loi du 2 thermidor.

Article III. Le Comité de Salut public réglera les indemnités qui lui sont dues pour les chevaux qui lui appartenaient, et qui ont été employés au service de la République.

Le Comité de Salut public est chargé de remettre incessamment le général Kellermann à la tête d'une des armées de la République.

(Séance du 15 janvier, *Moniteur* du 27.)

DIVISION DE L'ARMÉE DES ALPES ET D'ITALIE

Le Tourneur la proposa en ces termes :

« L'action simultanée ou partielle de ces deux armées, leur attitude, soit offensive, soit défensive, d'après leurs forces et leurs positions respectives, ont dû fixer cette détermination.

« Le commandement en chef de ces deux armées est confié en ce moment à un seul général en chef.

« Le Comité de Salut public vous a rendu compte de tous les avantages qu'a remportés particulièrement l'armée d'Italie, depuis plus d'un mois, dans toutes les affaires de postes où l'ennemi a été constamment repoussé, malgré son audace et sa supériorité en nombre : je n'ajouterai rien ici aux éloges justement mérités que la République doit à cette brave armée. Depuis longtemps elle supporte avec un courage et une intrépidité vraiment républicaine toutes les fatigues et les privations inséparables d'une guerre aussi active. Les succès dont le Comité de Salut public vous a rendu compte sont un garant bien sûr de ceux qui se préparent.

« Les renforts considérables qui se rendent à cette armée vont redoubler son énergie en multipliant ses moyens : il ne restera bientôt plus à l'ennemi que la honte de n'avoir pu profiter des avantages qu'il pouvait espérer de sa supériorité momentanée.

« Le Comité de Salut public se plaît à rendre une justice éclatante au général Kellermann : il réunit à un ardent amour pour la patrie une activité et des talents militaires qui ont puissamment contribué à maintenir l'armée d'Italie dans une honorable défensive ; mais les circonstances et les plans adoptés par votre Comité pour terminer glorieusement cette campagne, son dessein bien prononcé d'employer de la manière la plus décisive les nombreux renforts destinés à cette armée, la nécessité d'une surveillance plus active sur tous les points de l'étendue qu'elle occupe, et plusieurs autres considérations d'où dépend le succès des opérations ultérieures, ont décidé votre Comité à vous proposer d'affecter un général en chef à chacune des armées des Alpes et d'Italie.

« Kellermann a longtemps commandé celle des Alpes, et Schérer commandait celle d'Italie avant d'être destiné à fixer la victoire sur le sommet des Pyrénées. Ce dernier ne connaissait pas aussi parfaitement que Kellermann les positions occupées par l'armée des Alpes ; il a paru convenable à votre Comité de confier à Schérer le commandement de l'armée d'Italie, et à Kellermann celui de l'armée des Alpes.

« Ces deux généraux, également recommandables, également animés du désir de vaincre et de guider nos braves républicains dans le chemin de la gloire, agiront de concert et d'après les mêmes instructions; et l'unité d'action, loin de souffrir de cette disposition, ne fera qu'acquérir de nouvelles forces par une surveillance plus rapprochée.

« D'après ces considérations, votre Comité de Salut public m'a chargé de vous proposer le décret suivant :

« La Convention nationale, après avoir entendu son Comité de « Salut public décrète :

« ARTICLE PREMIER. Il sera attaché à chacune des armées des « Alpes et d'Italie un général en chef.

« ARTICLE II. Le commandement de l'armée des Alpes est confié « au général Kellermann, et celui de l'armée d'Italie au général « Schérer.

« ARTICLE III. Ces deux généraux agiront de concert et d'après les « mêmes instructions; ils ne se rendront au poste qui leur est assi- « gné qu'après s'être concertés sur les opérations ultérieures qui « leur seront confiées.

« La neuvième commission est chargée de l'exécution du présent « décret. »

Ce projet de décret est adopté.

(Séance du 31 août.)

CHAPITRE X

RAPPEL DU GÉNÉRAL PICHEGRU

Paris, le 25 ventôse an IV (15 mars 1796).

Le Directoire au général Pichegru, commandant en chef l'armée de Rhin-et-Moselle.

C'est à regret, citoyen général, que le Directoire exécutif se rend enfin aux demandes réitérées que vous lui avez faites de quitter l'armée de Rhin-et-Moselle. Il sait combien il lui sera difficile de vous remplacer, mais il sent aussi que vous avez besoin de repos et il l'accorde, quoique avec peine, à vos instantes sollicitations.

Mais le repos d'un guerrier célèbre n'est point l'inaction, et lorsque son bras est fatigué, sa tête travaille et son cœur s'enflamme encore pour le salut de sa patrie. Le Directoire ne renonce donc pas à l'avantage d'employer vos talents, et il attend avec impatience l'occasion de vous donner de nouvelles marques des sentiments de confiance et d'estime que vous lui avez inspirés.

Signé à la minute :

CARNOT, REWBELL et L.-M. RÉVEILLÈRE-LEPEAUX.

(*Correspondance du Directoire exécutif*, reg. 50.)

GOUVION-SAINT-CYR SUR PICHEGRU

Le maréchal Gouvion-Saint-Cyr a gravé sur l'airain la preuve de la trahison de Pichegru dans le jugement qu'il a porté sur la campagne de 1795. La gloire de Desaix s'y accroît de la comparaison qui y est faite de sa conduite comme de ses mobiles avec ceux de son général en chef.

« A partir ce cette époque (la bataille de Pfrimm), on ne peut plus regarder la continuité de nos revers comme le résultat des fautes du gouvernement ou des généraux ; on est tenté de les attribuer à la trahison qui pesa sur l'armée de Rhin-et-Moselle jusqu'au départ de Pichegru, moment où Desaix put sortir notre infanterie des lignes de la Queich, où son chef la tenait, *à dessein de la faire révolter contre le gouvernement*, ou pour faire périr de faim, de froid et de misère ceux que le fer de l'ennemi avait épargnés. Sans doute aussi il est permis d'expliquer cette connivence coupable, la pensée qu'eut Clairfayt de demander un armistice et d'arrêter sa marche au moment où nous étions si loin de nous y attendre [1]. »

Conseil de guerre des généraux en chef des armées de Rhin-et-Moselle et de Sambre-et-Meuse, au Directoire exécutif.

A Trèves, le 7 mai 1796.

Nous nous sommes réunis à Trèves afin de nous concerter sur les mesures à prendre pour ouvrir la campagne, conformément aux instructions que vous nous avez adressées les 29 mars et 10 avril.

Nous devons vous prévenir que la situation des subsistances des deux armées ne nous permet pas de commencer les hostilités ; nous avons eu l'honneur de vous écrire plusieurs fois à cet égard, et le citoyen Joubert, un de vos commissaires près l'armée de Sambre-et-Meuse, s'est rendu à Paris pour vous dépeindre les besoins de cette armée ; celle de Rhin-et-Moselle est dans le même état. Les

1. *Mémoires*, t. II, ch. IX.

places de l'une et de l'autre ne sont point approvisionnées, et les troupes ne subsistent que parce qu'elles sont disséminées sur une grande surface de terrain et partagent la nourriture des habitants chez qui elles sont logées.

Nous ne pouvons pas vous assurer, citoyens directeurs, que les Autrichiens ne rompront pas l'armistice avant l'arrivée de nos subsistances. Quelques mouvements qui ont eu lieu il y a peu de jours avaient fait croire au général Jourdan qu'ils avaient l'intention de commencer les hostilités; cependant ces mouvements se sont bornés à quelques changements de troupes occasionnés par l'arrivée des Saxons.

Les instructions que vous nous avez adressées et que nous tâcherions d'exécuter si nous pouvions prendre l'offensive, deviendraient nulles si l'ennemi rompait l'armistice dans ce moment et nous forçait de rester sur la défensive. C'est pourquoi nous avons médité sur les mouvements qu'il pourrait faire pour nous attaquer et sur ceux que nous devrions exécuter pour nous défendre.

Si l'ennemi dirige ses attaques, comme à la fin de la campagne dernière, sur le flanc droit de l'armée de Sambre-et-Meuse pour la rejeter derrière la Moselle, il sera nécessaire que celle de Rhin-et-Moselle, si elle n'est pas encore en mesure de passer le Rhin, fasse un mouvement en avant afin de menacer les derrières de l'ennemi et l'obliger à diviser ses forces. Ce mouvement en avant peut amener une affaire sérieuse, tant avec l'armée de Rhin-et-Moselle qu'avec la droite de celle de Sambre-et-Meuse; mais comme *vous défendez* expressément par vos instructions de *livrer bataille sur la rive gauche du Rhin* et qu'en nous y conformant nous nous trouverions peut-être forcés de reculer devant l'ennemi toutes les fois qu'il menacerait de nous attaquer, nous vous prions de nous autoriser à réunir la gauche de l'armée de Rhin-et-Moselle et la droite de celle de Sambre-et-Meuse pour les opposer à la marche des Autrichiens sur la Moselle et de nous permettre de combattre lorsque nous croirons pouvoir le faire avec avantage.

Si l'ennemi dirige ses attaques sur l'armée de Rhin-et-Moselle, il sera nécessaire que la droite de celle de Sambre-et-Meuse fasse un mouvement en avant pour la seconder. Ce mouvement peut encore occasionner et même nécessiter une affaire sérieuse tant avec cette droite d'armée qu'avec la gauche de celle de Rhin-et-Moselle.

Si en cherchant à repousser la droite de l'armée de Sambre-et-Meuse derrière la Moselle l'ennemi tentait en même temps un passage du Rhin à Coblentz, un mouvement en avant pour l'armée de Rhin-et-Moselle serait indispensable; car, comme il est impossible de s'opposer au passage du Rhin au-dessous de Coblentz, il faudrait réunir dans cette partie assez de forces pour livrer bataille, sans quoi l'armée de Sambre-et-Meuse se trouverait coupée en deux parties; Dusseldorf courrait les risques d'être cerné par la rive gauche du Rhin, et par la rive gauche de la Moselle tomberait au pouvoir de l'ennemi; enfin, le résultat d'un pareil succès serait de repousser l'armée de Sambre-et-Meuse derrière la Meuse.

Si l'ennemi se portait sur Dusseldorf avec des forces considérables, et qu'afin de cerner cette place il menaçât de tenter un passage entre Bonn et Cologne, l'armée de Sambre-et-Meuse serait obligée de faire un mouvement sur sa gauche, et celle de Rhin-et-Moselle devrait pour lors se porter en avant pour protéger la droite de cette armée, qui se trouverait, pour ainsi dire, isolée.

Enfin, si l'ennemi traitait quelque opération que nous n'avons pas prévue, il faudrait faire les mouvements que les circonstances exigeraient; c'est pourquoi nous croyons qu'il serait utile de nous autoriser à opérer tous ceux que nous croirions nécessaires et à combattre toutes les fois que nous présumerions pouvoir le faire avec avantage.

Nous avons étudié avec la plus grande attention, citoyen directeur, les instructions que vous nous avez adressées les 29 mars et 10 avril, et nous ferons tous nos efforts pour bien les exécuter, lorsque nous pourrons prendre l'offensive. Nous croyons cependant devoir vous adresser quelques observations.

Le passage du Rhin, entre Huningue et Strasbourg, ne peut se faire qu'en le dérobant à l'ennemi; tous ceux qui ont été tentés jusqu'à présent sur le haut Rhin n'ont pas réussi, parce qu'il n'y a entre ces deux places ni canal ni embouchure de rivière qui permettent d'y faire des rassemblements de bateaux.

La promptitude et le secret peuvent seuls assurer l'exécution de ce projet de passage dans le moment où l'ennemi sera occupé à s'opposer à la marche de l'armée de Sambre-et-Meuse, qui se portera sur la Lahn, et nous avons pensé que la marche du corps commandé par le général Marceau, par derrière l'armée de Rhin-et-Moselle, serait trop longue et découvrirait le but qu'on se propose, puisqu'il faudrait vingt jours pour exécuter ce mouvement; nous avons aussi pensé qu'il serait plus avantageux de faire commander cette expédition par un officier général de l'armée de Rhin-et-Moselle, qui connaîtra mieux le cours du Rhin, les frontières et les moyens de passage que le général Marceau, qui n'a jamais fait la guerre dans cette partie; c'est pourquoi nous vous prions d'autoriser le général Marceau de faire opérer ce passage par les troupes qui seront le plus rapprochées du point où il devra être exécuté et de le laisser choisir, pour cette expédition, le général qu'il croira le plus propre à commander; le corps du général Marceau resterait dans sa position en avant de Trèves, tant pour s'opposer aux troupes ennemies qui chercheraient à tourner la droite de l'armée de Sambre-et-Meuse, que pour soutenir, en cas de besoin, la gauche de celle de Rhin-et-Moselle.

Par votre instruction du 29 mars, vous prescrivez au général Jourdan de laisser sur la rive gauche du Rhin, tant sous les ordres du général Marceau que pour former un cordon dans le Hundsruck, un corps de trente à trente-cinq mille hommes, ce qui réduira la portion de l'armée de Sambre-et-Meuse agissant sur la rive droite du Rhin, à trente-cinq ou quarante mille hommes. Nous avons pensé qu'il était absolument indispensable de se conformer à votre instruction, jusqu'au moment où le mouvement rétrograde de l'ennemi sur la rive droite sera décidé; mais nous sommes d'avis qu'ensuite, et surtout si le passage de l'armée de Rhin-et-Moselle avait réussi, il serait nécessaire de rappeler de la rive gauche sur la rive droite le plus de troupes possible, afin que les deux armées, qui se trouveront sur les deux flancs de l'ennemi, puissent livrer bataille avec succès et que nous ne devions laisser sur la rive gauche que les troupes nécessaires pour contenir les garnisons d'Ehrenbreitstein, de Mayence et de Manheim. Nous pensons également qu'il est nécessaire d'approvisionner les places de Venloo, Maëstricht, Luxembourg, Sarrelouis, Bitche, Landau, Strasbourg, etc., afin qu'en cas de revers elles ne soient pas compromises; jusqu'à ce moment, les ordres que nous avons donnés à ce sujet sont restés sans effet, à défaut de moyens.

Nous pensons enfin, citoyen directeur, que dans l'*offensive* comme dans la *défensive*, il peut se présenter des circonstances qui nous forceraient à *nous écarter des instructions* que vous nous avez adressées; c'est pourquoi nous croyons qu'en nous y conformant dans les points principaux, il serait néanmoins avantageux d'avoir plus de latitude dans les moyens d'exécution.

Vous pouvez être persuadé, citoyen directeur, qu'il n'existera entre nous d'autre ambition et d'autre rivalité que le désir de bien servir la République; que la plus parfaite union et la plus sincère amitié régneront entre nous; qu'enfin nous ferons tous nos efforts pour contraindre les ennemis à une paix solide et durable et pour nous rendre dignes de la confiance que vous avez bien voulu nous accorder.

Signé : JOURDAN et MOREAU.

(*Mémoires de la campagne de* 1796, par le maréchal Jourdan, n° 3 des *pièces justificatives*.)

Merlin de Thionville au Comité de Salut public.

Oberingelheim, le 2 brumaire, an IV (24 oct. 1795).

Chers collègues, la campagne n'est pas perdue pour nous. Quoique la retraite de Jourdan soit un malheur que je regarde, moi, comme l'ouvrage combiné de la Prusse, de l'Autriche et de l'Angleterre, réunies aux conspirateurs de l'intérieur, nous sommes encore dans la plus belle position. Vous le sentez comme moi. Nous avons ôté à l'ennemi les moyens de passage partout ailleurs que dans le haut Rhin. Les lignes de Mayence sont inattaquables. Nous tenons encore, et il faut la tenir, la tête de pont de Dusseldorf, qui est des meilleures. Nous tiendrons tant que nous pourrons celle de Neuwied, qui ne vaut rien. Nous occupons la précieuse forteresse de Manheim. Nous pouvons donc marcher à l'ennemi sur ses deux ailes, quand il ne peut, lui, rien tenter sur nous. Donc notre situation sur le Rhin a beaucoup gagné par cette campagne tardive.

Mais je ne dois pas vous dissimuler que nos bataillons sont réduits à très peu de monde par la désertion à l'intérieur, où les municipalités négligent leur devoir, et par les maladies, qui sont plus difficiles à guérir, le soldat étant épuisé par les privations, l'intempérie des saisons et les fatigues de cinq années.

Nos moyens de transport, malgré tous nos efforts, sont dans l'état le plus déplorable, et c'est un grand mobile ; c'est le seul de la guerre. Notre cavalerie est à demi démontée, tandis que, de ce côté, l'ennemi n'en manque pas. Les vivres et les fourrages ne manqueront pas, j'espère, surtout par les soins que prendra la nouvelle administration des pays conquis. Les routes de ce pays-ci seront aussi améliorées et les moyens arriveront plus facilement. Ainsi, je pense que le plan du gouvernement doit être actuellement de tenir la tête de pont de Dusseldorf, Manheim et les lignes devant Mayence, et de faire cantonner le surplus des troupes dans les villages le plus à portée du Rhin, où, les lieux de rassemblement étant indiqués, l'ennemi sera toujours maintenu ; et si vous remontez la cavalerie d'ici au mois de ventôse ou de germinal ; si les convois militaires et l'artillerie sont en état ; si les cadres sont remplis ; alors l'ennemi, sur qui vous avez deux têtes de ponts, ne vous attendra pas. S'il le fait, il sera nécessairement battu, et cette dernière campagne vous assurera la rive gauche du Rhin pour limite insurmontable.

Rewbell, qui doit être de retour à Paris, vous dira que les habitants du pays sont dans les meilleures dispositions. Ses connaissances locales et particulières vous seront très utiles.

Salut et fraternité.

MERLIN DE TH.

PASSAGE DU RHIN PAR DESAIX

Les ennemis ayant abandonné la position d'Offembourg, les troupes destinées à l'attaquer par son front et à le déborder par sa gauche se trouvèrent alors inutiles; tout de suite elles changèrent de marche et vinrent faire face à l'armée autrichienne venant du bas Rhin et placée à la superbe position de Renchen. Au moment où elles y allaient, le combat était déjà engagé avec les tirailleurs de la brigade du général Sainte-Suzanne resté à Urlaffen pour les contenir. La position fut bientôt prise et établie de manière à résister à l'ennemi, qui cherchait à nous attaquer et surtout à déborder les flancs de la division. Le général Deroi, qui la commandait, profitait d'un bois qu'il avait derrière lui pour cacher ses mouvements et nous attaquer vivement et rapidement sur le point qui se trouvait dégarni, mais toutes ses tentatives furent vaines; dans un instant nos réserves arrivaient sur lui, le repoussaient jusque dans le bois, et toujours avec perte. Dans une de ces attaques, les cuirassiers de Kavagnac, se glissant vers notre droite, crurent pouvoir la déborder et la renverser, mais deux bataillons de la 97e demi-brigade qui y étaient placés, soutenus par les carabiniers et de l'artillerie, les culbutèrent par leur feu. Quoique enveloppée de toutes parts, cette brave troupe ne se déconcerta pas, fit demi-tour et laissa la terre couverte de chevaux, sans avoir perdu un seul homme. Malgré tous ces succès, les Autrichiens tentèrent encore une fois de nous repousser; cette fois ce fut sur la gauche: ils voulaient la déborder et l'attaquer de front, mais on avait prévu leur dessein; déjà le 6e dragons et le 15e cavalerie y étaient, ainsi que le 4e chasseurs; l'infanterie était en avant et tourmentait l'ennemi par son feu vif et son ardeur; elle allait entrer dans le bois, et bientôt l'ennemi était poussé loin; alors les hussards de Seckler chargent vivement dessus; mais au moment où ils en approchaient le général Sainte-Suzanne les fait charger en flanc par l'adjudant général Levasseur et le 4e chasseurs, et en front par le 6e dragons et le 15e cavalerie; l'ennemi étonné est mis en déroute dans un instant, poursuivi jusques au delà de Renchen. Cette charge est si rapide et impétueuse que rien ne peut l'arrêter; l'infanterie est entièrement dispersée, sabrée ou faite prisonnière. Neuf pièces d'artillerie sont tombées en notre pouvoir. La 84e demi-brigade d'infanterie poursuit vivement aussi l'ennemi dans les bois, lui enlève toutes ses positions et le met en fuite. Les grenadiers de la 10e d'infanterie ont pris deux pièces de canon; après avoir passé les défilés de la Wachen et les avoir appuyés par des troupes de manière à y être soutenus, nous avons envoyé très promptement une partie de la cavalerie à la poursuite de l'ennemi: l'aide de camp du général Sainte-Suzanne, Rapatel, l'a eu bientôt atteint à Œhnsbach: dans un instant il a été culbuté et mis en déroute. Les troupes ne se sont arrêtées qu'à la nuit et que lorsque, embarrassées de chevaux et de prisonniers, elles se sont trouvées hors d'état d'aller plus loin. On doit les plus grands éloges à toutes les troupes, tant d'infanterie que de cavalerie; l'artillerie légère a fait aussi des merveilles. On doit aussi les plus grands éloges aux généraux qui ont commandé dans cette affaire, Lecourbe, Foret; le général Sainte-Suzanne a montré infiniment de précision dans ses manœuvres, et les adjudants généraux Decaen et Levasseur beaucoup de bravoure et d'intelligence. On doit le succès en très grande partie à ce dernier. Parmi la quantité d'officiers qui se sont distingués, je citerai le capitaine Vigneron, du 17e dragons : à la poursuite de l'arrière-garde ennemie, il la culbute, s'attache surtout à l'officier qui la commandait, le joint, le sabre, est blessé même, et le fait enfin prisonnier. Son premier soin est de faire soigner son prisonnier, de le faire panser et de le protéger. Ce n'est que lorsqu'il est hors de tout danger qu'il fait panser ses blessures. Le régiment Dalton, le corps franc de Giulay, les hussards de Seckeler, l'archiduc Ferdinand, les cuirassiers de Kavagnac, ont été très maltraités dans cette affaire.

Dépêches de Moreau sur Jourdan.

Au quartier général à Augsbourg, 25 août.

Par ma lettre du 4 fructidor, je vous rendais compte de la position du prince Charles à Ingolstadt, et du renfort qu'il avait détaché contre l'armée de Sambre-et-Meuse, dont la marche vers Ratisbonne le gênait beaucoup. J'ai su depuis que ce corps était de dix bataillons et de deux régiments de cavalerie. Le reste de son armée était divisé en trois corps, campés à Rain, à Friedberg, et Landsberg où étaient les émigrés. Le corps du général Froehlich s'était porté vers Kempten, pour tâcher de dégager le corps du général Wolf, contenu par le général Laborde à Wrangen; le prince Charles avait en outre des troupes à Ingolstadt, Neubourg et le long du Danube.

Pour dégager promptement le général Jourdan, il fallait passer la Lech et bien battre l'un de ces corps. Je me suis déterminé à attaquer celui du général Latour à Friedberg, quoique sa position fût la meilleure; mais c'était le point où il y avait le plus d'espoir de trouver des gués pour forcer le passage, et des quatre ponts qui existent sur la Lech, depuis Landsberg jusqu'à son embouchure, deux étaient derrière Augsbourg. Ils étaient coupés à la vérité, mais en les rétablissant promptement on pouvait y passer ce qui n'aurait pu passer par les gués.

Le 5, l'armée s'est portée sur les hauteurs de Stepach, excepté l'aile gauche, qui a menacé le pont de Rain pour y attirer l'attention de l'ennemi. Les avant-gardes ont rejeté derrière la Lech tout ce que l'ennemi avait encore sur la rive gauche.

Le 6 s'est passé à reconnaître les gués et à rassembler les matériaux pour la réparation des ponts.

Le 7, à quatre heures du matin, toutes les troupes étaient rassemblées près la rivière : la droite, aux ordres du général Ferino, près Haustetten ; le centre, aux ordres du général Saint-Cyr, entre Augsbourg et la Lech, et la plus grande partie de l'aile gauche, commandée par le général Desaix, vis-à-vis Laugenweid ; le reste était devant Rain et au Schellenberg.

L'aile droite a passé la première à un gué que l'ennemi ne connaissait pas et qu'il avait négligé de garder, vis-à-vis Haustetten ; les volontaires avaient de l'eau au-dessus des reins et portaient leurs fusils et leurs gibernes sur la tête. Le courant était si rapide que le premier peloton a été entièrement entraîné ; mais les secours ont été assez prompts, et peu se sont noyés. Si cet événement eût pu ébranler la troupe, le bon exemple des chefs l'aurait bientôt rassurée. Les généraux Abatucci et Montrichard, le chef de brigade Cassagne, de la 3e demi-brigade d'infanterie légère, l'aide de camp Savary et plusieurs autres que je regrette de ne pouvoir citer, ont mis pied à terre et se sont jetés à l'eau à la tête des troupes, qui ont réussi à passer et à se former dans des broussailles hors de la vue de l'ennemi, lorsque les 3e demi-brigade d'infanterie légère, 89e de ligne, le 4e de dragons, partie du 8e régiment de hussards et deux pièces d'artillerie légère étaient formés : les troupes qu'il a envoyées pour les arrêter ont été repoussées, et nos troupes se sont emparées de Kussing et ont gagné les hauteurs qui mènent à Othmaring, sur le flanc gauche de l'ennemi.

L'ennemi occupait, avec de l'artillerie et de l'infanterie, toute la rive opposée au centre de l'armée. Le général Saint-Cyr a commencé son attaque par un feu d'artillerie et de mousqueterie qui, en attirant celui de l'ennemi, et même le diminuant sensiblement, a permis aux 21e demi-brigade légère et 31e de ligne, et au 9e régiment de hussards sous les ordres du général Laroche, de passer à deux gués, à droite et à gauche de Lech-Hausen.

On a sur-le-champ attaqué ce village, où l'ennemi a perdu cinq pièces de canon ; on l'a également chassé du hameau voisin de l'autre pont ; on s'est sur-le-champ occupé de leur reconstruction pour pouvoir y passer l'artillerie. Les gués étaient trop mauvais et ne l'avaient pas permis.

Après avoir forcé le défilé du pont, que l'ennemi a encore défendu par son artillerie, on s'est occupé de l'attaque de la hauteur de Friedberg.

L'avant-garde de l'aile droite, aux ordres du général Abatucci, se porta sur la gauche, sur la grande route de Munich, pour ôter cette retraite à l'ennemi. Le reste des troupes du général Ferino se porta sur le flanc de l'ennemi ; le général Saint-Cyr l'attaqua de front : pressé de toutes parts, il se mit bientôt en déroute.

La division du général Ferino le poursuivit au delà de Rinethal.

Le général Vandamme, à la tête du 22e de chasseurs, 9e et 11e régiments de hussards, et partie du 2e de chasseurs, le poursuivit près la vallée de la Sar. On lui a fait quinze à seize cents prisonniers, quarante officiers, dont trois supérieurs et l'aide de camp du général Latour, seize ou dix-sept pièces d'artillerie de position et légère et deux drapeaux. Les tirailleurs de l'infanterie coururent après l'ennemi aussi rapidement que la cavalerie.

Je ne puis trop vous faire l'éloge de l'intrépidité des troupes et de leurs chefs.

J'ai nommé chefs de brigade sur le champ de bataille les chefs de bataillon Robin et Rubis.

Les compagnies d'artillerie légère de Fouet et de Legras ont servi avec la bravoure ordinaire de cette arme... .

Je ne doute pas que ce succès ne force le prince Charles à abandonner promptement l'armée de Sambre-et-Meuse et à venir couvrir l'Iser, où nous serons peut-être rendus avant lui, quoique j'apprenne à l'instant que l'ennemi vient d'abandonner toutes ses positions et paraît vouloir se réunir sur cette rivière.

Le Général en chef,
MOREAU.

Au quartier général à Pfafin-Hussen, 2 septembre.

Citoyens Directeurs,

Après le passage de la Lech, l'armée se porta par plusieurs marches, la droite à Dakau, le centre à Pfafin-Hussen, et la gauche à Bombach; nous ne pouvions guère avancer de cette position sans de grandes précautions.

Le corps du général Latour était derrière l'Iser, vis-à-vis Munich; celui du général Mercantier était à Landhut. Nous devions nous attendre, à tout moment, à voir arriver les renforts du prince Charles, et il avait plusieurs débouchés sur le Danube, entre autres celui d'Ingolstadt, dont il gardait la tête du pont.

J'avais donné l'ordre de pousser des reconnaissances le plus loin possible pour avoir des nouvelles de l'ennemi. Le résultat était qu'il tenait la tête du pont d'Ingolstadt, et qu'il avait une garnison assez forte dans la ville; il n'occupait pas Vobourg : on avait avancé très loin sur la route de Ratisbonne sans le rencontrer.

Il était naturel de croire que l'ennemi, placé en force à Landhut et Ingolstadt, nous laisserait avancer vers Ratisbonne et inquiéterait alors nos flancs.

Le 15, le général Desaix eut l'ordre d'attaquer la tête du pont d'Ingolstadt, et de forcer l'ennemi à couper le pont.

Le général Saint-Cyr eut celui de pousser ses avant-postes sur Hamper, et de reconnaître Fresing; le général Ferino dut s'approcher de Munich; dès le 13, son avant-garde occupait Mosack et

Vertsmenseing. En prenant cette position, le 4e régiment de dragons avait chargé, avec la plus grande bravoure, la cavalerie de l'avant-garde ennemie, et l'avait poursuivie jusque près de l'Iser, en lui prenant quatre-vingts chevaux et autant d'hommes.

Au moment où toutes ces attaques étaient commencées, l'ennemi, qui avait marché toute la nuit, attaqua à la pointe du jour tous les avant-postes de l'aile gauche : ils résistèrent assez pour donner le temps aux troupes qui avaient marché vers Ingolstadt de revenir; on n'y laissa que le corps des flanqueurs, aux ordres du général Delmas, qui fut attaqué au même moment, mais qui parvint à repousser l'ennemi.

L'avant-garde se replia en bon ordre jusqu'à Haugenbrug et la chapelle Saint-Gastl; les troupes du corps de bataille et la réserve étant placées, on arrêta l'effet de l'ennemi.

Sa cavalerie, malgré le ravage affreux que notre artillerie faisait dans ses rangs, chargea nos batteries d'artillerie légère, qui continuèrent leur feu avec le plus grand sang-froid, quoique l'ennemi ne fût qu'à ving-cinq pas.

Le 1er régiment de carabiniers et le 8e de chasseurs chargèrent cette cavalerie, de front et par son flanc, avec la plus grande bravoure; une partie fut culbutée dans un marais, où on lui prit environ cent chevaux; l'autre fut obligée de passer sous le feu d'un bataillon de la 62e demi-brigade. Un bataillon de la 97e attaqua alors avec beaucoup de courage les hauteurs de la chapelle Saint-Gastl, y prit un obusier et un caisson, et en délogea l'ennemi, qui, repoussé sur tous les points, fut obligé de se retirer; ce que la nuit lui permit de faire sans autre perte qu'environ trois cents prisonniers, mais laissant son champ de bataille couvert d'hommes et de chevaux, ainsi que la route qu'il a prise; sa perte est au moins de dix-huit cents hommes, tant tués que blessés et prisonniers.

Ce corps était la réunion de ceux des généraux Latour et Mercantin; dix bataillons et trois régiments de cavalerie de l'armée de Wartensleben que le prince Charles avait envoyés pour arrêter nos progrès; c'est à peu près l'équivalent de ce qu'il avait tiré de cette armée pour marcher contre celle de Sambre-et-Meuse. Nous nous attendons à voir arriver le reste sous peu de jours. L'armée de Sambre-et-Meuse pourra facilement reprendre l'offensive.

Le centre de l'armée n'a pu avoir aucune part à cette action. L'officier chargé de m'annoncer l'attaque s'est égaré, et est arrivé trop tard pour que les renforts arrivent assez à temps, et les vents contraires ont empêché d'entendre le bruit de la canonnade; ces circonstances ont été bien heureuses pour l'ennemi; un corps de dix à douze mille hommes, qu'on eût porté facilement sur les derrières, l'eût entièrement dispersé.

Les troupes, quoique inférieures à l'ennemi, ont fait des prodiges de valeur. Les corps qui se sont le plus distingués sont le 1er régiment de carabiniers et le 8e de chasseurs, les 10e demi-brigades d'infanterie légère et de ligne, les 64e et 97e.

L'artillerie légère s'est conduite avec la plus grande bravoure. On doit les plus grands éloges à la compagnie du citoyen Mosel : cet officier, très distingué dans cette arme, a déjà donné de grandes preuves de talents.

Les généraux Desaix, Beaupuis et Decaen, le chef de brigade Garrau, le chef de bataillon Marconier, ont dirigé toutes les attaques avec la plus grande intelligence et le plus grand sang-froid.

J'aurais à vous faire l'éloge d'une grande quantité de corps qui, dans cette affaire comme les précédentes, se sont souvent distingués. Je n'ai encore pu m'en procurer des notes bien précises; dès qu'elles me seront parvenues, je vous demanderai pour eux la confirmation de leur grade.

Les subsistances ne nous manqueront plus; nous avons pris ici environ quarante mille sacs de grains, farine ou avoine, et les fours de l'ennemi qu'il n'a pu détruire.

Salut et respect.

Le Général en chef,
Signé : MOREAU.

Au quartier général, à Pfaffenhofen, le 2 septembre.

Citoyens Directeurs,

J'ai reçu, par un courrier extraordinaire, votre lettre du 6 fructidor, par laquelle vous me demandez des détails sur l'affaire du 24 thermidor; elle a été bien pénible, mais bien glorieuse pour l'armée de Rhin-et-Moselle; sa récompense sera dans les témoignages de votre satisfaction que vous me chargez de lui renouveler.

Par ma dépêche du 26, je vous rendais compte du combat du 23; l'avant-garde ennemie, placée trop près de nous, fut culbutée jusqu'à Amerdingen, avec perte de quatre cents prisonniers. Les 2mes de chasseurs et de cavalerie se distinguèrent à cette attaque, dont le principal effort fut sur Essingen. Un orage affreux nous empêcha de poursuivre l'ennemi, et la nuit qui survint ne permit pas de rectifier la nouvelle position que nous venions de prendre.

Cette affaire dérangea un peu le plan des opérations de l'ennemi, dont le projet était de nous attaquer. Il s'était fait joindre par tous les renforts venus de l'intérieur, et il espérait, gagnant cette bataille, nous envoyer de l'autre côté du Rhin. Nos flanqueurs de droite étaient placés à Obermertingen, entre la Brentz et le ruisseau de Dillingen; ceux de gauche étaient à Bopfingen. L'armée était en avant de Neresheim, la droite à Dischingen, le centre à Duntentzingen, et la gauche, appuyant à la route de Nordlingen, à Neresheim : la réserve était à ce dernier endroit.

A la pointe du jour, nos avant-postes furent repoussés avec quelque perte, mais sans être entamés. A sept heures, le projet des ennemis fut parfaitement connu. Sa principale attaque se dirigea contre le corps du général Saint-Cyr, placé derrière Duntentzingen.

Une colonne attaqua vivement la droite du général Desaix; une demi-brigade qui la liait à la gauche du général Saint-Cyr fut repoussée; mais la réserve de cavalerie, arrivée à propos, rétablit le combat et assura la communication entre les deux ailes.

Le général Desaix n'ayant plus à craindre pour son flanc droit, reprit l'offensive, rechassa l'ennemi avec la plus grande vigueur; on fit trois cents prisonniers; mais on ne pouvait pas pousser ces avantages, il fallait soutenir la droite, contre laquelle l'ennemi redoublait d'efforts.

L'effort de l'ennemi sur notre droite me fit présumer que les flanqueurs de cette aile seraient vigoureusement attaqués; je donnai l'ordre au général Saint-Cyr de leur envoyer dire de se replier sur le corps de bataille; mais l'officier qui en fut porteur ne put les joindre qu'à huit heures du soir, près Guestelen, où ils avaient été repoussés par un corps très considérable qui avait le projet de les enlever; ils ne durent leur salut qu'à la bravoure des 17e et 100e demi-brigades, que la nombreuse charge de cavalerie, appuyée d'une artillerie formidable, ne put ébranler. L'ennemi était parvenu à les séparer du corps de bataille par un parti assez fort de cavalerie, qui avait gagné Giengen avec eux.

Les flanqueurs de gauche, aux ordres du général Delmas, n'ayant à répondre qu'à une fausse attaque, je donnai l'ordre au général Desaix d'en faire revenir tout ce qui excédait le corps qui les attaquait; ce mouvement fut exécuté aussi rapidement que put le permettre leur éloignement.

Le chef de brigade Garrau, qui commandait la gauche du corps de bataille, essuya deux attaques assez vives : à la pointe du jour et environ dix heures du matin; il les repoussa l'une et l'autre, et nous fit prévenir d'être tranquilles sur le point où il était.

A onze heures, le combat était parfaitement rétabli à notre gauche; elle avait repris tous ses postes. L'ennemi venait d'être repoussé à l'attaque du général Saint-Cyr, où il avait fait un grand effort au moment où nous avions repris l'offensive. Sa lassitude, ou d'autres motifs que je ne connais pas, ralentirent l'attaque de l'ennemi; je me disposai à en profiter, lorsque j'appris que ses partis avaient poussé jusqu'à Haydenheim, où était le quartier général, mais qui s'en était retiré avec ordre jusqu'à Konigsbroon.

Ce mouvement pouvait être inquiétant; c'était notre seule chaussée pour gagner les vallées de la Fitz et de la Reun, les petites routes de Konigsbroon et Aalen étant très mauvaises.

J'envoyai sur-le-champ l'adjudant général Houël...

Nous nous préparions à attaquer à notre tour l'ennemi sur tous les points lorsque, à deux heures, il fit un dernier effort sur le corps du général Saint-Cyr. Sa principale attaque se dirigea sur Duntentzingen, qu'il brûla entièrement, mais d'où il ne put jamais parvenir à déloger nos troupes; il voulut également emporter Dischingen et la hauteur de La Tour Taxis.

La réserve se porta en avant pour soutenir le général Saint-Cyr. Ce combat fut des plus vifs, jusqu'à la nuit, et l'ennemi fut repoussé partout.

Les deux armées bivouaquèrent sur le champ de bataille... (L'ennemi effectua sa retraite.)

Je dois les plus grands éloges à la bravoure de l'armée, au talent et au sang-froid des chefs qui l'ont dirigée dans cette journée importante.

MOREAU.

CHAPITRE XII

EXÉCUTION DU PROGRAMME DE CARNOT

Le 31 août, Berthier, chef de l'état-major général de l'armée d'Italie, avait écrit à son collègue de l'armée du Rhin la dépêche suivante, destinée à lui faire connaître les opérations de son armée :

« Au quartier général de Brescia, le 14 fructidor.

« J'ai reçu, mon cher camarade, avec bien du plaisir, votre lettre du 14 fructidor; le général en chef attendait avec impatience de recevoir des nouvelles de votre armée.

« Celle d'Italie occupe dans ce moment à peu près les mêmes positions que celles dont je vous ai fait part dans ma dernière. Nos divisions vont se mettre en marche le 16, et elles seront le 18 à Trente, où nous devons attaquer l'ennemi s'il ose rester dans cette position.

« D'après les dernières nouvelles, il paraît que le général Wurmser sépare les débris de son armée en deux et porte une forte colonne avec toute sa cavalerie vers Bassano, dans l'intention de couvrir Trieste. Nous espérons avec la droite de notre armée arranger cette colonne comme celle de Salo.

« Nous jugerons de votre position par les mouvements que fera l'ennemi, et nous agirons en conséquence. Faites-nous savoir avec quelles forces et quand vous comptez (arriver) à Insbrug.

« Vous trouverez ci-joint un chiffre qui servira à correspondre secrètement pour les objets essentiels.

« Vous sentez, mon cher camarade, combien il est intéressant que nos armées communiquent fréquemment par correspondance.

« Salut et fraternité.

« ALEXANDRE BERTHIER. »

Fidèle à l'esprit du programme de Carnot, le chef de l'état-major général de l'armée de Rhin-et-Moselle, Reynier, avait répondu à son collègue de l'armée d'Italie :

« Au quartier général à Phaffenofen, le 16 fructidor.

« Hier, mon cher général, notre aile gauche a été attaquée par les troupes que le prince Charles renvoie devant nous et le corps du général Mercantin qui, après le passage du Leck, s'était retiré de Rain sur Landshut; les Autrichiens ont attaqué avec une audace et une opiniâtreté qu'on ne leur avait pas encore connues, mais ils ont été vigoureusement repoussés après plusieurs heures d'un combat très vif. La nuit a empêché de les poursuivre bien loin et de leur prendre plus de trois cents prisonniers, cent chevaux et un obusier. Le champ de bataille est aujourd'hui couvert des cadavres de leurs hommes et de leurs chevaux. Il y en a plus de deux cents. On évalue le nombre de leurs blessés à neuf cents ou mille.

« Nous avons des prisonniers de sept bataillons du corps de Vartensleberg qui jusqu'à présent avait été opposé à l'armée de Sambre-et-Meuse; par notre marche, ce corps était plus près de nous que celui que le prince Charles a conduit sur Nuremberg. La grosse cavalerie que le prince Charles avait emmenée est, à l'exception d'un régiment, aussi revenue.

« Voici nos dispositions avant l'affaire d'hier :

« L'aile droite (général Ferino) avait son corps de bataille à Dachan, derrière l'Amper, et son avant-garde à Nimphembourg, Mosak et Schlesheim.

« Le centre (général Saint-Cyr), derrière l'Ilm, la droite à Phafenhofen, et la gauche à Gundelsried; son avant-garde sur la route de Freising et près Wolnzack; la réserve était à Wicheried.

« L'aile gauche (général Desaix), la droite au bois de Gundelsried, et la gauche à la Par, vers Freinhausen. Son avant-garde occupait Puschreid, Geisenfeld et Reicherzhofen. Il avait un corps détaché sous les ordres du général Delmas, entre Neubourg et Ingolstadt, sur la rive droite du Danube. Ce corps marcha hier matin pour attaquer la tête du pont d'Ingolstadt; une demi-brigade et de la cavalerie du corps de bataille du général Desaix furent détachés pour soutenir cette attaque; au moment où on la commençait, on apprit que l'avant-garde était repoussée de Geisenfeld, et l'ennemi se présenta près de la route de Reicherzofen à Ingolstadt. On fit revenir au corps de bataille les troupes qui en avaient été détachées; et on laissa le général Delmas pour tenir sa position près la tête de pont d'Ingolstadt et couvrir la gauche de l'armée.

« L'ennemi repoussa l'avant-garde jusqu'à Langenbreck, où le combat s'engagea très vivement, ainsi qu'à la chapelle de Saint-Gastl. Le feu de notre artillerie n'arrêtant pas les colonnes ennemies qui venaient se former contre nos troupes, la cavalerie vint pour charger une de nos batteries et arrivait aux pièces avec la plus grande audace, lorsque le 1er régiment des carabiniers, par une charge vigoureuse, en culbuta une partie dans un marais; l'autre fut obligée de se sauver devant la 62me demi-brigade et de recevoir plusieurs décharges. Les réserves étant arrivées, on reprit alors l'offensive ; un bataillon de la 97me demi-brigade monta avec une grande bravoure sur la hauteur de la chapelle Saint-Gastl et y prit un obusier avec un caisson à la vue d'un régiment de cuirassiers ennemis. La nuit arrêta la poursuite dans le bois où l'ennemi se retira. L'artillerie légère s'est conduite avec la plus grande bravoure lorsqu'elle a été chargée. Son feu a été parfaitement dirigé et a fait beaucoup de mal à l'ennemi.

« On avait fait marcher l'avant-garde du général Saint-Cyr pour chasser les postes que l'ennemi avait encore sur l'Amper et pousser vers Freyssinge. Le vent empêchait d'entendre la canonnade, et le général Saint-Cyr ne fut pas averti que l'attaque sur l'aile gauche était bien sérieuse, ce qui fit qu'il n'envoya qu'une reconnaissance sur Wolnsal, où on se tirailla toute la journée avec les ennemis.

« L'avant-garde du général Ferino marcha dans les environs de Munich pour chasser entièrement les Autrichiens de la rive gauche de l'Iser. Il reconnut cette rivière et les positions des ennemis sur l'autre rive. On n'a pas jugé convenable d'occuper la ville de Munich, où il y a environ dix mille Palatins, mais on occupe les environs et les rives de l'Iser dont l'ennemi a barricadé les ponts, qu'il défend avec des canons.

« Salut et fraternité.

« REYNIER. »

Bonaparte confirma lui-même, le 31 août, la teneur des confidences de Berthier à Reynier par la lettre suivante, qu'il écrivit au général Moreau, comme collègue, à titre de commandant l'armée du Rhin et de la Moselle :

« Nous voilà en position de nous rencontrer, citoyen général, et de combiner nos opérations.

« Le 16 (fructidor) l'armée d'Italie marcha sur Trente, où elle serait arrivée le 18 ou le 19.

« Le général Wurmser paraît vouloir couvrir Trieste et a en

conséquence pris possession sur la Brenta avec une division de son armée. Il sera possible que la division qui est à Trente se retire sur *Brixen* et de là sur le chemin de *Lieig*. Ce mouvement lui deviendra le seul possible si vous avancez sur Inspruck en force. Je tâcherai de deviner par les manœuvres des ennemis vos progrès, mais il est indispensable que j'aie de vos nouvelles. »

CHAPITRE XIII

COMPOSITION DE L'ARMÉE D'ANGLETERRE

Le Ministre de la guerre au Directoire exécutif.

Citoyens Directeurs,

Le Directoire ayant adopté le plan proposé par le général Bonaparte, relatif à la formation de l'armée d'Angleterre, cette armée doit être en conséquence provisoirement composée, suivant le tableau ci-joint et conformément à vos intentions, de :

Trente demi-brigades d'infanterie de ligne ;
Onze demi-brigades d'infanterie légère ;
Quatre régiments de cavalerie, compris les carabiniers ;
Dix-huit régiments de dragons ;
Huit régiments de chasseurs ;
Et quatre régiments de hussards,
Formant ensemble cent vingt-trois bataillons et cent trente-quatre escadrons;

Indépendamment de :

Deux régiments d'artillerie à pied ;
Deux régiments d'artillerie à cheval ;
Quatre compagnies d'ouvriers d'artillerie ;
Deux bataillons de sapeurs ;
Quatre compagnies de mineurs ;
Et deux corps de pontonniers.

Je soumets à l'approbation du Directoire les projets d'arrêtés ci-joints, relatifs à l'exécution de cette disposition.

Salut et respect.

ÉTAT DE LA RÉPARTITION DES TROUPES DE L'ARMÉE D'ANGLETERRE.

Division	Troupes	Hommes	Emplacement
11e division militaire. 8 bataillons et 4 escadrons, 5,410 hommes.	3 bataillons de la 40e de ligne	1,664	Pour les côtes du Calvados, l'intérieur de ce département, une partie de la Manche et de l'Orne.
	1 id. de la 47e de ligne	538	Pour l'autre partie de la Manche et de l'Orne.
	3 id. de la 4e de ligne	1,764	Cherbourg, La Hougue et toute la côte de cette presqu'île.
	1 id. de la 6e légère	700	Les côtes de Granville et une partie du département de la Manche.
	Le 4e régiment de dragons	744	Caen, Saint-Lô et Alençon.
13e division militaire. 21 bataillons et 4 escadrons, 15,215 hommes.	3 bataillons de la 19e légère, nouvle formon.	1,204	Toutes les côtes du département d'Ille-et-Vilaine, Port-Malo, Saint-Servan, Dinan et Châteauneuf.
	2 id. de la 6e légère	1,664	Les côtes du département des Côtes-du-Nord et l'intérieur du département; extrêmement important pour le grand passage de Brest.
	1 id. et demi-bataillon de la 13e légre.	1,452	
	1 id. et demi-bataillon de la 13e légre.	1,452	Brest, Quellerme, Camaret et toutes les îles et côtes au nord du Finistère.
	3 id. de la 77e, nouvelle formation.	1,815	
	1 id. de la 81e de ligne	1,384	Quimper et toutes les côtes au sud du Finistère.
	2 id. de la 52e de ligne	1,678	Belle-Isle-en-Mer.
	1 id. de la 52e de ligne	800	Pour toutes les côtes du Morbihan et l'intérieur de ce département, qui est très inquiétant.
	3 id. de la 58e de ligne	1,824	
	3 id. de la 82e, nouvelle formation.	1,396	Pour le département d'Ille-et-Vilaine.
	Le 2e régiment de chasseurs	546	Port-Brieux, Pontivy et Rennes.
12e division militaire. 8 bataillons et 4 escadrons, 6,071 hommes.	3 bataillons de la 3e légère	1,650	Pour les côtes, les îles et intérieur des départements de Loire-Inférieure, de la Vendée, de la Charente-Inférieure et des Deux-Sèvres.
	2 id. de la 70e de ligne	1,533	
	3 id. de la 28e légère	2,030	
	Le 3e régiment de chasseurs	692	La Rochelle, Niort, Nantes.
	Le 12e id. de hussards	166	Saintes.
22e division militaire. 6 bataillons et 4 escadrons, 4,575 hommes.	3 bataillons de la 10e de ligne	2,173	Pour les 5 départements de Maine-et-Loire, Mayenne, Sarthe, Indre-et-Loire, Loir-et-Cher, dont 3 sont absolument infestés de chouans.
	3 id. de la 24e légère	1,986	
	Le 4e régiment de chasseurs	416	Le Mans, Vendôme, La Flèche, Laval.

ARMÉE D'ÉGYPTE

RÉCAPITULATION

NOMS DES DIVISIONS	NOMBRE D'HOMMES			NOMBRE de CHEVAUX en état	EFFECTIF OFFICIERS compris
	INFANTERIE	CAVALERIE	ARTILLERIE		
Division Kléber	2,991	»	»	18	4,381
— Desaix	3,674	»	»	»	5,347
— Lannes	2,552	»	»	29	3,976
— Reynier	2,882	»	»	8	3,652
— Bon	3,302	»	»	28	4,695
Cavalerie	»	2,072	»	»	»
Détachés	2,102	»	»	»	»
Au quartier général	1,037	176	19	139	»
Artillerie à pied	»	»	1,172	150	»
— à cheval	»	»	358	»	»
Sapeurs	»	»	155	»	»
Dépôts	592	»	»	»	»
Total	19,132	2,248	1,704	1,342	21,851

Total général..... { Divisions....... 21,851 ; Cavalerie....... 2,248 ; Artillerie...... 1,704 } 25,803.

Lettre du commodore Sidney Smith à Kléber.

A bord du vaisseau *le Tigre* devant Damiette, le 26 octobre 1799.

Monsieur le Général,

La lettre que le général Bonaparte a écrite à S. E. le Suprême Vizir en date du 17 août, ainsi que celle que vous lui avez adressée en date du 17 septembre (1er jour complémentaire), demandent une réponse; et comme la Grande-Bretagne n'est pas *auxiliaire,* mais bien puissance principale dans la question à laquelle ces lettres ont rapport, depuis que les cours alliées ont stipulé entre elles de faire cause commune dans cette guerre, je puis y répondre sans hésitation, dans les termes du traité d'alliance signé le 5 janvier dernier.

Par l'article Ier, S. M. B., déjà liée à S. M. l'empereur de Russie par les liens de la plus stricte alliance, accède par le présent traité à l'alliance défensive qui vient d'être conclue entre S. M. l'empereur ottoman et celui de Russie... Les deux parties contractantes promettent et s'engagent de s'entendre franchement dans toutes les affaires qui intéresseront leur tranquillité et leur sûreté réciproques et de prendre d'un commun accord les mesures nécessaires pour s'opposer à tous les projets hostiles contre elles-mêmes et pour effectuer la tranquillité générale.

Par l'article II, elles se garantissent mutuellement leurs possessions, sans exception. S. M. B. garantit toutes les possessions de l'Empire ottoman, sans exception, telles qu'elles étaient immédiatement avant l'invasion des Français en Égypte et réciproquement.

. . . .

Par l'article V, une des parties ne fera ni paix ni trêve durable sans y comprendre l'autre et sans pourvoir à sa sûreté, et en cas d'attaque contre l'une des deux parties, en haine des stipulations de ce traité ou de leur exécution fidèle, l'autre partie viendra à son secours, de la manière la plus utile, la plus efficace et la plus conforme à l'intérêt commun, suivant l'exigence du cas. . . . . .

Par les articles VIII et IX, les deux hautes parties contractantes se trouvant actuellement en guerre avec l'ennemi commun, elles sont convenues de faire cause commune et de ne faire ni paix ni trêve que d'un commun accord... promettant de se faire part l'une à l'autre de leurs intentions, relativement à la durée de la guerre et aux conditions de la paix, et de s'entendre à cet égard entre elles, etc. . . . .

D'après cet arrangement, monsieur le général, vous pouvez croire que le gouvernement ottoman, célèbre de tout temps pour sa bonne foi, ne manquera pas d'agir de concert avec la puissance que j'ai l'honneur de représenter.

L'offre faite de laisser le chemin libre à l'armée française, pour l'évacuation de l'Égypte, a été méconnue jusqu'ici, et on a traité d'embauchage cette mesure proposée à une armée en masse, mesure qui n'avait d'autre but que d'épargner l'effusion du sang et de plus longues souffrances à des hommes exilés, du propre aveu de ceux mêmes qui les ont relégués dans cette contrée lointaine.

Cette proclamation vient de m'être confirmée par S. E. le Reis-Effendi, par le nouvel envoi d'un paquet qu'il m'a fait, signé de sa main et de celle du premier drogman de la Porte, comme vous le verrez par quelques exemplaires que vous trouverez ci-inclus. On est encore à temps de profiter de cette offre généreuse ; mais que l'on n'oublie pas que si cette évacuation du territoire ottoman n'était pas permise par l'Angleterre, le retour des Français dans leur patrie serait impossible. Comment peut-on espérer de trouver des moyens de transporter une armée dont la flotte est détruite, sans le secours et le consentement des puissances alliées, et cela dans un temps où des insultes et des provocations multipliées du gouvernement français laissent à peine une puissance neutre en Europe ?

J'ai engagé le général Bonaparte, en lui laissant le passage libre, d'aller prendre le commandement de l'armée d'Italie, qui n'existait déjà plus. Son arrivée sans passeport de moi sera une de ces chances heureuses que la fortune pourra bien lui refuser. Il a dédaigné de ramener avec lui les intrépides instruments de son ambition dans leur patrie, et il est donc réservé à un autre de faire cet acte d'humanité auquel on trouvera la Sublime Porte prête à acquiescer; mais que l'on n'infère pas de là que je *sollicite* l'armée française d'accepter un bienfait.

Le commerce britannique aux Indes, comme partout ailleurs, est à l'abri de toute tentative funeste de la part de la République française, et la mort de Tippoo-Saeb, qui a eu le malheur de céder aux insinuations du Directoire et de ses émissaires, a été le terme de ses cruautés et de son empire. L'armée d'Orient reste donc sur le point de communication entre les deux mers dont nous sommes les maîtres.

Notre seule raison de désirer l'évacuation de l'Égypte par les Français est que nous sommes garants de l'intégrité de l'Empire ottoman ; car si les forces employées aujourd'hui ne suffisaient pas pour exécuter cet article du traité, les puissances alliées ont promis d'employer des moyens suffisants. On leur prête gratuitement les principes envahisseurs du Directoire ; mais elles prouveront aux Français en Égypte, comme elles l'ont appris à ceux de l'Italie, que leur bonne foi et leurs moyens vont de pair quand il s'agit de se venger mutuellement lorsqu'elles sont outragées.

L'armée française ne peut tirer aucun parti de l'Égypte sans commerce; son séjour ne fera qu'aggraver ses propres maux, prolonger les souffrances de nombreuses familles françaises réparties dans les diverses Échelles du Levant; tandis que, d'un autre côté, l'état de guerre avec la Porte ottomane répand le discrédit et la misère sur tout le midi de la France.

L'humanité seule dicte cette offre renouvelée aujourd'hui. La politique actuelle de l'Europe semblerait peut-être exiger sa rétractation, mais la politique des Anglais est de tenir leur parole, quand même cette ténacité pourrait nuire à leurs intérêts du jour.

La paix générale ne peut avoir lieu avant l'évacuation de l'Égypte ; elle pourrait être accélérée par la prompte exécution de ce préliminaire à toute négociation ; mais vous devez sentir, monsieur le général, que ce n'est pas dans un endroit aussi éloigné du siège des gouvernements respectifs qu'une affaire de cette nature et de cette importance peut être même entourée.

Je me félicite, monsieur le général, de ce que cette occasion me met à même de vous témoigner l'estime que j'ai pour un officier aussi distingué que vous, et de me flatter que nos communications officielles, basées sur la franchise du caractère militaire, n'auront rien de cette aigreur ni de ce ton de dépit qui ne devrait pas entrer dans des rapprochements de ce genre.

J'ai l'honneur d'être, avec une haute considération, monsieur le général,

Votre très humble et obéissant serviteur.

Signé : SIDNEY SMITH,

Ministre plénipotentiaire de S. M. Britannique près la Porte ottomane, commandant son escadre dans les mers du Levant.

Pour copie conforme,
Signé : KLÉBER.

Le général en chef répondit à ces ouvertures, le 30 octobre, qu'il reprenait avec plaisir les négociations de Bonaparte au 17 août et la sienne propre du 17 septembre ; qu'il connaissait l'alliance existant entre la Grande-Bretagne et l'Empire ottoman ; que la République ne devait d'explication à aucun cabinet pour la présence de ses troupes en Égypte ; qu'il avait demandé l'intervention du commodore dans les circonstances actuelles, dont il faisait « les préliminaires d'une paix générale » ; que les Français n'entendaient pas quitter ce pays qui n'était pas plus un exil « que les mers orageuses » habitées par les Anglais ; que les troupes sous ses ordres pouvaient suffire longtemps encore à la domination de l'Égypte ; que la flotte française saurait bien traverser une seconde fois les croisières anglaises ; que les événements de l'Europe et des Indes n'avaient rien de commun avec sa situation ; qu'on recherchait la paix en s'entendant, et l'arrêter à présent pour épargner l'effusion de beaucoup de sang ; il accédait à l'intégrité de la Turquie, assurait l'Angleterre que son gouvernement avait toujours considéré l'Egypte « comme lui appartenant », et annonçait l'envoi de deux plénipotentiaires pour en finir.

Les pourparlers durèrent plus de deux mois encore. Kléber se méfiait « de la perfidie anglaise » et voyait dans les conférences du vizir un piège ; il n'entendait rien faire sans « que l'on soit convenu d'un armistice », et se disposait à recourir aux armes en négociant. Aussi, après avoir écrit à Desaix, le 12 novembre : « Vous verrez s'il est à propos que vous vous rendiez ici ou s'il ne serait pas mieux que vous restiez à Damiette pour aller au rendez-vous, » il l'appelait définitivement au Caire et lui en donnait le commandement. Le 7 décembre, Kléber le déléguait à nouveau avec Poussielgue :

« Le général en chef commandant l'armée de la République française en Égypte nomme et délègue par la présente Desaix, général de division, et Poussielgue, administrateur des finances, pour conférer avec les délégués de S. E. le Grand Vizir et M. Sidney Smith, ministre plénipotentiaire de S. M. B. près la Porte Ottomane, sur l'occupation et les conditions de l'évacuation de l'Égypte. »

ÉVACUATION DE L'ÉGYPTE

I

Les *Instructions* de Kléber ayant été publiées déjà, nous n'en donnerons que les clauses principales :

« 2° La triple alliance entre la Porte, les Anglais et les Russes, ayant eu pour objet apparent l'intégrité du territoire de l'Empire ottoman, une des premières conditions à exiger pour consentir à l'évacuation de l'Égypte sera la dissolution de cette triple alliance contre la France et une nouvelle garantie du gouvernement anglais de cette même intégrité de l'Empire ottoman.

« 6° Dans le cas où, par l'acceptation des articles ci-dessus, l'évacuation de l'Égypte serait consentie par les plénipotentiaires français, ils traiteront les détails sur la manière dont cette évacuation aura son exécution et stipuleront nominativement les places et forts qui seront successivement remis aux commissaires de la Porte.

« 7° Aussitôt que le général en chef sera instruit de l'acceptation des articles ci-dessus, il enverra au lieu où se tiendront les conférences l'ordonnateur de la marine pour régler et déterminer le nombre de bâtiments qui devra être fourni par la Porte à l'armée française, pour elle, ses bagages, ses armes, munitions de guerre et de bouche.

« 8° La forme des sauf-conduits pour le passage de l'armée sera stipulée particulièrement. »

II

Voici le texte de la *Protestation* de Desaix au commodore Sidney Smith sur ses prétentions, évacuation sans compensation :

« Pour que l'armée française fût cernée, répliqua Desaix, il faudrait qu'outre l'armée du Grand Vizir qui est en Syrie, il y eût une armée anglaise débarquée sur les côtes de la Méditerranée, à Damiette ou à Aboukir ; une armée d'Éthiopiens ou d'Abyssiniens qui eût franchi la grande cataracte et fût arrivée dans le pays des Barabrâs ; enfin, une quatrième qui, venant du fond de la Nigritie, fût arrivée aux oasis. Dans ces suppositions même, l'armée ne serait pas investie, et la réunion de ces quatre armées, séparées entre elles par des déserts, des marais, des rivières, des places fortes, serait sujette à bien des vicissitudes. Nous savons, continuait-il, ce que c'est que l'armée du Grand Vizir ; nous en avons vu d'innombrables aux Pyramides, au mont Thabor ; et avec une poignée de monde nous avons vaincu les troupes mieux organisées d'Aboukir et de Damiette, qui étaient l'élite de l'Empire ottoman ; enfin nos instructions sont positives. Toute stipulation militaire, de quelque nom qu'on la colore, est une capitulation : jamais l'armée française ne se soumettrait à une pareille humiliation. »

III

Lettre de Kléber à Desaix.

Dans une lettre mémorable, Kléber s'ouvrait à Desaix et prouva par son langage qu'il avait pour but unique d'accourir au secours de ses compagnons d'armes d'Italie et des Alpes :

« Je conviens, mon cher général, vous avoir donné une mission d'autant plus cruelle que le succès dont vous l'avez couronnée ne peut vous faire espérer d'autre récompense que celle de votre propre satisfaction et de la mienne. Une œuvre de raison a toujours été accueillie avec indifférence et du public et du gouvernement, quoique pour l'accomplir il ait fallu souvent plus de lumières, de talent et de persévérance que pour l'action la plus brillante en apparence. Je conviens encore que, si je vous avais laissé partir au mois de novembre, vous auriez passé des moments bien agréables à Paris ; mais, ou je vous connais mal, ou vous avez toujours préféré de remplir vos moments utilement plutôt qu'agréablement. Enfin, cher général, pour dissiper entièrement votre mauvaise humeur contre moi, mettez un instant Desaix à la place de Kléber et celui-ci à la place du premier et demandez alors à Desaix ce qu'en pareille circonstance il aurait fait. *Mais la plus grande tâche vous reste à remplir à Paris ;* c'est là que vous aurez à soutenir contre la toute-puissance irritée le faible qui n'a pour auxiliaire que *raison* et *vérité*. Si vous êtes écouté, votre triomphe est certain ; si vous ne l'êtes pas, vous saurez toujours, je pense, ainsi que moi, élever votre âme au-dessus de l'injustice. »

Ce noble langage nous désarme. Bonaparte a pu condamner son successeur ; l'histoire, plus juste, ne peut oublier, malgré l'erreur que commirent les généraux et les officiers du parti de l'évacuation, la gloire de ces hommes qui reconquirent à Héliopolis l'Égypte de Desaix. Kléber devait l'arroser de son sang après l'avoir illustrée.

Le 15 mai, Bonaparte écrivait une lettre où, pour attester que les rapports des agents anglais étaient exagérés, il avançait que durant les deux expéditions d'Égypte et de Syrie l'armée n'avait pas été évacuée d'un cinquième. Son assertion était erronée sciemment.

CHAPITRE XIV

CONGRÈS DE RASTADT

Vote de la Bavière, le 2 septembre 1798.

Il résulte de la dernière Note des ministres français, que les doutes élevés sur le *conclusum* de la députation du 21 thermidor n'existent plus, que le fil des négociations est bien repris ; mais les expressions de cette note ne sont rien moins que faites pour le suivre.

Les réponses diverses données dans le *conclusum* du 21 thermidor sur les sept articles de la note française, sont comme non avenues, et il semble qu'on est décidé à les considérer comme telles, jusqu'à ce qu'elle réponde sur chacun d'eux par un *oui* absolu ; c'est-à-dire que d'une part on n'ait qu'à demander, et de l'autre à accorder.

On ajoute à cette prétention, dans chaque note, des menaces de responsabilité, comme si on comptait pour rien l'immense sacrifice des pays situés sur la rive gauche du Rhin. La députation doit être fort rassurée sur l'article de la responsabilité ; elle est convaincue avec tout l'Empire que sa justification existe dans la marche constitutionnelle de la négociation, et dans les motifs de sa résolution.

Si quelques hommes, parmi les Allemands, ont cru devoir presser la députation de faire encore de plus grands sacrifices que ceux qu'elle a déjà faits, c'est le cruel effet de l'excès d'accablement auquel on est réduit par les malheurs de la guerre, malheurs qui n'ont pas même cessé tout à fait durant le cours des négociations. Mais ces cris de l'humanité souffrante s'adressent-ils avec moins de force à la partie qui ne cesse de demander qu'à celle qui est forcée de toujours céder ? Ces plaintes du désespoir ne doivent point amener la députation à trahir envers l'Empire des devoirs dont le fardeau est si pénible. Si elle consentait sans examen à tout ce qui est incompatible avec la dignité, l'existence et la sûreté future de l'Empire, ce serait alors qu'elle comblerait la mesure de sa responsabilité envers les générations présentes et à venir.

Avant que la demande de conserver tous les postes fortifiés sur la rive droite du Rhin eût été faite, l'Allemagne croyait sincèrement que désormais elle serait séparée de la France par une barrière naturelle qu'on ne pourrait méconnaître, et qui serait à l'abri de toute contestation. Cette idée devait être une conséquence de celles que présentaient toutes les expressions des notes respectives. Mais tout à coup parut celle des ministres français du 17 floréal; on y demanda toutes les îles, Cassel, Kehl, tous les postes fortifiés sur la rive droite du Rhin, et l'on voulut convertir la limite naturelle du Rhin en une barrière factice qui facilitât pour la suite toutes les entreprises hostiles. De cette idée d'une nouvelle barrière naît naturellement celle que la députation, en l'accordant, compromettrait l'existence de l'Empire et se chargerait par là d'une véritable responsabilité.

L'Empire désire et doit désirer la paix ; les ministres français la désirent aussi. Cette assurance est consolante. On sent donc, sans pouvoir se l'expliquer, qu'il existe dans les négociations un obstacle qui en paralyse la marche diplomatique.

Puissent enfin toutes les difficultés se terminer par des voies de modération! Dans cette situation des choses, le député soussigné est forcé de persister au contenu du *conclusum* du 21 thermidor; et il pense que l'on doit déclarer aux ministres français qu'en retour de la démolition d'Ehrenbreistein qu'on leur a accordée, ils doivent renoncer aux postes fortifiés sur la rive droite du Rhin; qu'il faut travailler à s'entendre sur l'article des dettes, et qu'ils répondent enfin tant sur les questions qui n'ont point encore été abordées que sur les points déja soumis à la discussion. Comme on a déjà présenté des vues sur des objets importants, sans prendre à cet égard aucunes résolutions, il convient de s'en occuper successivement et de donner une Note à la légation française.

(Inséré au *Moniteur* du 9 septembre.)

PROCLAMATION DE BERNADOTTE AU PEUPLE DE LA GERMANIE

Si, dans les destinées du monde, le gouvernement français a droit de réclamer l'initiative de ce grand mouvement qui couronne la fin du dix-huitième siècle, la reconnaissance rappelle que l'honneur des lumières qui éclairèrent la fin du seizième vous appartient.

Germains! hommes libres! nous sommes vos frères : nous le jurons sur nos armes, nous ne venons point troubler cette fraternité sainte, mais, au contraire, en resserrer les liens, en cimenter la durée par la défaite de notre ennemi commun, la maison d'Autriche.

Depuis Rodolphe de Habsbourg, digne chef de cette odieuse maison, esclave révolté contre Ottocare, son maître, que de tentatives renouvelées pour rendre l'empire héréditaire! Combien de victimes immolées à cette fatale ambition!

Germains! pouvez-vous méconnaître l'existence de ce parti autrichien si fertile à donner des raisons auliques pour prouver l'avantage qu'il y aurait de réunir toute l'Allemagne sous le joug autrichien?

Tel est cependant le sort qui menace votre existence; ainsi la cause pour laquelle nous sommes prêts à combattre sur vos terres nous est commune, mais elle est encore celle de l'Europe. Sans doute il est affreux que, sans cesse en proie aux horreurs de la guerre, votre pays soit encore le théâtre des malheurs qu'elle entraîne; mais, Germains! alors même que le sang des hommes va être de nouveau répandu, c'est toujours la maison d'Autriche que vous devrez en accuser.

Quand la victoire mit en nos mains les moyens d'anéantir cette perfide maison, renonçant généreusement à la gloire d'établir le véritable équilibre de l'Europe, nous eûmes la magnanimité de croire assouvir son insatiable ambition par des concessions; et tant de sacrifices n'ont pu rendre la paix au monde!!!

Les tyrans et leurs conseillers pervers ont pris notre patience pour le sommeil, notre prudence pour la mort... Les peuples qui ont reconquis leur liberté ne dorment pas plus qu'ils ne meurent...

Germains! les hostilités que nous reprenons aujourd'hui sont purement défensives; vous ne vous méprendrez plus à l'odieux machiavélisme de l'Autriche; adroite à vous mêler à ses querelles, elle voudrait encore vous faire de sa propre guerre une guerre d'empire, pour s'accroître de votre épuisement.

Vous sentirez combien elle est dirigée contre vous, son alliance monstrueuse avec l'Angleterre, qui ne vit que des troubles du continent; avec la Russie, qui veut donner à l'Europe civilisée les fers de l'Asie barbare.

Germains! le maintien des religions, votre salut, votre liberté, l'indépendance de vos gouvernements nos amis, vous imposent la nécessité de vous unir à nous pour repousser dans leurs repaires ces hordes conjurées.

Vos propriétés seront sacrées : les lois de la République frappent de mort ceux qui violent l'asile de l'habitant paisible; elles seront religieusement exécutées.

Levez-vous avec nous, Germains : guerre à l'Autriche, guerre aux barbares du Nord qui veulent encore inonder votre territoire!

Signé : BERNADOTTE.

ALLOCUTION AU DIRECTOIRE DU DÉLÉGUÉ D'HELVÉTIE

Citoyens Directeurs,

L'armée d'Helvétie, en faisant évacuer le pays des Grisons par les troupes autrichiennes, a cédé au vœu fortement prononcé d'un peuple qui l'a appelée pour l'affranchir du joug d'une puissance étrangère.

Toujours jaloux de concilier les droits de l'humanité avec ce que vous faites pour les peuples opprimés, vous avez ordonné de sommer le général autrichien de faire son évacuation, en annonçant que l'armée française s'abstiendrait alors de toute hostilité.

Vous deviez croire, citoyens directeurs, que ce langage de la modération serait entendu; mais il est dans la volonté de nos ennemis d'être sourds à sa voix; ils ont fait résistance; ils ont retrouvé les braves des armées du Rhin et d'Italie : en deux jours, l'armée française les a chassés du pays des Grisons, après les avoir complètement battus sur tous les points, et les avoir en quelque sorte détruits.

Je ne fixerai point vos regards, citoyens directeurs, sur les difficultés de tout genre, sur l'âpreté du pays qu'elle occupe, ni sur les privations qu'elle éprouve; elle exécute vos ordres, elle sert la cause des peuples, elle préparait la paix : c'est le prix de ses travaux.

La paix ! sans doute le continent en a besoin; mais quand vous l'offriez si généreusement et avec ténacité; quand l'ennemi la rejette et se coalise de nouveau, l'armée française ne forme plus qu'un souhait : elle demande la guerre ; l'armée d'Helvétie ayant reçu vos ordres, bientôt les montagnes du Tyrol seront le théâtre de nouveaux succès.

Accoutumé à la rudesse des camps, je n'ai pas, citoyens directeurs, l'art de bien dire ; l'armée, au reste, n'attend de moi qu'une chose : que je vous porte l'expression de son attachement inviolable à la République, de son dévouement à vos ordres, et de ses vœux pour que vos conceptions pour la gloire de nos armes et le triomphe de notre patrie soient réalisés. Trop heureux si, dans une mission si importante, je remplis les intentions de nos braves frères d'armes !

DÉCRET DE BERNADOTTE CONTRE LES ÉMIGRÉS

Le général en chef Bernadotte, instruit que des émissaires de la maison d'Autriche se répandent sur le territoire occupé par l'armée, pour y prêcher, de concert avec des émigrés français et des déportés, l'assassinat contre les républicains, ordonne :

Article premier. Tout déporté ou émigré français qui se trouvera habiter le territoire occupé par l'armée, est tenu de l'évacuer sitôt après la publication du présent, et de se retirer vingt lieues au delà des avant-postes français.

Article II. Passé le terme de vingt-quatre heures, tout émigré ou déporté qui sera trouvé dans l'arrondissement de l'armée, sera livré à un conseil de guerre pour être puni d'après les lois de la République.

ARTICLE III. Tout émigré ou déporté qui sera arrêté par les patrouilles à moins de vingt lieues des avant-postes de l'armée, sera regardé comme espion de la maison d'Autriche, et traduit à un conseil de guerre.

ARTICLE IV. Les baillis, bourgmestres, chefs des monastères, seigneurs et autres privilégiés, répondent sur leur vie et leurs biens de tout attroupement séditieux. Il leur est ordonné de faire arrêter et conduire au quartier général tout agent de l'Autriche, de la Russie et de l'Angleterre qui serait établi dans leurs communes.

ARTICLE V. Les baillis, bourgmestres, conseillers des régences, chefs de monastères et seigneurs, sont tenus de faire la déclaration au bureau de l'état-major des dépôts d'armes ou munitions de guerre qui pourraient se trouver dans leurs arrondissements, et ce dans les trois jours qui suivront la publication du présent.

ARTICLE VI. Faute par les individus dénommés en l'article V de faire ladite déclaration dans le terme fixé, ils seront arrêtés comme conspirateurs contre l'armée, traduits à un tribunal et jugés conformément aux lois de la République.

ARTICLE VII. Le général en chef renouvelle l'assurance qu'il a déjà donnée aux paisibles habitants du respect de leurs personnes et de leurs propriétés, de leurs habitudes, de leurs mœurs et de leurs religions.

DÉPÊCHE SUR LA BATAILLE DE ZURICH

Masséna, général en chef, au Directoire exécutif de la République française.

Au quartier général à Zurich, le 9 octobre an VIII.

Citoyens Directeurs,

Obligé de me porter successivement sur les divers points de la ligne où m'appelaient l'urgence et l'importance des opérations militaires qui y ont eu lieu sans interruption, je n'ai pu vous instruire encore que par des dépêches télégraphiques des mouvements de l'armée depuis le 3 du courant jusqu'au 16; mais je vais y suppléer par le précis de ces mouvements, en attendant que je puisse le faire dans un rapport détaillé que je vous enverrai avec les drapeaux pris sur l'ennemi.

J'avais devant moi l'armée russe de Korsakow. Il occupait la ligne de Zurich, au confluent de l'Aar dans le Rhin; l'armée autrichienne, commandée par Hotz (ce corps occupait la rive droite de la Linth), et enfin le corps du général autrichien Jellakich, qui occupait les débouchés des Grisons.

A la faveur d'une fausse attaque dirigée sur Bruck par le général Ménard, pour attirer sur ce point une partie des forces de l'ennemi, j'ai passé, le 3 vendémiaire, la Limmat de vive force à Diétikon, et la Linth entre les lacs de Zurich et de Wallenstadt.

Au passage de Diétikon, les bateaux ont été lancés à l'eau sous le feu de l'ennemi et sous la protection de notre artillerie; et en moins de deux heures, grâce à l'habileté des pontonniers, dirigés par le chef d'artillerie Dedon, nous avons eu un pont sur la Limmat et huit mille hommes sur l'autre rive. Le général Gazan commandait l'avant-garde sous les ordres du général Lorge, qui commandait la division.

Au passage de la Linth, deux cents nageurs, le sabre aux dents, la pique à la main, ont franchi la Linth, fait l'avant-garde, égorgé les postes ennemis, et préparé ainsi les succès de la journée.

Le général Soult commandait cette opération.

Le résultat de la bataille livrée à la suite de ces deux passages a été l'occupation de la partie occidentale de Zurich-Berg et notre établissement sur toute la rive droite de la Limmat.

Zurich, sommée de se rendre, avait offert de le faire à des conditions dont partie aurait été acceptée; mais, par une férocité inouïe, les avant-postes russes ayant tiré sur nos parlementaires et ayant blessé deux trompettes, j'ai livré à l'ennemi la bataille du 4, à la suite de laquelle Zurich a été prise de vive force.

Les généraux Mortier et Klein commandaient l'attaque de Zurich sur la rive gauche, Lorge sur la rive droite.

Dans le même temps, Suwarow, dont la marche était combinée avec l'attaque prochaine que devaient faire contre nous les armées de Hotz et de Korsakow, forçait le passage du Gothard et marchait en masse sur les petits cantons, pour aller de là se réunir à ces deux armées, en prendre le commandement et envahir à leur tête le territoire français.

Korsakow battu, Hotz tué, Suwarow ne pouvait plus espérer de vaincre.

Je dirigeais sur Schwitz la division Mortier, sur Wesen la division Soult, alors commandée par le général Gazan, et je marchais moi-même sur Altorf; mais Suwarow avait passé du Schachenthal dans le Muttenthal; il était en masse aux environs de Mutten, et avait porté un corps par le Clouthal sur la vallée de Glaris. L'impossibilité de se développer dans des vallées aussi étroites m'avait déterminé à laisser à Suwarow la liberté d'entrer en Suisse par Ensilden; j'espérais que, pressé par les combats sanglants que je lui avais livrés dans la vallée de Mutten, et fatigué de la résistance que je lui opposais au débouché de Glaris, il sortirait de sa souricière par le point d'Ensilden, sur lequel je n'avais qu'un bataillon en observation, et que je pourrais le combattre à mon aise dans un terrain ouvert; mais voulant éviter une affaire générale et décisive, il s'est jeté dans les Grisons par la vallée de Flems; continuellement harcelé sur ses flancs et ses derrières par les corps destinés à l'attaquer s'il eût resté, il se retirait par des chemins affreux, le désespoir au cœur, laissant en notre pouvoir deux mille blessés, partie de son artillerie et presque tous ses bagages.

Korsakow, instruit du danger de Suwarow, avait réuni à la hâte un corps composé des débris de son armée, de celle de Hotz, du contingent bavarois, du corps de Condé et de tous les corps autrichiens qui défendaient la vallée des Grisons, et il voulait se reporter sur la Thur, et de là sur Zurich; mais j'ai encore marché à lui avec les divisions Ménard, Lorge et Gazan, dans le temps que le général Soult se portait sur Reineck. Je l'ai trouvé entre la Thur et le Rhin; je l'ai battu et rejeté au delà de ce fleuve, le forçant à couper les ponts de Constance et de Diessenhofen, dont je me suis emparé.

Quoique je me sois proposé de n'entrer ici dans aucun détail, je ne peux pas m'empêcher de parler de la fermeté inébranlable de notre infanterie, et du dévouement inconcevable de notre artillerie légère contre une des plus vigoureuses charges de cavalerie qu'on ait jamais exécutées; l'une et l'autre se sont immortalisées dans cette journée.

L'artillerie légère, chargée et sabrée au milieu de la mêlée, ne cessait de manœuvrer et de tirer à mitraille. Partie de notre infanterie, après avoir accueilli la cavalerie ennemie par le feu le plus vif et le plus soutenu, le recevait jusques sur ses baïonnettes, sans bouger d'une ligne, tandis qu'une autre partie de cette infanterie la chargeait sur son flanc avec une audace sans exemple.

Le résultat de ces différentes batailles ou combats est d'environ dix-huit mille prisonniers, dont huit mille blessés que l'ennemi n'a pu emmener, plus de cent pièces de canon, treize drapeaux, quatre généraux prisonniers, cinq généraux tués, parmi lesquels le général en chef Hotz; la reprise du Gothard, de Glaris et de toutes les vallées qui y débouchent; enfin, la perte totale de l'ennemi, dans ces différentes affaires, s'élève à plus de trente mille hommes.

Salut et respect.

Signé : MASSÉNA[1].

1. Un rapport spécial et fort étendu exposait les opérations depuis le 25 septembre jusqu'au 9 octobre pour la Linth, la Limath et l'Aâr, quant à la défensive et à l'offensive. Le désastre de Korsakow ayant entraîné celui de Suwarow, le lecteur peut s'en tenir à celui-ci.

CAPITULATION DU DUC D'YORK EN HOLLANDE

M. le général-major Knox, muni de pouvoirs de S. A. R. le duc d'York, commandant en chef l'armée combinée anglaise et russe; le citoyen Rostolland, général de brigade, chef de l'état-major général, muni de pouvoirs du citoyen Brune, commandant en chef l'armée française et batave, sont convenus de ce qui suit :

Article premier. A compter de ce jour, toutes hostilités cessent entre les deux armées.

Article II. La ligne actuellement existante des avant-postes de chacune des deux armées servira respectivement de ligne de démarcation.

Article III. Tous ouvrages offensifs et défensifs restent suspendus de part et d'autre, et il ne peut en être fait de nouveaux.

Article IV. Les batteries qui existaient au Helder et dans les positions où se trouve l'armée combinée anglaise et russe, lors de l'invasion, seront rétablies dans leur intégrité ou resteront dans l'état présent améliorées, pourvu que les pièces d'artillerie batave y soient toutes conservées.

Article V. L'armée combinée anglaise et russe se rembarquera le plus tôt possible, et aura évacué le territoire, les côtes, îles et mers intérieures de la république batave au 9 frimaire (30 novembre 1799), sans y avoir causé aucun dégât en pratiquant des inondations, coupures de digues, ou obstruant les sources de la navigation, etc.

Article VI. Les vaisseaux de guerre et autres bâtiments qui viendraient avec des renforts pour l'armée combinée anglaise et russe ne pourront effectuer aucun débarquement et repartiront sur-le-champ.

Article VII. Le général en chef Brune pourra envoyer un officier dans le Zyp et au Helder, pour lui rendre compte tant de l'état des batteries que des progrès de l'évacuation. S. A. R. le duc d'York pourra aussi envoyer un officier sur la ligne française et batave, pour se convaincre qu'on ne fait pas de nouveaux ouvrages. Un officier supérieur de marque, de chaque armée, sera envoyé pour garantir l'exécution du présent accord.

Article VIII. Huit mille prisonniers de guerre français et bataves faits antérieurement à la présente campagne, et détenus actuellement en Angleterre, seront, au choix et dans la proportion réglée par les deux gouvernements des deux républiques alliées, renvoyés libres et sans conditions dans leur patrie. M. le général Knox restera à l'armée française pour garantir l'exécution du présent article.

Article IX. Le cartel établi entre les deux armées pour l'échange des prisonniers faits dans la présente campagne continuera d'avoir son exécution. Il est en outre convenu que l'amiral de Winter est considéré comme échangé.

Conclu à Alkmaer, le 26 vendémiaire de l'an VIII de la République française (18 octobre 1799), par les généraux soussignés, munis de pouvoirs à cet effet.

Signatures.

APPENDICE

CHAPITRE VIII

MORT DE MARCEAU

Au quartier général à..... Le 8 ventôse l'an V de la République française une et indivisible (26 février 1797).

Le général de division chef de l'état-major général de l'armée de Sambre-et-Meuse, aux citoyens parents et alliés du général Marceau, blessé à mort le 3ᵉ jour complémentaire de l'an IV.

ARMÉE
DE SAMBRE-ET-MEUSE

Citoyens,

Le Directoire, en transmettant aux frères d'armes, aux camarades du brave général Marceau, le témoignage impérissable de sa valeur et de son dévouement à sa patrie, ne fait qu'ajouter aux regrets éternels que ce jeune héros laisse à toute l'armée, mais il satisfait doublement les soldats qui courent sa carrière, puisque, *organe de la reconnaissance nationale,* il cède aux compagnons de ce guerrier l'honneur de présenter à sa famille l'assurance d'une immortalité aussi grandement acquise.

Les généraux et officiers craindraient, citoyens, de ternir l'éclat d'une carrière aussi brillante par des éloges fastidieux, mais c'est dans les camps, c'est dans les cœurs des défenseurs de la patrie, c'est dans leurs yeux mouillés de larmes, c'est dans les égards de l'ennemi même, dans les honneurs funèbres qui lui ont été prodigués par les deux partis, que ses parents, que sa famille, peuvent et doivent trouver les principes irrévocables de la gloire de l'intrépide et bouillant Marceau.

Les généraux et officiers composant l'état-major général de l'armée de Sambre-et-Meuse saisissent avec empressement l'occasion que leur fournit le Directoire de prouver leur estime pour ce général en transmettant à sa famille un exemplaire de la gravure qu'il a ordonnée et de la note historique y relative tirée des fastes du peuple français. Ils se glorifieront toujours, en feuilletant leurs archives, d'avoir compté parmi leurs camarades le vertueux Marceau, et gémiront de l'avoir perdu trop tôt.

Sans doute, citoyens, les officiers de Sambre-et-Meuse ne peuvent trop remercier le Directoire qui les a mis à même de s'acquitter envers la famille de leur ami des devoirs pénibles d'une consolation presque impossible. Mais ils n'ont pas oublié ce qu'ils doivent aux talents, à l'héroïsme et à la bravoure de leur camarade, et certes ils rougiraient dans l'honorable mission qu'ils remplissent aujourd'hui, si un monument modeste, placé dans le fort qui a recueilli la cendre de ce héros et qui depuis porte son nom, n'attestait à l'univers, à toute la France ainsi qu'à vous, l'attachement éternel, l'estime, la considération de ses compagnons d'armes pour ce guerrier.

Signé : DELAISTRE-TILLY.

MORT DE HOCHE

Nous étions complètement étrangers à ce qui se passait à Paris, et nous ne nous occupions, en aucune façon, de politique. Cependant l'esprit républicain était encore très vif dans les rangs de l'armée ; aussi, quand la lutte fut engagée entre la majorité des conseils et celle du Directoire, celle-ci appela l'armée à son secours. On donna le mauvais exemple de faire faire des adresses par des corps de troupes. Le général Hoche fut à Paris, et l'on fit avancer deux divisions de Sambre-et-Meuse dans les environs de la capitale, sous le prétexte de les envoyer sur les côtes de l'Océan. Ce mouvement eut lieu à l'insu du directeur Carnot et du ministre de la guerre lui-même ; du moins ce dernier en fit la déclaration. Le général Bonaparte fut plus circonspect que le général Hoche : il se borna à envoyer à Paris le général Augereau, qui fit le coup de main du 18 fructidor. Quant au général Hoche, il s'aperçut probablement, au dernier moment, qu'il ne jouerait pas dans le coup d'État projeté le rôle qu'il croyait devoir lui revenir, et qu'il y serait associé à des hommes avec lesquels il ne pouvait lui convenir d'être confondu. Il se hâta donc de rejoindre son armée ; mais à peine était-il arrivé à son quartier général de Wetzlar, qu'une courte maladie, dont la nature parut assez extraordinaire, l'emporta, le 19 septembre (3e jour complémentaire). Des bruits d'empoisonnement circulèrent alors ; les soupçons se fondaient sur ce que le général Hoche était vraisemblablement dépositaire de secrets importants, et qu'il devait y avoir des personnes intéressées à ce qu'il cessât de leur porter ombrage par sa supériorité et l'ascendant qu'il exerçait sur son armée, voisine de la

France. On ne peut pas admettre légèrement des *soupçons* d'une nature aussi grave, et il est plus que probable qu'ils n'avaient rien de fondé; cependant *ils n'ont jamais été éclaircis*. Quoi qu'il en soit, les plus sincères regrets l'accompagnèrent au tombeau, et, pour en perpétuer le souvenir, l'armée fit élever un monument dans la plaine entre Coblentz et Andernach, où son corps fut déposé.

Le général Hoche possédait les qualités qui constituent le *grand capitaine*, et il les faisait ressortir par les dons extérieurs les plus séduisants. Son port noble et majestueux, sa physionomie ouverte et prévenante, attiraient la confiance à la première vue, comme, sur les champs de bataille, toute son attitude commandait l'admiration.

Un coup d'œil prompt et sûr, un caractère entreprenant, qu'aucune difficulté n'était capable d'arrêter, des sentiments très élevés, et en même temps une grande bonté, une sollicitude constante pour le soldat : il n'en fallait pas tant pour que l'armée aimât en lui un chef qui avait toujours été heureux et qui avait la gloire d'avoir pacifié la Vendée. On lui a reproché l'ambition. Il n'avait que trente ans lorsque la mort l'enleva à la France; à cet âge, à la tête d'une armée, avec la réputation dont il jouissait et le sentiment qu'il avait de sa propre valeur, il était bien difficile de se préserver de l'ambition, surtout lorsqu'il voyait s'élever à ses côtés des réputations qu'il se croyait capable d'égaler. Aussi, je crois que si Hoche eût vécu, il eût prévenu le 18 brumaire, ou du moins qu'il eût pris le rôle de Pompée lorsque le nouveau César vint s'emparer du pouvoir suprême[1].

1. Soult, *Mémoires*, t. I, ch. x, p. 353.

SOCIÉTÉ ANONYME D'IMPRIMERIE DE VILLEFRANCHE-DE-ROUERGUE
Jules Bardoux, Directeur.

www.ingramcontent.com/pod-product-compliance
Ingram Content Group UK Ltd.
Pitfield, Milton Keynes, MK11 3LW, UK
UKHW020107200726
13856UKWH00002B/423